이 　　　　우

가야 할 나라

신자유주의와
세 월 호
이 후

민주화를위한전국교수협의회

가야할 나라

앨피

차례

제 1 부 **국가**와 **언론**의 책임

세월호가 끌어올린 거대한 모순

··· 여전히 풀리지 않는 의문들 ······

2014년 4월 16일은 대한민국에서 영원히 잊혀질 수 없는 날이다. 단원고 학생들을 비롯해 304명의 귀한 생명들이 세월호에 가두어진 채 수장된 날이다. '문명사회' 대한민국에서 어떻게 이런 '야만적인' 사건이 발생했을까, 아직도 황당할 따름이다.

상식적으로 설명이 안 되는 일이다. 왜 세월호는 진도 맹골수도에서 배가 뒤집힐 정도로 변침變針을 해야만 했을까? 왜 사고 현장에서 가장 가까운 거리에 있는 진도의 해상교통관제센터(VTS)는 구조 업무에 태만했고, 결국 '골든타임'을 헛되어 흘려버렸을까? 그리고 왜 현장에 가장 먼저 출동한 해양경찰 123정은 세월호 승객들을 탈출시키러 하지 않고 승무원들만 구조했을까? 2년이 지났지만 세월호가 침몰한 원인은 물론, 대규모로 희생자가 발생한 원인을 둘러싸고 설명되지 않는 사실들이 너무도 많다. 그 때문에 아직도 음모론과 갖가지 의혹이 끊임없이 제기되고 있다.

세월호 참사가 발생한 지 2년이 훌쩍 지났다. 우리 사회의 생명 경시 풍조를 상징적으로 보여 주는 세월호 대참사는, 그러나 철저한 진상 규명과 근본적인 대책 마련이라는 숙제를 안고 여전히 현재 진행 중이다. 현재도 세월호 참사와 유사한 문제들이 대한민국 곳곳에서 발생하고 있다. 대한민국이라는 정치·경제·사회 공간 자체가 '커다란 세월호'라고 불릴 만큼 문제가 개선되기는커녕 심화되는 양상이다.

이러한 암담한 현실 속에서 민교협은 세월호 참사를 객관적·구조적으로 인식하고, 이 비극을 현재 대한민국이 직면한 근본 문제들과 연관지어 성찰하는 작업을 기획했다. 세월호 참사를 몇몇 사람들의 잘못이 부른 우연한 '교통사고'가 아니라, 최근 20년 동안 대한민국을 지배해 온 신자유주의의 구조적 모순이 낳은 야만적 참극으로 규정하고, 그에 걸맞은 뼈아픈 정치적·사회적 성찰을 하는 것이 이 책의 의도이자 목표이다.

정부 여당은 세월호 사건을 비고의적인 '우연적' 요소들의 연쇄반응으로, 즉 미시적으로 한정된 해양 교통사고로 축소하고자 한다. 그러나 이 사건을 둘러싼 거시적 맥락과 그 결과가 가져온 심각성을 고려할 때, 세월호 사건은 대한민국의 현대사, 특히 최근 20년 동안 우리 사회가 걸어온 신자유주의의 중층적 모순들이 고스란히 집약된 구조적 사건임을 알 수 있다. 세월호 사건은 시민 생명과 생활의 위기를 담보로 독점자본과 가진 자들의 이익만을 극대화하는 신자유주의로 인해 황폐화된 대한민국의 전체 체계가 낳은 대참사였던 것이다(변협 9-11).

따라서 세월호 참사에 대한 진상 및 책임 규명은 사건 자체의 직접적 원인과 책임을 규명하는 선에 머물러서는 안 되며, 대참사를 발생시킨 역사적 체계와 구조적 모순을 파고들어 문제에 대한 근본적인 성찰로까지 이어져야 한다. 이 같은 비극이 더는 재발하지 않도록 하려면 우리가 어떻게 해야 할지까지 고민해야 한다. 그래야만 세월호 사건을 더 엄격하게 성찰하고, 역사 속에 그 의미를 분명히 각인刻印할 수 있을 것이다. 이러한 역사적이고 구조적인 접근은 세월호 사건 자체의 본질을 이해하는 가장 중요한 방법론일 뿐만 아니라, 이 사건에 얽힌 우리 사회의 구조적 모순을 분명히 함으로써 대한민국의 근본적 성찰과 혁신적 재구성을 위한 출발점을 제공할 것이다.

··· 검찰 수사와 재판의 한계 ······

사건이 발생한 지 얼마 되지 않아, 사건의 원인과 책임을 가리는 검찰 수사에 이어 재판이 열렸다. 그러나 검찰의 수사와 재판은 사건의 직접적인 원인과 일부 연루자로 조사 대상이 한정된, 지극히 소극적인 규명과 책임 추궁에 불과했다. 따라서 세월호 선사船社인 청해진해운의 공식·비공식 임직원, 그리고 일부 해경 직원들에만 초점을 맞춘 부분적 사실 해명에 그쳤다.

검찰의 사건 수사는 다음의 세 가지에 초점을 맞춘 것으로 보인다.

첫째, 세월호의 과적과 화물 고박固縛(묶어서 고정) 소홀, 그리고 수평수

(평형수, 배의 무게중심을 유지하기 위해 선박 아랫부분에 채워 넣는 물)

기준 위반.

둘째, 급격한 변침變針(방향 전환)과 선장의 자리 이탈로 인한 상황 대응
능력 상실.

셋째, 구조에 소홀한 해경의 실책 등(민변 35-44).

이처럼 검찰 수사는 참사의 현상적 원인을 구명하는 데에만 초점을 맞
춰, 신자유주의 체계 하 대한민국의 모순이 응축된 구조적 대참사라는 세
월호 사건의 본질을 증발시켜 버리고, 사건의 원인과 책임 범위를 해당 선
박회사, 그리고 직접 관련된 일부 당사자들로 축소하기에 급급했다는 비판
을 면키 어렵다(민변 44-60). 검찰 수사는 애초부터 세월호 사건의 총체적인
원인 및 책임 구명과는 거리가 먼 것이었다.

결국 조사 대상과 범위를 축소한 채 일부 관련자들의 책임만을 가리는
검찰 수사는 세월호 사건의 본질을 흐트릴 가능성이 크다. 더 나아가, 보
는 시각에 따라서는 검찰 수사가 세월호 사건을 야기한 더 근원적인 이해
관계, 이념 노선, 정책 체계, 그리고 이에 의탁한 정치경제 세력을 보호하는
데 주력했다는 비판까지 제기되었다.

… 왜 신자유주의가 문제인가?   ……

세월호와 관련된 여러 음모설 등 각종 의혹들은 객관적인 진상 조사를 통
해 그 진위가 밝혀져야 함은 물론이다. 이와 함께 경미한 '교통사고'일 수

있었던 일이 대참사로 비화된 사회구조적인 원인도 반드시 밝혀야 한다.

우여곡절 끝에 '세월호 특별조사위원회'가 출범했지만, 특별법 자체를 무력화하려는 정부 시행령, 그리고 위원회의 강제 종료 등으로 위원회의 조사 활동은 난관에 봉착하고 있다. 몇몇 직접적인 사건 연루자에게 모든 책임을 전가하는 꼬리 자르기 식 행태도 목격되고 있다. 그러나 세월호가 어떤 사건인가? 사망자 295명·실종자 수 9명의, 1970년 남영호 침몰 사고(사망자 수 326명) 이래 최악이자 최대의 해난 참사이다.

이 참사가 어떤 구조에서 발생했는지, 그 구조가 어떠한 이념과 가치 기준, 담론에 입각해 있는지, 그 구조를 지탱하는 이해관계는 어떤 것이며 누구의 이익을 위해 작동하는지, 그 구체적인 정책을 도입한 이들은 누구인지, 그리고 그 구조 속에서 시민들의 존재와 삶은 어떻게 바뀌는지가 체계적으로 설명되어야 한다.

세월호 참사의 전개 과정을 보면, 우리는 다층적인 신자유주의 구조에 직면하게 된다. 세월호는 왜 침몰했는가, 왜 그 많은 목숨을 구하지 못하였는가? 이 두 측면 모두에서 소위 '신자유주의의 주박呪縛(주술적 속박)'을 발견하게 된다. 20여 년 전부터 우리 사회의 지배적 이데올로기로 군림하며 사회 전체의 재생산과 구성원들의 삶을 규율해 온 신자유주의의 온갖 문제점이 세월호 사건으로 집약되어 나타난 것이다. 왜 그러한가.

왜 침몰했는가?

'신자유주의'란 자본주의국가의 재생산을 위해 최소한으로 허용해 온 '공공성[1]마저 해체하면서, 노골적으로 지배적 독점자본과 가진 자들의 이익을 옹호하는 자본주의의 가장 극단적인 지배 형태이다. 경쟁과 효율, 국가 역할의 최소화라는 시장만능 자본주의의 '고전적' 원리를 과두제적 독점자본주의 체제에 도입함으로써, 독점재벌과 가진 자들이 독점적 지배력을 최대로 휘두를 수 있도록 하고, 그에 따라 초착취와 전방위적 초수탈이 만연하게 되는 자본주의 체제가 신자유주의인 것이다.

이 체제에서 살아가는 다수 국민들은 독점이 실질적으로 지배하는 '시장'에 보호 장치 없이 내던져져 상시적인 삶의 불안정성에 직면하게 된다. 노동에서 비정규직·정리해고 등의 불안정한 고용, 정보화·자동화·금융화를 배경으로 하는 고용 없는 성장, 분화되고 분절된 노동시장으로 인한 초과착취 구조의 형성, 자영업 영역으로까지 확대되는 대기업의 지배력, 그리고 노동시장의 불안정화로 인한 자영업의 폭발적 증가와 파멸, 독점자본의 갑질 횡포에 묶여 있는 중소기업의 비전 상실 등은 신자유주의의 일반적 현상이다.

그런데 여기서 중요한 것은, 그간 독점자본의 활동을 총자본의 관점에서 어느 정도 규제하고 관리해 온 국가의 역할이 완전히 역전되어 버린다는 점이다(김성구 14-28). 민영화와 규제 완화를 통해 독점자본의 이익을 최대한 보장해 주는 과정에서, 사회복지는 더욱더 열악해지고 노동계급을 포

---

1 공공성은 시민적 공공성의 최소 출발점이자, 총자본으로서의 사회적 재생산의 기준으로 작동하는 성질이다. 자본주의국가의 '공공성'의 원형은 시민혁명으로 탄생한 민주공화국의 시민 평등성에 대한 인식이라고 할 수 있을 것이다. 이에 대해서는 Serrna(2015)를 참고하라.

함한 다수 국민들의 생활과 생존 기반은 하강 분해되고 침식된다. 철저한 규제 철폐와 민영화(사유화)를 지향하는 신자유주의에서 인간 생명과 생활, 생존이라는 가치는 대폭 후퇴하고, '시장경쟁'의 승자가 독식하는 탐욕스런 이익은 한없이 정당화된다. 이러한 자본주의의 새로운 조류는 소위 '종속적 신자유주의'의 형태로 1990년대에 발전도상국으로까지 확대되어 전 세계를 지배하는 현상이 되었다(이성형 1999, Chap 1-2).

우리의 상황은 어떠한가. 한국에서도 김영삼 정권의 '세계화' 정책 이래 김대중 정권의 IMF 지배 체제, 노무현 정권의 FTA 정책, 그리고 이명박·박근혜 보수 정권의 친독점재벌 및 노동정책이 이어지며 사회 전 분야에서 민영화와 규제 철폐 흐름이 20년 이상 지배적 경제 이데올로기로 자리잡았다. 말이 좋아서 규제 완화이고 민영화이지, 국가 역할이 최소화되면서 국민의 생명과 직결된 안전기준까지 '완화'되는 등 독점재벌의 이익을 최대화하는 대가로 사회복지와 고용·안전 등 국민의 삶은 뿌리부터 흔들리고 있다(服部·張編 79-81).

이는 단순히 부의 독점과 편중 문제가 아니다. 궁극적으로는 인간의 존엄성과 자존심까지 붕괴시키는 결과가 초래되고 있기 때문이다. 신자유주의 하 공동체 구성원들은 아무것도 할 수 없고 하지 못하는 무기력과 무능력, 무책임의 사각지대로 내몰리고 있다. 세월호의 비극은 지난 20년간 신자유주의의 경로를 '모범적으로' 밟아 온 한국 해운업의 역사 속에 이미 싹트고 있었던 것이다. 그래서 세월호 대참사를 가리켜 "시장만능 신자유주의 대한민국의 근본적 모순을 가장 적나라하게 보여 준 사건"이라고 하는 것이다.

왜 그러한가. 그 근거로, 먼저 세월호 사건은 해운업주의 이익을 위해 노후 선박의 운항 기한을 연장해 준 규제 철폐 조치에서 발단했다고 할 수 있다. 승객의 안전을 담보로 자본의 이익을 극대화한 셈이다.

2009년 이명박 정권 당시 해운법 시행규칙이 개정되어 운항 가능한 선박의 선령船齡이 20년에서 30년으로 연장되었다. 이로 인해 일본에서 이미 18년간 운행된 낡은 세월호가 2012년 한국으로 수입되어 인천과 제주를 오가는 장거리 운행에 투입된 것이다. 노후 선박에 대한 운항 규제 완화는 해운업주 연합체인 '한국해운조합'의 요구 사항이었고, 이를 국민권익위원회와 같은 국가기관이 대변해 주면서 현실화되었다. 결국 국가가 나서서 국민의 생명을 담보로 노후 선박 운항을 허가해 준 것이다(민변 68-71).

둘째, 여객선의 안전검사 기준도 대폭 완화되어 대형 참사의 불씨를 키웠다. 2009년과 2010년에 「선박안전법」의 시행규칙을 개정하여, 여객선 엔진 개방검사 주기를 늘리고 검사를 유보할 수 있도록 해 주었다. 이것으로도 모자라 2011년 선박특별점검 대상을 15년 이상의 선박에서 20년 이상의 선박으로 완화하도록 여객선 안전관리 지침을 개정했다. 그리고 선박 안전관리 체제의 이행 요건을 완화해, 선장의 내부검사와 부적합 보고 의무를 면제하고 선박회사 안전관리자의 점검만 받도록 했다. 해운업자의 이익 추구 '자유'를 보장한다는 명목으로 해상 안전에 필수적인 의무 사항들을 면제해 준 것이다(민변 63-68, 72-79).

셋째, 업주의 이익과 승객의 안전을 맞바꾸는 '규제 완화' 조치는 화물 적재 항목도 예외가 아니었다. 정부는 2009년 카페리 선박의 구조 및 설비 등에 관한 기준을 개정하여 승용차 및 일부 화물자동차 적재 허용 기준을 완화하고, 항행 시 차량의 고박 기준도 일부 완화했다. 박근혜 정권 들어서도 선박 컨테이너 검사를 현장점검 대신 자료 제출로 대신하도록 함으로써 화물 과적이나 고박 불이행 등의 가능성을 열어 주었다(민변 63-68, 72-79).

이처럼 해운업 관련 규제들이 줄줄이 풀리면서 2014년 세월호 참사가 발생했다. 노후 선박을 무리하게 개조하여 운행하고, 안전관리 및 화물 적재 기준 완화로 더 많은 화물을 무리하게 선적하고, 느슨해진 항행 안전 기준마저 제대로 지키지 않은 결과가 300여 명의 목숨을 앗아 간 세월호 '사건'인 것이다.

다음으로 주목해야 할 것은, 신자유주의의 모토인 '민영화'가 가져온 폐해이다. 앞서 규제 완화와 민영화가 신자유주의의 대표적인 구호임을 밝혔다. 철도, 가스, 전력 등 사회 기간산업에 대한 민영화 논의가 일어나기 훨씬 전인 1960년대부터 해운업에 대한 관리 감독 업무는 이익단체에 위탁되어 왔다. 이는 단순히 나라 산업의 기초가 되는 기간산업에 대한 정부의 공적 역할을 방기하는 차원을 넘어, 정부와 업계 혹은 정계-관료-업계 간의 유착 관계가 만들어질 여지를 낳았다. 현재 여객선 안전관리 및 감독 권한은 주무 부처인 해양수산부에 있지만, 실질적으로는 상당 부분이 해경(해양경찰)과 한국해운조합, 한국선급(선박검사 기관) 등에 위임된 상태이다. 해운업의 관리 및 감독이라는 막중한 공공 업무의 상당 부분이 '민영화'되어 민간에, 그것도 해운업 이익단체에 맡겨진 것이다.

해양수산부는 여객선에 대한 면허와 선박 안전 법령을 관장하면서, 한국선급에 대한 지도 감독 권한을 갖고 있다. 해경은 연안 해상교통관제센터(VTS)의 운영, 수색, 구조, 안전관리를 관장하면서, 한국해운조합에 대한 지도 감독권을 행사한다. 한국해운조합은 여객선 안전관리(과승, 과적) 및 안전점검 업무를 담당하면서, 정부를 대신해 해운사에 대한 안전 운항을 지도 감독하고 있다. 한국선급은 선박안전법 및 구조, 설비 기준에 대한 검사 업무를 담당하면서, 정부의 선박검사 업무를 대행하고 있다.

여기서 특히 문제가 되는 것은, 해운사들의 이익단체인 한국해운조합에 안전 운항의 지도 감독 권한이 주어지고, 해운사들이 출자해 설립한 민간 법인인 한국선급에 정부의 선박검사 업무가 맡겨지고 있다는 점이다. 해상 안전과 직결된 정부의 공적 업무가 위탁 혹은 대행이라는 이름으로 직간접 적으로 이익 당사자에게 맡겨졌으니, 안전관리와 안전 운항에 대한 관리 감독이 제대로 이루어질 리 만무하다(민변 102-105).

우리나라의 해양 행정 체제를 관장하는 해양수산부와 해상 경비 및 구조를 담당하는 국가기관인 해양경찰이 관련 업계와 유착 관계를 형성하고 있음을 보여 주는 정황은 곳곳에서 포착된다. 가장 전형적인 유착 형태는 일본어로 아마쿠다리天下り, 바로 '낙하산 인사'이다. 한국해운조합의 역대 이사장 대다수가 해양수산부 출신이며, 해운조합 본부장도 해양수산부와 해경 간부 출신이 많다. 한국선급도 출범 이래 다수의 이사장이 해양수산 부 등 정부 관료 출신자로 채워졌다. 이익단체인 민간 업계에 선박 운행에 대한 관리감독권을 이관하고 나서, 해당 단체에 낙하산 인사를 꽂는 식으로 강력한 이익 유착 관계를 형성한 것이다. 이런 상황에서 객관적인 안전 관리와 안전 운항 관리감독을 기대하기란 어렵다(민변 106-107).[2]

....

2 신자유주의적 구조조정(민영화, 규제 완화)과 관료—업계 유착 가능성의 증대에 관해서는 박은홍 (87-109)을 참조.

실제로 선박안전법상 여객선은 5년 주기로 정기 검사를 받아야 하고, 매년 중간 점검을 받도록 되어 있다. 세월호도 사고가 나기 불과 2개월 전인 2014년 2월에 한국선급으로부터 중간 점검을 받았으나, 아무런 이상이 없다는 판정을 받았다. 같은 달 인천해경, 한국해운조합 등이 시행한 특별 점검에서도 핵심적 구명 장비는 정상이라고 판단했지만, 구명 장비 46개 중 1개만 작동되었다. 승객용 구명조끼도 이미 20년이 지난 것으로 그 기능에 심각한 문제가 있었다. 비단 세월호만의 문제가 아니다. 매년 선박 결함으로 인한 사고가 급증하고 있지만, 선박검사 합격률은 거의 100퍼센트에 육박한다(민변 108-115). '민영화'로 포장된 정관업(정치, 관청, 기업)의 유착이 낳은 결과가 저 끔찍한 비극이다.

세월호 사건과 직접 연관되어 얘기되는 신자유주의의 또 다른 폐해는, 우리나라 선박 노동자들의 열악한 노동조건이다. 해운업계가 신자유주의 바람에 휩쓸리면서 선박 노동자들의 임금과 근무 환경은 지속적으로 악화되었다. 특히 국내선 선원들의 임금수준은 외항선 선원에 비해 현격히 낮으며, 여객선 선원의 경우에는 더 낮은 것으로 보고되어 있다. 선박 운항을 책임지는 선장이라고 예외가 아니다. 세월호 소유사인 청해진해운은 상황이 더 열악했는데, 선원 29명 중 15명이 계약직에 임금도 다른 해운회사보다 20~30퍼센트 낮았다. 게다가 승객 안전의 최고책임자인 이준석 선장도 저임금의 1년 계약직이었다.

해운사는 인건비를 절약해 이익률을 높였을지 모르나, 그만큼 열악해진 노동환경은 선원들에게 전문성과 책임감을 기대하기 어렵게 만들었다. 업주는 선원들의 전문성을 높일 훈련 기회마저 주지 않았다. 그 결과가 침몰하는 배에 승객들을 방치한 채 탈출한 선원들이었다(민변 154-158). 선원들의 무능력과 도덕적 해이는 신자유주의 비인간적인 노동 현실이 가져온 처참한 결과물인 것이다.

왜 구하지 못했는가?

세월호 사건은 침몰뿐 아니라 이후 구조 과정에서도 치명적인 맹점을 드러냈다. 오죽하면 "구조 행위 자체가 없었다"는 말이 나오겠는가. 국가도, 해경도, 선원들도 구조에 무능력했고, 자발적으로 구조에 나선 어민 등 시민들을 제외하고 인명 구조에 책임이 있는 거의 모든 공적 주체들이 무책임성을 드러냈다. 그리하여 헌신적인 시민과 일부 선원들의 도움으로 탈출한 170여 명을 제외하고, 나머지 304명의 소중한 생명들이 희생되는 모습을 그저 바라볼 수밖에 없었다. 초반에 인명을 구조할 수 있는 금쪽같은 시간, 소위 '골든타임'은 다층적인 무능과 무책임성으로 허비되고 말았다. 이렇듯 구조 활동이 무력화되고 다수의 희생자가 발생한 것도 국가가 사적 이익에 포섭되어 스스로 공적 업무를 포기한 신자유주의적 국가 체계 때문이다.

현대 국가는 자본주의적 재산권을 인정하지만, '공화제'라는 근대국가의 조직 원리에 따라 국가와 시민의 삶에 대한 최소한의 안정성과 안전을 담보해야 한다. 특히 1945년 이후 세계 자본주의에서 일종의 합의로 발전을 거듭한 '복지국가' 혹은 '관리된 자본주의managed capitalism' 관념은 생활과 생명의 안전을 기초로 좀 더 확장된 '삶의 질'의 가능성을 열었다. 20세기 신자유주의는 이러한 가치들을 부정하면서 등장했다. 신자유주의는 인간 생명과 안전을 위한 전반적 규제들을 부단히 해체하는 것에 만족하지 않고, 심지어 국가 고유의 업무인 인명 구조 업무까지 민영화하기에 이르렀다. 어떻게 이렇게 되었을까?

신자유주의 대한민국에서는 이미 생명의 안전 유지와 그 보존이 국가의 역할에서 제외되었기 때문이다. 비용 삭감과 효율성의 원리가 최고의 미덕이 되는 나라에서는 책임 있고 종합적인 구조 업무 체계가 만들어지기 어렵다. 대참사에 직면하고서도 국정 최고책임자로서 구조에 대한 총괄지휘 책임을 자각하지 못한 대통령, "우리 관할이 아니다"라고 주장한 청와대 안보실, 기계적이고 무원칙한 업무 분장 속에서 구조 업무에 사실상 대응하지 못한 정부 재난구조본부, 그리고 구조 업무 실행에 결정적인 무능함을 드러낸 해양경찰 등 국가의 어느 수준에서도 구조 업무의 전문성과 책임성을 발견할 수 없었다. 컨트롤타워부터 현장의 실무 단위에 이르기까지 자기 업무에 대한 자각과 책임 의식, 그리고 이를 뒷받침할 전문적 역량 등 구조 업무에 대한 총체적 역량이 결여되어 있었던 것이다(민변 116-126).

특히 해양 구난救難 업무를 현장에서 책임지고 있는 해경은 그간의 외형적 성장에도 불구하고, 주로 수사 및 정보와 관련된 해양 치안 분야에 치중해 구조 기능을 사실상 방기해 온 것으로 밝혀지고 있다. 따라서 구조와 관련된 전문 인력은 물론이고, 그에 필요한 장비와 체계적 훈련 등 인명 구조 기능이 매우 취약한 상태였다. 특히 세월호 침몰 초기에 가장 가까운 거리에서 사태를 감지하고, 세월호에 필요한 명령을 내리고 해경 내부에 필요한 구조 연락을 담당했어야 할 진도 해상교통관제센터(VTS)의 직무 태만은 참담한 수준이었다.

승객들에게 침몰하는 배 속에 "가만 있으라"고 강요하고, 정작 구조 인력은 배가 이미 침몰하는 시점에야 현장에 도착했다. 침몰하기 전 가장 먼저 현장에 당도한 해경 123정도 승객들에게 퇴선 명령을 내리기는커녕, 조타실에 있던 승무원들만 구조하는 어처구니없는 모습을 보였다. 특히 목포지방 해경청장이 승객 퇴선 조치를 명령했음에도 123정이 이러한 행동을 한 것은 아직까지도 큰 의혹으로 남아 있다(민변 127-140). 어쩌다 한 나라의 해양 경비 업무를 맡고 있는 해경이 이 지경이 되었을까. 놀랍게도, 이 대목에도 비용 절감을 내세운 민영화가 똬리를 틀고 있다.

　해양경찰은 2012년을 전후해 내부에는 최소한의 역량만을 남기고 구조 업무와 인력, 장비를 민간 업체로 이관했다. 민간에 업무를 넘기고 공공 부문의 비용을 최소화하여 소위 '효율성'을 높이겠다는, 전형적인 신자유주의적 사고이다. 해경은 산하에 법정 민간단체로 '한국해양구조협회'를 설치하고 구조 업무를 민영화했다. 인명 구조라는 긴급하고도 중대한 국가 기능이 비용을 이유로 시장에 넘겨진 것이다(민변 80-85).

　구조 업무가 민간 업체에 넘어갔다는 것은 어떤 의미인가. 해상에서 재난 상황이 벌어지면 재난을 당한 해운업주와 민간 구조업체가 계약을 체결해야만 구조를 해 준다는 의미다. 윤리적인 문제는 둘째 치고, 일분일초가 중요한 순간을 놓치게 되어 대형 재난에 속수무책일 수밖에 없다. 해경이 추진한 비용 절감이 아이러니하게도 어떠한 경제적 대가로도 보상될 수 없는 비참한 희생을 낳은 것이다.

　한편, 구조 업무를 민영화한 해경은 정말로 비용을 절감했을까? 해경이 산하단체로 설치한 '한국해양구조협회'는 해경 출신 인사들의 재취업 장소로 활용되었다. 한국해양구조협회 본회의 상임부총재, 각 지부 사무국장 등 간부들은 해경에서 낙하산 인사로 꽂힌 이들이다. 특히 세월호 참사 당시 구조 업무를 담당한 민간 업체 '언딘'(언딘마린인더스트리)은 해경 출신 인사 등이 지분을 지배하는 업체로 알려져 있다(민변 82-85).

참사 당일 인명 구조를 위해 시급히 잠수사 등 구조 인력과 장비가 투입되었어야 했음에도 불구하고, 해경이 언딘을 우선 잠수시키기 위해 해군 잠수 요원 등 적극적인 전문 인력의 투입을 막았다는 의혹이 제기되었다. 언딘 때문에 미군과 한국 해군의 신속한 투입이 지체되었고, 자발적으로 모여든 민간 잠수사들도 구조에 참여하지 못했다는 것이다(민변 141-148). 만에 하나 이것이 사실이라면 해경은 시민 생명을 가장 우선시해야 할 국가기관임을 스스로 포기한 것이나 다름없다. 시민의 생명보다 자신들이 연루된 민간 회사의 이익을 우선하는 사적 이익의 대리자가 어떻게 국가기관일 수 있는가.

여기서 놀라운 점은, 신자유주의 체제에서 부르짖는 비용 절감 목적의 '민영화'가 구조와 구난 업무에까지 적용되었다는 사실이다. 구조 업무 민영화는 생명의 구조마저 자본의 이익과 연계시키는 결과를 낳았고, 인간 생명을 이익 다음의 부차적인 가치로 여기는 비인간적 체제를 탄생시켰다.

··· 신자유주의 20년, 세월호 대한민국 ······

세월호의 침몰과 무능한 구조 작업의 원인을 대략 살펴보았지만, 세월호 참사는 몇몇 관련자들의 태만과 무책임이 부른 단순한 교통사고가 아니다.

세월호 참사는 지난 20년간 대한민국의 치명적 질환으로 자리잡은 시장만능의 신자유주의가 낳은 참변이다.[3]

세월호 참사는 가진 자들을 더 큰 탐욕의 화신이 되도록 하고, 전반적인 사회 체계를 무능과 무책임으로 몰아 간 반인간적 구조의 소산이다. 따라서 이러한 반인간적 구조를 만들고 그로부터 무한한 이익을 얻어 온 독점재벌이 지배하는 정치경제적 권력 문제를 분명히 규명해야만 세월호 사건의 본질을 이해할 수 있다. 독점재벌과 보수 정치권력의 책임, 그리고 그 속에서 대다수 시민들의 삶이 얼마나 왜곡되었는지를 분명히 해야만 더 이상의 비극을 막을 수 있다. 지난 20년간 그들이 규제 완화와 민영화, 비정규직, 정리해고, 복지 축소 등의 이름으로 사회제도 안으로 끌어들인 신자유주의가 99퍼센트 시민들의 생활과 생존을 어떻게 반인간적이고 반민주적인 위기로 몰아가고 있는지를 똑똑히 알아야 한다(김성구 43-45).

세월호 참사의 책임을 세월호 선원이나 구조 용역사에만 묻는 것은 근본적인 문제 해결 방법이 아니다. 그들에게 직업적 기능과 책임감을 기대하기 어려운 구조를 만든 한국의 권력 집단이야말로 이 참사의 최종책임자가 되어야 한다. 재벌과 가진 자들의 이익만을 대변하며, 대다수 시민과 노동자를 반인간적 사각지대로 몰아간 독점재벌과 정치권력이야말로 세월호 사건의 최종 배후이기 때문이다. 그들은 권력의 상층부에서 이익을 공유하며 '효율성'을 내세워 부의 편중을 주도하고, 그로 인해 필연적으로 야기되는

---

3 라틴아메리카에서 신자유주의 20년의 역사적 경험을 "대홍수"라는 은유로 표현한 고 이성형 교수의 분석은 신자유주의의 황폐화 효과를 충분한 전달한다(이성형 2009).

시민들의 생활과 생존 위기는 외면해 왔다. 그들이 만든 구조를 손보지 않는다면 유사한 비극이 거듭될 것이다.

이런 점에서 지난 20년간 국가적 삶의 영역에 신자유주의를 도입하고 만연시킨 정치권력이 가장 크게 책임져야 한다. 민주화 직후 이 땅에 신자유주의를 금과옥조처럼 도입하여, 독점재벌의 이익과 타협해 온 정권들 모두가 세월호 참사의 구조적 원인을 만든 당사자다(服部·張編 79-84). IMF 지배체제 이후 우리의 정치경제 지형에는 근본적 변화가 초래되었고 정리해고, 비정규직, 민영화, 규제 완화 등이 일반화되었다. 그리고 거부할 수 없는 기준으로 경쟁과 시장주의가 강요되었다. 그 연장선에서 민영화와 FTA가 본격적으로 추진되었고, 보수 정권이 들어서며 대대적인 규제 완화와 독점재벌 편들기('기업프렌들리' 정책, 4대강 사업 등 친재벌 정책)가 공공연히 추진됨으로써, 초착취와 초수탈을 보장하는 야만의 재벌공화국이 형성되었다(김성구 125-126; 143-145; 152-154).

특히 재벌에게 특혜와 규제 완화를 제공한 이명박 정권은 세월호 참사에 직접적인 원인을 제공하였다. 그리고 세월호 사건 당시 국가 시스템의 최고 책임자였던 박근혜 대통령은 무엇을 책임졌는가? 사람의 생명을 최우선에 두는 국가정책적 모색이나 참사의 근본 원인을 찾고 이를 개선하려는 노력을 보인 적이 있는가. 오히려 박근혜 대통령은 문제의 본질을 전혀 이해하지 못하고 있음을 보여 주었다. '세월호 특별법'을 제정해 철저히 진상을 규명하고 대한민국을 대개조大改造하겠다던 약속을 저버리고, 정부 시행령을 통해 특별법을 무력화하고 진상 조사를 더 어렵게 만든 까닭이 무엇인가.

사실 박근혜 정권은 경제 및 사회정책 철학 면에서 이명박 정권의 연장

선상에 있다고 말할 수 있다. 박근혜 정권 역시 규제를 죄악시하는 규제 철폐 만능주의의 입장을 갖고 있으며, 비정규직 및 정리해고 요건 완화, 일상적 해고 도입 등 노동조건을 악화시키고, 의료 및 교육 그리고 기간산업을 민영화하려는 더 강화된 신자유주의 정책을 추진하였다. 이런 태도는 세월호 참사 이후에도 바뀌지 않았다. 국가적 비극 이후에 오히려 나라 전체에 비극의 원인을 더 강하게 유포하는 길을 걷고 있다.

대한민국의 신자유주의를 떠받치는 본질적 이익 관계는 독점재벌에게 극단적인 이익 추구의 자유를 부여한다는 점에 있다. 시장만능 신자유주의는 내외 자본을 가리지 않는 초국적 독점자본의 이익에 부합하는 독점적 시장경쟁(독점자본 간의 시장경쟁 및 독점자본에 의한 일방적 초수탈) 이데올로기이자 제도이다. 이러한 독점적 시장경쟁 속에서 국민 대다수는 삶의 근본적인 조건마저도 파괴되는 상황에 직면한다. 따라서 세월호 참사에 대한 직접적인 책임을 물어야 할 또 다른 대상은 신자유주의를 더 강화하도록 요구해 온 독점재벌이다. 재벌은 국가를 볼모로 신자유주의 이데올로기와 정책이 국가 생존에 필연적인 '대세'임을 강요하며 배를 불려 왔다.

우리 사회가 세월호를 넘어 새로운 대한민국을 건설하기 위해서는 인간마저 부정하는 신자유주의 자본주의 체제를 근본적으로 검토하고 비판하고 이를 극복해야 한다. 이 책이 세월호 참사를 신자유주의 비판으로 이끌어 가는 이유는 다음과 같다.

첫째, 현재 우리나라의 신자유주의는 독점자본의 착취 전략이 최정점에 이르렀음을 보여 준다. 이는 노동에 대한 일방적인 착취 구조에서 잘 나타난다. 자본은 최소한도의 안정적인 노동 재생산의 기반조차 허물면서 노동에서 최대 착취를 가능하게 하는 구조를 창출하고 있다. 정리해고와 비정규직을 전반화하고, 다양하고 분절적인 노동 형태 속에서 노동의 계급적 단결 조건을 무력화하고 있다. 신자유주의 도입 20년 만에 세계의 창조자로서 노동의 의미는 증발해 버리고, 일방적인 초과 착취와 비용 절감 대상으로서의 노동만이 남았다. 신자유주의 시대에 이르러 우리는 마르크스가 말한 '임금노예제'의 최악의 형태를 목격하게 되었다. 쌍용차, 코오롱, 기륭, 스타케미컬, 현대자동차, 유성기업, 동양시멘트 등 대한민국의 무수한 사업장에서 정리해고, 비정규직, 불법파견 등 인간과 노동을 부정하는 신자유주의의 야만적 민낯을 목격하고 있다(김성구 62-64, 노중기 104-130).

둘째, 신자유주의는 독점자본의 수탈 범위가 중소 자본은 물론 농민, 그리고 대다수의 전통적 도시 자영업에 이르기까지 전면화되고 있음을 의미한다. 신자유주의의 탐욕은 단지 전통적인 노동 세력을 넘어 자영업자, 농민, 중소기업, 청년, 학생, 신중간층, 관리자, 공무원 등에 이르기까지 대상을 가리지 않고 전면화되고 있다. 최근 재벌들은 독점력을 앞세워 자영업자들의 생존 공간까지 장악하며, 청년과 학생들의 아르바이트 노동에 대한 중층적 저임금 전가 구조 및 열악한 노동조건을 방조하고 있으며, 신중간층과 관리직·공무원마저도 편파 증세 및 연금 개악 대상으로 만들고 있다. 신자유주의 국가권력과 독점권력의 수탈은 그 범위가 한정되지 않으며, 궁극적으로 사회 전 층위에 걸치는 삶의 불안정성을 야기하고 있다.

셋째, 신자유주의는 독점자본을 위한 사회 전반의 전면적 희생 구조를 창출하고 있고, 다양한 생존 및 생활의 안전망을 해체함으로써 사회적 약자층의 삶을 극단적인 위기로 몰아가고 있다. 특히 사회적 안전을 확보하고, 경제적 평등을 지향하는 규제망을 무차별적으로 해체함으로써 수탈망을 극대화하는 상황이다. 노동을 포함한 시민들의 최소한도의 생활 안전장치에 해당되는 사회복지 기반이나 사회적 안전망을 해체함으로써, 독점자본과 국가가 부담해야 하는 비용 지불을 회피하고 있다. 그들은 최소의 비용으로 최대의 착취와 수탈을 보장받지만, 대다수의 사회계층은 사회적 재생산에 필요한 '총자본'적 보호(국가의 보호 기능)로부터 배제되어 상시적으로 생활과 생명의 위기에 직면하는 상황에 놓였다. 즉, 인간으로서 보장받아야 하는 최소한의 삶의 기반마저 보호받지 못하는 시민들이 속출하게 된 것이다.[4]

세월호 참사는 신자유주의 정치경제의 극단적 탐욕 체제가 더 이상 우리 삶과 공존할 수 없는 지경에 이르렀을 뿐만 아니라, 이제는 우리를 대재앙으로 몰아넣고 있음을 입증했다. 이제는 신자유주의를 도입하고 그로부터 최대의 이익을 취해 온 대한민국의 지배적 자본과 보수 권력이 움직일 차례이다. 국민이 불행한 국가가 어떻게 존립할 수 있으며, 소비자 없는 기업이 무슨 소용인가. 대한민국이라는 국가의 노선에 대해 전면적인 자기반성이 필요한 상황이다. 시민들의 동의에 기초한 진정한 민주공화국의 의미를 되새길 시점이다. 시민들의 인내심은 임계점에 도달했다. 초착취적 신자

······················

4 신자유주의 노선 하 이명박, 박근혜 정권의 보건의료 정책과 사회복지 정책의 한계에 대해서는 이진석(2014)와 허선(2014)을 참조.

유주의는 더 이상 지속되기 어렵다. "같이 좀 살자"는 시민들의 소박한 요구가 실현되는 명실상부한 민주공화국으로서 대한민국이 새롭게 재구성되어야 할 때이다.

… 이 책의 구성 ⋯⋯⋯

세월호 참사를 구조적 차원에서 재검토하는 이 책은 크게 서문과 4부로 구성되었다. 책의 서론 격인 본 서문에서는 세월호 참사의 구조적 성격을 분명히 하고, 이를 민주화 이후 신자유주의 20년이라는 한국 현대사의 맥락에서 고찰해 보자는 이 책의 문제의식을 간략하게나마 제시했다.

제1부는 세월호 참사의 구조적 측면과 연관해, 특히 국가가 보인 무능력과 무책임성을 분명히 짚고 넘어가는 내용으로 꾸려졌다. 해양 안전의 탈규제 문제, 재난에 대한 국가 대응 체계의 부실, 사건 피해자들의 인권 문제, 사건의 본질 왜곡에 앞장서 온 언론 문제 등 국가가 의당 책임져야 할 문제가 어디에서 어떻게 왜곡되었는지, 그리고 사건의 진상은 어떻게 호도되었는지를 밝힌다.

제2부는 세월호 참사를 야기한 신자유주의 구조와 연관해, 대한민국 핵심적 영역 전반에 걸쳐서 전개된 위험사회의 면모를 분석한다. 노동, 자본 시장 및 금융, 공공 부문, 의료와 식량 등 기본 생존 요소, 교육 등의 영역에 걸쳐서 전개된 신자유주의 정책이 우리 사회의 공공적 기준을 어떻게 해체하고, 우리 생활의 최소 기반을 어떻게 위기에 빠뜨렸는지를 이야기한다.

제3부에서는 신자유주의로 필연화된 한국판 위험사회에 대한 공공적 견제 장치의 부재 상황을 분석한다. 특히 국가의 본질적 기능인 공공성과 민주성의 결여, 그리고 언론과 정치경제 권력의 유착으로 인한 공적 언론의 기능 부전, 그리고 신자유주의 도입 이후 시민사회의 공론장 기능 축소 등이 분석된다.

제4부는 세월호를 통해 본 대한민국의 구조적 위기를 극복할 성찰적 대안을 고민한다. 세월호 문제를 근본적으로 재검토하려는 이 책의 목표에 비춰 인간 중심의 가치 기준은 무엇이며, 시민이 중심이 되는 시민 주체의 민주공화국으로 대한민국을 재구성하는 데 필요한 철학적 성찰과 실천적 고민을 함께 검토한다.

이 책의 집필에 함께해 주신 분들께 감사한 마음을 전한다. 원고 제출과 출판에 2년 가까이 걸렸다. 우리가 이 지난한 과정을 기꺼이 받아들인 것은 '잊지 않고 근본을 바로 세우겠다'는 4·16 정신을 일깨우기 위함이다. 이 책이 나오기까지 편집 책임을 맡아 준 김진석, 오동석, 배병인 교수, 궂은 일을 마다하지 않고 작업 진척을 위해 애써 준 전 사무국장 김보경 선생과 신동은 차장의 노고에도 고마움을 표하고 싶다. 이 책이 세월호 유족들과 국민들의 아픔을 어루만지고, 대한민국이 신자유주의 야만을 넘어 진정한 민주공화국으로 다시 태어나는 소박한 첫걸음이 될 수 있기를 기대한다.

2016년 10월
송주명(민교협 상임의장·한신대학교 일본학과)

참고문헌

김성구, 《신자유주의와 공모자들》. 나름북스, 2014.

노중기, 〈법질서와 노동통제: 이명박·박근혜 정부를 중심으로〉, 《법질서와 안전사회》, 나름
북스, 2014.

대한변호사협회 세월호참사피해자및진상조사특별위원회(줄임 '변협'), 《4·16 세월호 참사
백서》, 대한변호사협회, 2015.

민주사회를 위한 변호사모임(세월호 참사 진상규명과 법률지원 특별위원회, 줄임 '민변'),
《4·16 세월호 민변의 기록》, 생각의길, 2014.

박은홍, 《동아시아의 전환: 발전국가를 넘어》, 아르케, 2008.

배성인 외, 《법질서와 안전사회》, 나름북스, 2014.

이성형, 《신자유주의의 빛과 그림자》, 한길사, 1999.

이성형, 《대홍수: 라틴아메리카, 신자유주의 20년의 경험》, 그린비, 2009.

이진석, 〈보건의료정책과 안전사회〉, 《법질서와 안전사회》, 나름북스, 2014.

허선, 〈박근혜정부의 복지정책, 무엇을 기대해야 하나〉, 《법질서와 안전사회》, 나름북스,
2014.

服部民夫·張達重 編, 《日韓政治社会の比較分析》, 東京: 慶応義塾大学出版会, 2006.

피에르 세르나Serna Pierre, 〈혁명과 민주주의: 프랑스혁명과 민주공화국의 창출〉, 파리 제1
대학교 프랑스혁명사 강좌 주임교수 피에르 세르나 초청강연. 조계사 한국불교역사문
화기념관 국제회의장, 2015년 5월 27일.

제 1 부

국가와 언론의 책임

1

국가 중심 신자유주의와
해양 안전 탈규제

노진철 경북대학교 사회학과

국가의 위기관리가 법제도적으로 강화되었는데 어떻게 세월호 참사가 발생했고, 왜 재난 대응에 실패했는가? … 세월호 참사는 무재난·무재해의 안전사회를 구현하는 재난관리 체계가 작동하는 상황에서 재난이 발생한다는 위험관리의 역설을 보여주었다.

… 국가의 위기관리, 왜 실패했는가   ……

2014년 4월 16일 이후로 우리의 4월은 그야말로 '잔인한 달'이 되었다. 세월호 참사는 안산 단원고 학생 250명을 포함해 304명의 희생자를 죽음으로 몰아넣었다. 그런데 세월호 참사 1주기를 앞두고 입법 예고된 「4·16참사 진실규명 및 안전사회건설 등을 위한 특별법」(이하 「세월호 특별법」)의 정부 시행령은 정부가 과연 진실 규명을 원하는 것인지 의심하게 했다. '4·16 세월호참사 특별조사위원회'의 주요 보직을 관료들이 장악하고, 조사 인력의 규모를 축소하고, 기존 정부 조사 결과로 조사 범위를 제한하는 등 위원회의 독립성을 심각하게 훼손한 것이다. 이에 피해자 유가족이 삭발을 하고 상복 시위를 벌이는 등 격렬히 항의했다.

당초 「세월호 특별법」은 특별조사위원회의 업무에 '참사의 원인', '구조·

구난 작업과 정부 대응의 적정성에 대한 조사에 관한 사항'을 명시해 성역 없는 조사를 보장했다. 그러나 시행령은 특별조사위의 활동을 '4·16 세월호참사 원인규명에 관한 정부 조사결과의 분석 및 조사'와 '구조·구난 작업에 대한 정부 조사자료의 분석 및 조사'로 규정해 진실 규명의 범위를 검찰이나 감사원 등에서 이미 조사한 결과로만 한정하여 정부의 진상 조사 의지를 의심케 하였다. 조사 대상인 해양경찰청과 해양수산부의 관료가 특별조사위의 주요 보직을 장악하고, 가이드라인을 정한 조사는 진실 규명 및 안전사회 건설을 기대하는 여론의 향배와는 배치된다.

세월호 참사에 대한 사회적 관심은 사고 자체의 기술적 원인보다는 재난 위기에 대응하는 국가조직의 무능, 국가조직 및 경제조직의 무책임, 규제 완화의 무원칙, 규제 행정의 잘못된 관행(불법·탈법·부실), 투자 이익 극대화만을 지향하는 기업의 윤리 부재 등에 집중되어 있다. 특히 "더 이상 국민을 보호하지 않는" 국가조직의 무능에 대한 의문과 불안에서 촉발된 국가에 대한 신뢰 하락(이동규·민연경, 2014)은 김영삼 정부 이후 박근혜 정부에 이르기까지 강한 국가조직을 배후로 시장경쟁의 질서를 권력적으로 확정하는 신자유주의의 탈규제에 대한 성찰을 요구한다.

정부는 신뢰 회복을 위해 해양경찰청 폐지, 안전행정부의 조직 분리, 국민안전처 신설 등의 조직 개편을 단행하는 한편으로, 「세월호 특별법」을 비롯한 관련법의 제·개정 형태로 재난 예방과 사후 처리를 위한 법제를 정비했다(홍완식, 2014). 하지만 현실에서 국가조직의 개편은 재난 대응의 실무 역량 및 전문성 강화보다는 위계질서를 재정비하는 관료주의의 강화로 나타났고, 국가개조론은 잘못된 관행을 바로잡자는 '비정상의 정상화'의 상징정치와 연계되어 퇴색했으며, 퇴직 공직자의 동종 민간 기구 취업을 제한하는 대증對症적 규제에 제한되었다. 정작 문제가 되는 재난 대응의 실무 역량과 전문성 강화는 재난관리의 민관협력governance 및 구조·구난의 민영화를 통해 재난산업(일명 '안전산업')에 이양되었다(박광순, 2014). 이것은 '국가 중심' 신자유주의[1]가 자연재해와 사회 재난의 끝없는 연쇄를 고리로 하는 탈규제와 규제의 차이를 이용하여 국가조직을 강화함으로써 위험과 안전의 순환 질서를 보장한다는 인상을 준다.

50여 년 전부터 진행된 한국의 압축적 근대화 과정은 상호작용·조직·사회 하위 체계 등 사회적 체계의 작동 과정에서 소통의 연계성과 복잡성, 불확실성을 증가시켰을 뿐만 아니라, 그에 따라 증가된 여러 선택지들 가운데 하나를 택하는 결정들이 정도는 다르지만 항상 구조적으로 위험을 동반하였다(노진철, 2014a: 11). 복잡하고 긴밀하게 연계된 사회적 체계들 간의 사전 예측 불가능한 상호작용이 재난을 언제나 일어날 수 있는 '정상 사고'(페로, 2013)로 만들고 있다. 그런데도 안전 전문가들은 어떤 재난이든 그 위험 요소를 객관적으로 측정할 수 있고 확률적으로 예측 가능하다고 주장하며, 재난 대응에 실패할 때마다 국가에 추가적인 조직의 신설 및 개편을 중심으로 한 위기관리 강화를 주문한다(이종열, 2004; 김국래, 2008). 하지만 일어

---

1 서구의 '시장 중심' 신자유주의는 경제의 근본적 불안정성을 전제로 국가의 적극적 개입을 내세운 케인스주의가 쇠퇴하면서 1970년대 후반부터 재등장한 신고전파 경제학 전통을 이어받은 이념으로, 시장 기제를 통한 자원 배분의 효율화, 시장 개방화, 금융 자유화, 민영화, 탈규제, 탈복지 등을 내세운다. 그에 비해 한국의 '국가 중심' 신자유주의는 국가가 주도하여 규제 완화, 공기업의 민영화, 노동시장의 유연화, 자유무역협정(FTA) 체결 등을 통해 모든 사회 영역에 대한 시장경쟁 원리 도입을 추진한다.

날 가능성은 상존해도, 언제 어디에서 어떻게 일어날지 누구도 알 수 없는 것이 재난이다. 어떤 결과들이 나타날 가능성은 있지만, 예측할 수 없는 미래의 손실과 관련해서 그것이 나타날 가능성의 정도를 결정하는 데에는 언제나 위험이 존재하는 것이다(노진철, 2014b: 138).

2001년 9·11 사태를 계기로 세계 각 나라들의 위기관리 패러다임은 전통적 자연재해에서 인적 재난, 사회 재난으로 확대되었다. 한국은 그보다 앞선 1987년 개정된 「헌법」 제34조 6항에서 각종 재난의 예방과 위험으로부터 국민을 보호할 의무를 국가에 명시적으로 부여했지만, 이것이 법제도로 현실화된 계기는 그보다 뒤늦은 2003년 2월 18일의 대구지하철 화재참사였다. 「재난 및 안전관리기본법」 제정과 소방방재청을 비롯한 위기관리 조직의 신설 및 강화는, 국가가 사회 안보 및 안전을 위협하는 재난에 대한 패러다임을 사후 처리에서 사전 예방으로 전환하는 것을 의미했다.

이에 따라 정치권력은 국가조직이 관리해야 하는 재난의 범주를 비정상적인 자연현상으로 인한 가뭄과 홍수, 태풍, 폭설, 지진 등의 자연재해와 인간의 무관심, 부주의, 실수 등으로 발생하는 화재, 붕괴, 폭발, 교통사고 등의 인적 재난에 국한하지 않고, 경제적 위험(빈곤, 불황, 금융 위기, 고물가, 기업 도산, 고용 불안, 청년실업, 비정규직·근로 빈민 증가, 산업재해, 에너지 결핍)과 정치적 위험(성차별, 노인 차별, 장애자 차별, 비정규직 차별, 이주노동자 차별, 테러), 가족의 불안정(이혼 증가, 가정폭력, 아동·노인의 돌봄 한계), 건강 위험(전염병, 의료 위기, 장애, 노령, 사망), 생태학적 위험(자원 고갈, 식수 오염, 산성비, 오존층 구멍, 지구온난화, 기후변화), 기술적 위험(원전, 생명공학, 나노공학, 정보통신 장애, 고속 수송 및 교통망의 기능 장애) 등의 사회 재난으로 급격히 확장했다(노진철, 2010).

　이 같은 재난관리 체계의 발달에도 불구하고 앞으로도 대규모 재난이 반복될 수 있다는 점에서, 세월호 참사는 시장의 탈규제와 국가조직의 위기관리 강화를 동시에 추구하는 국가 중심 신자유주의에 대한 성찰을 요구한다. 특정 인물이나 조직의 잘못된 행동이나 실수가 재난 발생이나 재난 대응의 실패를 유발했는지를 따져 묻는 개인이나 조직에 대한 책임 귀속, 혹은 그 해결책으로서의 법제도 정비, 규제 및 감시·감독, 교육·훈련 등 개입주의적 관료주의의 강화가 과연 국가에 대한 신뢰를 회복시킬지는 미지수이다. 재난 발생이나 재난 대응 실패의 원인에 대한 잘못된 분석은 대부분 물음을 잘못 던진 데 있다. 지난 10여 년 동안 「재난 및 안전관리기본법」을 비롯하여 「민방위기본법」, 「소방기본법」 등 각종 위기관리 기본법과 하위법이 제·개정을 거듭하고 위기관리를 담당하는 국가조직이 신설·개편되었지만, 현실의 위기관리는 예방 중심의 법제도적인 기대와 달리 신자유주의의 경제 활성화 정책과 맞물린 '규제의 역설' 및 '위험항상성risk homeostasis'[2]에 지속적으로 노출되었다.

　세월호 참사는 국가가 재난 예방과 사고 수습을 위해 사회의 다른 영역에 개입하여 합리적인 기획과 조직을 강화하는 한편으로, 경제 활성화를 명목으로 탈규제와 시장방임을 이념으로 하는 신자유주의 조치를 단행하는 것이 오히려 결정 결과의 예측 불가능성과 위험의 통제 불가능성을 높

2　'위험항상성은 상시적으로 위험에 노출되는 해양 안전 같은 분야에서 위험의 정도를 일정하게 유지하려는 경향을 일컫는다.

인다는 사실을 보여 주었다. 즉, 국가의 위기관리 강화는 재난의 예측 불가 능성과 통제 불가능성을 역설적으로 폭로한다.

국가의 위기관리가 법제도적으로 강화되었는데 어떻게 세월호 참사가 발생했고, 왜 재난 대응에 실패했는가? 민주화 이후 권위주의적 발전국가의 대안으로 등장한 신자유주의가 왜 안전성을 보장하지 못하고, '국가 중심' 근대화의 유산인 개입주의적 관료주의가 재난관리 체계를 무력화시키는 요인은 무엇인가?

… 탈규제가 규제 재생산으로 이어지는 '규제의 역설' ……

세월호 참사 이후에도 박근혜 정부는 경제 활성화와 경기 회복을 위한 탈규제에 강한 의지를 불태우며, 국정 중심 과제로 탈규제를 강도 높게 추진하고 있다. 2013년 집권 초기부터 1년 동안 각 정부 부처가 추진해 완료한 규제 완화 사례는 모두 632건(국무조정실 규제정보 포털 자료)에 달한다. 경제 활성화 유인 정책의 일환으로 각 부처의 안전 규제들도 대폭 완화되었다.

세월호 참사 불과 한 달 전인 3월 20일, 대통령은 '규제개혁장관회의 겸 민관합동규제개혁 점검회의' 끝장토론을 주관하며 현장에서 직권으로 52건의 탈규제 건의를 처리했다. 이 회의는 정부의 탈규제 의지를 상징적으로 보여 주기 위해 텔레비전으로 생중계되었다. 이날 처리된 규제 중에는 해양,

항공, 육로, 일반 건물, 어린이집, 학원 등의 운영과 관련된 안전 규제도 다수 포함돼 있었다. 세월호 참사 하루 전날까지도 정부는 연말까지 규제 10퍼센트 감축 목표를 달성하기 위해 국무회의에서 "부처별 업무 평가에 반영한다"며 각 부처의 탈규제를 독려했다. 비록 세월호 참사 이후 안전 규제 완화에 대한 비판적 여론이 형성되었지만, 정부 부처별 안전 규제 재검토는 형식적 논의에 그쳤을 뿐 대부분 법 개정을 마쳤거나 상당 부분 진행된 상태이다.

"세월호 참사에서 국가는 없었다"는 자조는 세계화와 시장의 탈규제를 주도하는 신자유주의에 대한 비판적 성찰과 맞닿아 있다. 규제는 개인 혹은 조직의 권리와 이익을 제한하고 의무와 비용을 부과하는 역할을 한다. 의회에 의해 제정되고 정부에 의해 집행되지만, 규제는 근원적으로 정책 대상인 경제적 혹은 사회적 활동에 영향을 미치는 정치적 활동의 산물이다. 민주화 이후 역대 정부는 1995년 세계화를 선언했던 김영삼 정부부터 외환위기의 부담을 안고 출범한 김대중 정부와 노무현 정부를 거쳐, 보수 정권인 이명박 정부와 박근혜 정부에 이르기까지 모두 관치경제의 극복, 경제 선진화, 경제의 글로벌 스탠다드화, 시장친화적 경제개혁, 창조경제 구현 등의 각종 명분을 내걸고 권위주의적 발전국가에 대한 대안으로 '국가 중심' 신자유주의를 채택했다. 이것은 주로 국가조직을 강화하여 법인세 감세와 탈규제, 노동시장 유연화, 자유무역협정 등의 형태로 신자유주의를 수용하는 것으로 나타났다. 물론 신자유주의가 다른 국가들과 마찬가지로 원래의 구상대로 현실화된 것은 아니다. 역대 정부들은 진보와 보수를 막론하고 '국가 중심' 근대화의 유산인 개입주의적 관료주의의 틀을 유지하면서,

경제 활성화에 유리한 조건을 조성하는 데 신자유주의를 이용했다. 국가의 정책 결정 과정에서 신자유주의가 두드러질 뿐, 완전한 경쟁 상태를 만들지는 않았다.

1980년대 이후 각국에서 탈규제 압력이 강해진 것은 경제 세계화에 편승한 영국과 미국 주도의 신자유주의 경제정책과 밀접한 관련이 있다. 세계화는 경제의 효율성을 높이고 소비자의 후생을 증대시킬 수 있다는 긍정적 측면도 있지만, 자금 조달이나 운용이 국경을 초월하여 이루어지면서 기업이나 금융기관이 어떤 국가의 규제에 반발하여 금융거래를 철수하면 해당 국이 국가 부도 위기 사태에 빠지는 심각한 폐해가 있다. 실제로 이런 사태가 빈번히 발생하여, 각국은 자국의 금융시장을 공동화시키는 사태를 피하고자 금융 분야의 탈규제를 진행시켰다.

1986년 영국 재무성은 당시 홍콩이나 미국 등의 부상으로 국제금융 중심지로서의 지위를 위협받자, 금융 기반 및 증권시장의 대외 경쟁력 강화를 목표로 경쟁력에 걸림돌이 된다고 판단되는 은행과 증권업의 분리제도를 폐지했다. 뿐만 아니라, 증권 매매 위탁수수료를 폐지하는 등 소위 '빅뱅'이라고 불린 강력한 탈규제 조치를 단행했다. 이어 프랑스도 1988년 런던 증시로의 주식 유출을 막고 유통시장 활성화와 투자자 보호를 위해 회원제인 증권거래소 조직의 개혁과 불공정거래 단속 등 프랑스판 빅뱅을 단행했다. 이어 1996년에는 일본도 은행, 증권, 보험의 업종 간 장벽을 철폐하고 상호참여를 실현해 주식 등의 각종 수수료나 내외 자본거래를 자유화하고, 기존 은행의 상품 규제를 철폐하는 등 금융권 자유화 조치를 실시했다.

민주화 이후 한국에서도 1997년 동아시아 외환위기, 2008년 글로벌 금융

위기 등 경제 위기를 극복하는 과정에서 역대 정부들이 '비즈니스 프렌들리', '기업하기 좋은 나라', '손톱 밑 가시 빼기' 등 규제 개혁 구호를 내걸고 탈규제를 추진했다. 그러나 실제로는 규제 철폐의 갈피를 못 잡고 헤매다 오히려 규제가 늘어나는 탈규제와 규제의 차이의 동시적 재생산이라는 '규제의 역설'이 반복되었다.

민주화 이후 탈규제는 경제가 위축되거나 경기가 침체될 때마다 보수와 진보 정권을 가릴 것 없이 내세운 정책 기조였다. 권위주의적 발전국가는 시장 기제와 질적으로 다른 계획경제 기제를 구사하여 시장에 개입했다. 박정희 정부에서 노태우 정부에 이르는 권위주의 정권은 경제성장을 추동하기 위해 총 6차례 '경제개발 5개년계획'(1962~1991)의 목표와 방향을 설정하고, 경제뿐만 아니라 정치·법·교육·과학·문화·언론 등 사회 전 영역에 대한 각종 규제를 과다하게 생산했다. 권위주의 정권은 계획한 방향대로 경제 발전을 조종하기 위해 일부 선별된 핵심 산업에 대한 특혜성 저리 융자와 정경유착, 저임금 비용 유지에 각종 규제를 동원했다. 부분적으로 실시된 탈규제는 규제의 양이 과도한 데 따른 중복규제를 해소하려는 기술적 조치에 불과했다.

수출주도형 산업화 촉진에 초점을 맞춘 상위 법령에 근거한 각종 규제는, 재야 세력 및 학생들의 민주화 요구와 노동자들의 성과 배분 요구를 억누르고 재야 세력 투옥, 노조 정치 활동의 불법화, 노조의 파업 금지, 노조 활동가의 투옥 등 강압적 통제를 배경으로 비로소 작동했다. 반면 민주화 이후 역대 정부는 탈규제를 경제 활성화와 경기회복을 위한 전가의 보도처럼 사용하였다. 하지만 역대 정부의 각종 법규상 등록 규제 건수를 보면,

김대중 정부 초기 3년간을 제외하고는 오히려 매년 건수가 증가한 것으로 나타났다.[3]

김대중 정부는 외환위기 직후 국제통화기금(IMF)의 규제 완화 요구에 따라 김영삼 정부 말기에 1만 1,125건이던 규제를 1998년 1만 372건, 2000년 6,912건으로 대폭 줄였으나, 2001년 7,546건으로 증가세로 전환했다. 노무현 정부에서도 2003년 7,707건이던 규제가 2006년 8,084건으로 늘었다. 노무현 정부 마지막 해인 2007년과 이명박 정부 첫해인 2008년에는 각각 5,166건과 5,186건으로 급감했지만, 이는 규제가 완화된 것이 아니라 규제 분류 방식을 건수별 집계에서 산업별 대분류로 바꾸면서 나타난 일시적 착시 현상이었다. 이명박 정부는 2008년 5,186건에서 2012년 1만 3,914건으로 2.7배나 규제를 증가시켰다. 박근혜 정부도 세월호 사고 직전인 2013년 말까지 규제 건수를 1만 5,269건으로 늘렸다(현대경제연구원, 2014).

김대중 대통령의 국민의 정부는 외환위기를 극복하는 과정에서 IMF나 세계은행(IBRD)의 신자유주의 경제개혁 요구를 수용하여 무역자유화, 자본 유통 자유화, 공기업 민영화 등을 단행했다. 국민의 정부는 과잉규제에 따른 과도한 규제 비용의 발생, 산업구조의 왜곡, 관료의 비정상적인 관행(무능, 부정부패, 비리 등) 등의 문제점을 해소하기 위해 대통령직속 규제개혁위원회(1998)를 설립하고 '규제총량제'와 '규제일몰제'를 도입했다. 둘 다 탈규

---

3 김영삼 정부는 '작은 정부'를 구호로 내걸고 과거 권위주의 정권에서 남발된 규제의 폐지 혹은 개선, 정부 기구의 축소와 통폐합, 공무원 인원 감축 등을 추진했지만, 정치 논리에 밀려 수정되거나 변형되면서 큰 성과를 거두지 못했다(최유성, 2009).

제와 규제의 동시적 재생산을 막기 위한 획일적이고 강압적인 해결 방법이었다. 전자가 현재의 규제를 최적으로 보고 새로운 규제를 만들려면 종전의 규제를 비례하여 폐지하도록 하는 총량 규제 방안이라면, 후자는 새로운 규제를 만들 때 존속 기한을 설정하고 그 기한이 끝나면 자동적으로 폐기하는 제도였다. 김대중 정부는 감축 목표를 50퍼센트로 정하고 각종 규제를 대폭 폐지했으나, 2001년부터 금융감독위원회[4]와 공정거래위원회,[5] 기획예산처[6] 등 국가조직의 경제구조 개혁 과정에서 다시 규제가 양적으로 증가하는 반동 현상이 일어났다(김근세·이경호, 2006). 규제개혁위원회가 정부의 각종 규제에 대한 폐지 또는 개선의 필요성을 심사하고 이를 부처별로 시행하는 업무를 주관했는데도 등록 규제 건수가 증가하는 규제의 역설은 피하지 못했다.

물론 경제 활성화와 규제 완화가 직접적인 인과관계에 있는 것은 아니지만, 역대 정부에서 경제적 규제 완화는 투자 동기를 유발하기 위한 매력적인 유인책이 되기에 충분했다(조명래, 2014). 그러나 문민정부-국민의 정부-참여정부-이명박 정부-박근혜 정부에 이르기까지 단행된 부동산·주거 규제 완화정책, 노동 규제 완화정책, 중소기업·중소상인 보호 규제 완화

....

4 금융감독위원회는 김대중 정부 집권 1년 동안 5개 시중은행을 퇴출시켰고, 16개 종합금융사를 인가 취소했으며, 10개 리스 사를 청산하고 6개 증권사를 인가 최소하거나 영업정지시켰으며, 4개 보험사를 정리하고 2개 투자신탁회사를 인가 취소하거나 영업정지시켰다.

5 공정거래위원회는 김대중 정부 초기에 과거와 달리 계좌 추적권을 부여받아 5대 재벌 기업의 계열사 간 내부거래를 조사하여 722억 원의 과징금을 부과하였다.

6 기획예산처는 시장경쟁 프로그램을 지속적으로 개발·추진하여 기업 구조 개혁에 압박을 가하였다.

정책, 금융 규제 완화정책 등은 그 결과로 나타난 부작용을 해결하기 위해 다시 부동산 투기 규제정책, 비정규직 보호 규제정책, 원·하청 상생협력 규제정책, 대형 마트·SSM 영업 규제정책, 하도급 규제정책, 제2금융권 규제정책, 경제민주화 규제정책 등 다양한 규제정책을 양산했다(김남근, 2015). 즉, 낡은 규제가 폐지되면 다시 새로운 규제가 만들어져 실질적인 규제는 줄어들지 않았다. 이러한 탈규제와 규제의 차이로 드러나는 규제의 역설은, 역대 정부에서 국가조직이 경제개혁과 위기관리를 주도하는 '국가 중심' 신자유주의의 틀을 유지한 결과로 반복적으로 등장하고 있다.

탈규제와 규제의 동시적 작동은 규제의 양적 관리보다 경제적 규제와 사회적 규제의 차이에서 더 분명히 관찰된다. 경제적 규제가 내수 시장 활성화를 위해 시장 통제와 간섭을 기본 원리로 하여 가격 규제, 경쟁, 시장 진입 및 탈퇴 등을 규제하는 것을 일컫는다면, 사회적 규제는 국민의 생명과 안전, 환경, 노동과 소비자, 중소기업과 중소상인 등 사회적 약자의 보호를 위한 공익 목적의 규제이다. 세계적으로도 경제적 규제는 그 필요성이 기술 진보나 경제활동 전반의 변화에 따라 좌우되기 때문에 시대에 뒤떨어진 규제는 폐지되어야 한다는 주장을 낳는 반면, 사회적 규제는 경제활동이 복잡해지고 확대되는 데 따라 국가가 관리해야 할 위험의 유형이 다양화되고 뚜렷하게 전환되면서 그 역할이 더욱 증가하는 추세이다. 다시 말해서 위험의 유형이 경제적 위험에서 정치적 위험, 가족의 불안정, 건강 위험, 생태학적 위험, 기술적 위험 등으로 확장되는 데 따라 사회적 규제의 필요성이 적극적으로 인정되고 있다.

한국에서는 노무현 정부에 이르러서야 경제적 규제와 사회적 규제의 차이가 비로소 인지되었다. 노무현 정부는 규제 건수의 감축보다 규제의 질적 개선에 초점을 두고, 수량 위주의 규제 완화가 아니라 사회경제적 여건 변화에 따른 목표 달성을 위한 규제의 적정성 및 효율성을 측정·평가하는 규제를 행하였다(최유성, 2009). 그리하여 최저임금제도, 신용불량자 구제, 포괄적 사회 안전망 구축, 산업 안전, 재난 예방 등 사회적 약자나 지역 환경을 보호하는 사회적 규제는 오히려 강화되거나 개선되었다.

… 안전 경시한 보수 정부의 무차별적 탈규제   ……

이명박 정부와 박근혜 정부는 국가 중심 신자유주의의 틀에서 투자 유치와 기업 경쟁력을 높이기 위해 탈규제에 강한 의지를 보였다. 두 보수 정부는 정권 차원에서 설정한 경제발전의 도그마에 맞추어 탈규제를 일사분란하게 밀어붙였고, 이 과정에서 공익 목적의 가치를 지향하는 사회적 규제가 간과되어 무분별한 탈규제로 사회적 약자의 피해와 사회적 양극화, 안전 경시 등의 혼란을 초래하였다.

특히 박근혜 정부는 임기 말까지 경제 규제의 20퍼센트를 감축하기 위해 2014년 말까지 각 부처별로 10퍼센트 감축 목표량을 하달했다. 이에 따라 각 부처들은 규제 감축에 적극 나섰고, 이 과정에서 국민의 생명과 안전, 복지, 환경 등과 관련된 사회적 규제들도 덩달아 폐지되는 우가 빚어졌다. 주어진 목표량에 맞춰 규제를 폐지하거나 완화하다 보니, 경제 활성화와 경기

회복에 직접적인 도움이 되지 않는 사회적 규제들은 주목을 받지 못하고 탈규제의 위험에 노출되었다.

두 보수 정부가 글로벌 금융위기로 인한 경기 불황에 처한 해운사의 경영 여건 개선을 위해 폐지하거나 완화시킨 해양 안전 규제만도 20여 건에 이른다. 선령船齡 21년의 카페리선인 세월호는 국제 규약에 따르면 원칙적으로 운항이 금지됐어야 했다. 세계 최악의 여객선 침몰사고로 꼽히는 헤럴드 엔터프라이즈 호(1987년 193명 사망)와 에스토니아 호(1994년 852명 사망), 알살람 보카치오 98호(2006년 1천여 명) 모두 카페리선이었다. 이에 국제해사기구(IMO)는 1997년 카페리의 위험성을 경고하고 단계적으로 없애도록 협약을 만들었다. 하지만 해양수산부는 17년째 아무런 대책을 세우지 않았으며, 세월호는 외항선이 아니라 연안 여객선이라는 이유로 감독 규제 대상에서 제외되었다.

뿐만 아니라 2009년 1월 「해운법」 시행규칙을 개정해 연안 여객선 운항 연령 제한을 20년에서 30년으로 완화시켰다. 당시 국토해양부가 밝힌 법 개정 이유는, 선령 제한 제도가 지나치게 엄격하여 선사船社에 불합리한 비용 부담을 줄 뿐이며 선령 규제를 완화하더라도 안전 관련 위험은 발생하지 않는다는 것이었다(홍완식, 2014). 노후 선박은 선체나 기관실의 노후화로 안전에 취약할 수밖에 없는데도, 규제 완화 이후 시행 전 13척에 불과하던 21년 이상 노후 선박 수입 비중이 2012년 말에는 39척으로 3배 늘었다.[7]

....

7 2008년 연안 여객선 166척 중 선령 21년 이상은 13척에 불과했으나, 2012년 말에는 172척 중 39척으로 3배나 늘었다. 내항 화물선(화물선·유조선·예인선 등) 총 2,083척 중 선령 25년 이상 된 선박

노후 선박이 늘면 이에 비례해 안전점검 기준도 강화되어야 한다. 그러나 보수 정부는 경제 활성화라는 미명 하에 2009년 1월 안전점검 기준도 함께 완화하는 무차별적 탈규제를 밀어붙였다. 연안에서만 항해하는 여객선의 풍압 및 풍속 기준, 방열 설비 등 각종 안전 규정을 줄줄이 완화했으며, 여객선의 과적이나 잘못된 적재로 인한 안전사고를 예방하기 위해 마련된 차량 적재 승인 규정도 완화했다. 그런데 과적은 선박 침몰사고의 결정적 원인으로 작용하기 때문에 과거 정부는 여객선 차량 적재 기준을 마련해 이를 관리·감독해 왔다.[8] 차량이나 화물이 승인받은 적재 도면과 다르게 적재될 경우 새로 승인을 받아야 했다. 하지만 이때부터는 기본 차종이나 컨테이너에 대한 승인만 받으면 유사 차종과 컨테이너를 실을 수 있도록 허용했다. 특히 항해 시간이 1시간 미만이더라도 쐐기 고박固縛 장치로 단단히 묶도록 하던 것을 갑판에 고정된 사각밧줄 등으로 고박할 수 있도록 규제를 완화한 것이 결정적이다. 컨테이너 부착판에 부착하지 않은 컨테이너 적재 시 징역형에 처할 수 있던 처벌 규정을 1천만 원 이하의 과태료로 완화한 것도 이때이다.

선박에서 엔진 등 동력 기관은 안전 검사의 핵심이다. 하지만 2009년 2월 이명박 정권 당시 「선박안전법」 시행규칙을 개정해 여객선 엔진 개방검사

....

은 773척으로 37퍼센트를 차지했다(경향신문 2014.06.15).

8 선박이 관리·감독 기관으로부터 출항을 승인받기 위해서는 만재흘수선(화물 적재로 선체가 물속에 잠길 수 있는 한도를 나타내는 선)을 지켜야 하는데, 화물이나 승객을 과적한 선박이 만재흘수선을 지키기 위해 선박의 복원성을 확보하는 평형수를 빼내 전복 위험을 높이는 것을 막기 위한 것이다.

시기에 대한 규정도 완화했다. 이때까지는 엔진 가동 7천 시간마다 검사를 하도록 돼 있었지만 이를 9천 시간으로 연장한 것이다. 2010년 6월에는 2시간 미만 운항 선박의 경우 위치발신장치의 설치를 면제했다. 2011년 1월에는 항해 시간 3시간 미만 운항 선박에 입석 승선을 허용했으며, 여객선안전관리지침을 개정해 안전점검 대상 노후 선박의 선령 기준을 15년 이상에서 20년 이상으로 완화했다. 또한, 「해상교통안전법」을 개정하여 국제 기준에 의한 '안전관리체제' 인증 심사를 받은 내항 사업장 및 선박에는 국내 기준에 따른 인증 심사를 면제해 주었다.

〈표 1〉 박근혜 정부의 안전 관련 탈규제 사례

과제명	주관 부처	개정 법령	완화 전	완화 후
선박안전법상 안전점검 사업자에 대한 현장점검 축소	해양수산부 해사산업기술과	「선박안전법」 시행규칙 66조	지방해양항만청은 컨테이너 안전점검 사업자에 대한 현장점검을 연 1회 이상 실시	연1회 현장점검(자료 제출 포함)을 실시하고 구체적 필요 사유가 있을 경우에 한해 추가점검
선장 휴식 시 1등항해사 등 업무 대행	해양수산부	「선원법」 시행령	항해에 대한 선장의 지휘 책임 당직자만 일시적으로 업무 대행	선장의 휴식 시간에 1등 항해사, 운항장 등이 선장의 조종 지휘를 대행할 수 있도록 허용
선박검사원, 선박 수리기술자 등 선원에서 제외	고용노동부	「파견근로자보호 등에 관한 법률」	선박검사원, 선박 수리기술자 등은 정규직에 속함	선박검사원, 선박 수리기술자 등을 정규직이 아닌 파견근로자를 고용할 수 있도록 규제 완화
구난·구조의 민영화	해양수산부	「수난구호법」 16조	수난 구호 민간단체에 지원 요청	구난·구조는 외부 민간 업체에 외주화 허용
수상 레저기구의 입출항 신고 면제	해양수산부 항만운영과	「개항질서법」	무역항을 출입하는 5톤 이상 선박(요트, 보트 등 포함)은 출입신고 의무화	동력 요트, 모터보트 등 입출항 출입 신고 면제

공항 활주로 고무 제거 주기 개선	국토교통부 공항안전환경과	공항안전운영 기준 고시	공항 활주로 고무 제거 를 최소 주기에 맞춰 정 기적으로 제거	교통량(항공기 착륙 횟 수)이 적은 공항은 제거 주기 완화
위험물 운송자 교육수료증 휴대의무 폐지	소방방재청	「위험물안전관리 법」	탱크로리로 위험 물질 을 운반할 때 관련 자격 증 또는 교육 수료증 휴 대 의무	위험물 운송 자격증 또는 교육 수료증 휴대 의무 폐지
내진 설계 완화 대상 확대	국토교통부 건축기획과	「건축법」 시행령	건물 대수선 내진 설계 의무화	경미한 대수선을 하는 경 우 내진 설계 생략
공산품안전관리 위반 사실 공표명령 시 과잉조치 방지	산업통상자원부 생활제품안전과	「품질경영 및 공 산품안전관리법」	공산품 안전관리 위반 자에게 언론매체 등을 통한 위해 사실 공표를 명령할 수 있음	위해 사실 공표명령의 범 위를 위해 공산품의 개 선·수거·파기명령 등을 받은 사실로 제한
외국인 강사 채용 시 제출 서류 간소화	교육부 평생학습정책과	「학원의 설립·운 영 및 과외교습에 관한 법률」	외국인 강사 채용 시 범 죄 경력 조회서 포함한 서류 제출/1회 사회교육 연수 의무화	출입국관리소에 제출한 경우 범죄 경력 조회서 제출 생략/연수 필요 시 실시

〈표 1〉에서 보는 것처럼, 특히 박근혜 정부는 국민의 생명 및 안전과 관련된 사회적 규제에 대해서도 기업의 이윤 극대화를 통한 경제 활성화라는 목표에 충실한 방향으로 탈규제를 거침없이 단행했다. 세월호 참사 전, "규제는 암이다"라는 구호로 경기 활성화를 위한 탈규제를 밀어붙였던 박근혜 정부의 '규제정보포털(www.better.go.kr)'에는 규제 완화 과제로 100여 개가 넘는 안전 규제가 선정되어 있었다(김남근, 2015). 해양수산부의 경우 등록된 규제 1,491개 중 상당수가 해양 안전이나 환경, 자원 보전과 관련된 규제들이었다. 따라서 '2014년 말까지 10퍼센트, 대통령 임기 내 20퍼센트'라는 보수 정부의 일률적인 탈규제정책은 꼭 필요한 안전 관련 규제까지도 폐지시킬 수 있는 위험을 안고 있었다.

이에 따라 해양수산부는 2013년 4월 내항 선박 안전관리 체계의 이행 요건을 완화했다. 선장이 선박에 이상이 있으면 서면으로 이를 보고해야 하는 의무를 없앴으며, 선박 최초 인증검사 때 해운사가 해야 하는 내부심사를 면제하고 이를 선사 안전관리자의 점검으로 대체했다. 「선박안전법」상 운항관리자의 직무는 선장이 제출한 출항 전 점검 보고서의 서면 확인, 여객선의 입항·출항 보고의 수리, 구명 기구·소화 설비·해도海圖와 그 밖의 항해 용구 완비 여부 확인, 여객선의 승선 정원 초과 여부 및 화물의 적재 한도 초과 여부 확인과 그 밖의 운항 질서 유지 등 열세 가지나 된다. 그러나 시행규칙에 여객선에 대한 안전점검 보고서 제출을 임의 규정으로 둔 상황에서,[9] 운항관리자가 현장에서 승선 인원과 화물의 적재 한도 초과 여부, 구명 기구 등의 완비 여부 등을 일일이 확인하는 건 현실적으로 기대하기 어렵다. 또한, 선박검사원과 선박 수리를 위해 승선하는 기술자는 선박의 안전을 책임지는 중요한 업무를 맡고 있지만 선원이 아니므로 정규직이 아닌 파견근로자를 고용할 수 있도록 규제를 완화했다. 결정적으로 신자유주의의 민영화 프로그램에 따라 해양 재난 시 구조·구난 업무조차 민영화하여 민간 업체에 외주화하도록 허용했다.

그 결과, 무분별한 설계 변경으로 복원력이 약화된 세월호는 과적·고박 상태 확인 등 출항 전 운항관리자의 형식적인 안전점검 실시로 컨테이너가 고박되지 않은 채 출항해 급선회 시 화물이 한꺼번에 한쪽으로 쏠리면서 균형을 잡지 못해 침몰했고, 해경 본청은 사고 당일 15시경 실종자 수색 구

----

9 「해운법」 시행규칙 제15조의8 4항에 "운항관리자는 여객선의 안전 확보를 위해 필요할 경우 승선 인원 및 화물 적재 상태 등을 확인하거나 선장으로부터 출항 전 여객선 안전점검 보고서를 제출받을 수 있다"고 임의 규정으로 되어 있다.

조 작업을 진행해야 하는 상황인데도 청해진해운에 '언딘'과의 구난 계약 체결을 종용하는 등 위기의 순간에 안전예방 행정도, 재난 구조·구난 행정도 작동하지 않아 대량 인명 손실을 키우는 국가조직의 무능을 그대로 드러냈다.

세월호 사고 열흘 전인 2014년 4월 7일, 대통령이 주재한 국무회의에서 해양수산부는 「선박안전법」 시행규칙에 규정된 컨테이너 안전점검 사업자에 대한 현장점검을 축소하는 규제 개혁 추진 과제를 제시했다. 당초 규정에는 지방해양항만청이 컨테이너 안전점검 사업자에 대해 연 1회 이상의 현장점검을 하도록 돼 있었다. 정부는 현장 안전점검으로 인해 사업자의 비용 부담이 가중된다는 이유로 현장점검을 자료 제출로 대체할 수 있게 하고, 그것도 연 1회만 하도록 축소한 데다 구체적 필요 사유가 있는 경우에 한해 추가점검을 하는 것으로 바꾸었다. 사실상 현장점검 없이 서류로 대체하도록 한 셈이다. 또한 해양수산부는 위험이 생길 우려가 있을 때를 제외하고는 선장의 휴식 시간에는 1등항해사, 운항장 등이 선장을 대신하여 선박의 조종 지휘를 대행할 수 있도록 허용하는 「선원법」 시행령 개정안을 의결해 공포했다. 이러한 정부의 안전 경시 분위기에서 세월호 선장은 유속이 빠르고 파고가 높아 10년간 무려 58차례나 사고가 일어났던 '맹골수도'의 운행을 입사 5개월 된 3등항해사에게 맡기는 무모함을 보였다.

세월호 참사 하루 전날인 4월 15일에도 정부는 국무회의를 통해 부처별 업무 평가에 반영할 것이라며 각 부처의 규제 개혁을 독려했다. 해양경찰청은 당일 규제심사위원회를 개최하여 탈규제 대상으로 해양 오염방제 분야, 수상레저 안전 분야 등에서 53건을 심사했다. 정부는 안전 관련 규제를 완화할 때마다 관리감독을 더 철저히 하겠다고 공언했지만 지켜지지 않았다. 배를 탄 경험이 없는 '해피아'(해수부+마피아) 출신이 해양수산 관련 공공기관장을 독점했고, 기관끼리도 인맥과 학맥, 이권이 얽히고설키면서 형식적인 검사와 감독에 그쳤다. 예를 들어 「해사안전법」 제55조는 정기적인 점검은 없고, 있다 하더라도 점검자가 7일 전에 의무적으로 통보해야 한다고 개정했다.[10] 또, 동법 제59조와 제106조에 따르면 점검을 받더라도 지적 사항 모두에 대해 개선 명령이 내려지는 것이 아니고, 개선 명령이 내려진다 하더라도 그때 가서 명령을 이행하면 되기 때문에 선박 소유주들은 안전 관련 의무 이행에 부담감을 갖지 않게 되었다.

항공 운항과 관련해서도 안전 관련 탈규제가 유사하게 진행되었다. 국토교통부 자료에 따르면, 지난 10년간(2004~2013) 34건(연평균 3.4건)의 국내 항공기 사고가 발생했다. 이 가운데 23건(68퍼센트)이 지난 5년간 발생한 사고로서 사고율 5.1건(1년에 100만 회 비행당 사고율로 환산)은 세계 평균 4.1건보다 높은 수준이었다. 그런데도 박근혜 정부의 탈규제정책 기조에 따라 항공 운항과 관련된 안전 규제들이 대거 완화되었다. 예를 들면, 공항 안전 운영 기준은 비행기가 이착륙할 때 타이어가 마찰·연소하면서 활주로에 남기는 고무 찌꺼기를 일정 주기마다 제거하도록 되어 있었다. 하지만 국토교

---

10 「해사안전법」 55조 1항은 해양수산부장관이 필요한 경우에 "선박이나 사업장의 안전관리체제 등을 확인하거나 진단하게 할 수 있다"는 임의조항으로 되어 있어 확인이나 진단을 하지 않은 행위에 대해 아무런 법적 책임을 지지 않는다. 제2항에는 공무원들이 단속을 하려면 7일 전에 선장, 선박 소유자, 안전진단 대행업자, 안전관리 대행업자, 그 밖의 관계인 등 단속 대상에게 단속 목적과 날짜, 시간까지 정확하게 반드시 알려 주어야 한다고 규정해 단속의 실효성을 의심케 한다.

통부는 이 규제가 인력·장비·예산 낭비의 우려가 있다며 교통량이 적은 3등급 이하의 공항, 즉 울산·광주·여수 등의 지방 공항에 고무 제거 주기를 늘릴 수 있는 방안을 마련해 줬다. 또한, 국토교통부는 2013년 공항의 안전 운영을 위해 의무화된 공항 운영자의 자격 부여 교육 기간을 2주에서 1주로 축소했다. 지방 공항은 운영자가 소수에 불과하기 때문에 장기 교육으로 인한 업무 공백과 직원 불만이 상존하는 데다 공항별로 양질의 검사 인력을 확보하고 있어 2주의 정기교육은 과다하다는 것이 이유였다. 「항공법」에 따라 인증 공항의 이동 지역(활주로·유도로·계류장)에 대해 이뤄지는 정기·상시 점검과 별도로, 「교통안전법」에 따른 계절별 4회 교통안전점검 의무도 점검이 중복돼 업무 수행에 애로가 있다는 이유로 삭제했다.

육상 교통 안전 규제라고 크게 다르지 않다. 「철도안전법」 제37조에 규정된 철도차량 내구연한(사용 가능 햇수)은 고속철도가 30년, 일반 철도와 지하철은 20~30년이었다. 하지만 이 조항이 2012년 삭제되면서 사실상 철도와 지하철도 노후화된 차량의 무제한 운행을 허용하여 사고의 위험에 광범위하게 노출되었다. 특히 지하철은 출퇴근 시간에 정원의 2~3배를 싣는 특성상 부품이 빠르게 마모되므로 위험은 커질 수밖에 없다. 게다가 2013년 국토교통부는 철도 운전 면허의 갱신 주기를 5년에서 10년으로 연장하고, 2000년 2,573명이던 정비 인원을 1,973명으로 대폭 축소하는 등 무차별적인 탈규제를 단행했다. 소방방재청은 이동탱크저장소(일명 탱크로리)로 위험 물질을 운반하는 이들이 운송 시 반드시 관련 자격증이나 교육 수료증을 휴대하도록 한 규정을 폐지했다. 경찰청은 교통안전 규제의 원칙을 '필요한 곳만 제한적으로 금지'하는 방식으로 전환할 예정이라며 좌회전과 유턴을 폭넓게 허용하는 방침을 세웠다.

일반 건물에 대한 안전 관련 규제도 다수 완화됐다. 대표적인 것이 2013년 건축물을 대수선(건축물의 기둥, 보, 내력벽, 주계단 등의 구조나 외부 형태를 수선·변경하거나 증설하는 것)할 때 의무화한 내진 설계(지진에 견딜 수 있는 내구성)를 경미한 대수선의 경우 생략하도록 한 '내진 설계 완화 대상 확대 방안'이다. 2010년 아이티 대지진을 계기로 강화된 내진 설계 기준이 4년 만에 다시 완화된 것이다.

소비자와 아동·청소년의 안전을 위해 만들어 놓은 규제들도 정부의 탈규제 밀어붙이기를 비켜 가지 못했다. 소비자 안전과 관련해서는 2013년 이뤄진 「품질경영 및 공산품안전관리법」 개정이 대표적이다. 공산품 안전관리를 위반한 자에게 언론매체 등을 통한 위해 사실 공표를 명령할 수 있다는 법 조항이 "피명령자의 자유 및 명예를 과잉침해할 소지가 있다"는 이유로, 위해 공산품의 개선·수거·파기 명령 등을 받은 사실만 공표하도록 법을 바꿨다. 소비자들이 위반 업체의 물품에 정확히 어떤 안전 문제가 있는지를 알 권리가 차단된 것이다. 또한 어린이집 보육교사의 직무안전 교육 의무도 완화됐다. 전에는 보육교사가 직급 승급 교육 때 영유아 안전에 관한 교육(6시간)을 받고 안전공제회 주관 어린이집 보육교직원 안전교육(4시간)도 받았다. 그러나 보건복지부는 이를 "유사 내용의 중복교육 실시로 어린이집 운영에 부담이 된다"고 판단했다. 보건복지부는 2013년 안전공제회 안전교육을 받을 경우 해당 시간만큼 직무승급 교육 시간을 면제할 수 있도록 '보육사업안내 지침'을 개정했다.

세월호 참사는 개입주의적 관료주의와 신자유주의 경제정책이 맞물린 무차별적인 탈규제가 얼마나 위험한지를 보여 줬다. 두 보수 정부는 규제를 경제 효율성과 시장 활력을 위축시키는 경제발전의 저해 요인으로 간주하여 생명 및 안전과 관련된 사회적 규제까지 무차별적으로 탈규제 대상에 포함시켰다. 이러한 무차별적인 탈규제정책이 기업들에게 "수단 방법 가리지 않고 돈을 벌어도 좋다"는 신호로 받아들여지면서 해운사들은 명백한 자기 이익 추구 외에는 어떤 규칙도 따르지 않았다. 다른 기업들 역시 이익 극대화를 위해 작업장의 안전 및 건강 규제 위반, 저임금 일자리 및 비정규직 양산, 원·하청 간 불공정거래, 환경오염, 위험물 생산 혹은 판매 등 비윤리적 행동을 마다하지 않는 기업윤리 결여를 드러냈으며, 전문가 집단의 직업인들은 개인화되어 사적 이익만 챙기는 직업윤리를 결여한 탐욕의 괴물이 되었다(노진철, 2014b: 145).

… '안전사회' 상징정치에 실종된 해양안전 ……

세월호 참사는, 민주화 이후 정부와 정치권이 탈규제가 가져올 위험을 재난대응 '안전한국훈련', '안전문화', '안전행정부' 등으로 포장된 '안전사회'의 상징정치를 통해 기만하고, 해운사는 승객의 안전보다 이윤 추구에 급급하며, 해운 당국은 이로 인한 불법 과적과 불법 선박 개조를 묵인하거나 관리·감독을 소홀히 한 결과로 초래된 것이다.

박근혜 정부에서 다시 부활한 해양수산부는 '2014~2017년 중장기 해양안전문화진흥 기본계획'에서 해양 안전정책의 기본 방향을 선박 운항에 대한 기술적 규제 위주에서 해양 안전 의식 개선으로 선회하였다. 해양 안전에 대한 대국민 교육 및 홍보, 해양안전문화 기반 재난산업 창출을 통해 2017년까지 해양 사고의 30퍼센트 감축 목표를 달성하겠다는 계획이었다.[11] 여기서 재난 대응과 관련해 국민은 교육·훈련 등을 통한 의식 개조의 대상이 되고, 구조·구난의 주요 업무는 민간 업체에 이양하는 '국가중심' 신자유주의의 정책 기조가 드러난다.

이처럼 박근혜 정부는 안전을 경시한 무차별적 탈규제를 강행하면서도 '안전사회'의 상징정치를 이용해 공중에 대한 사회통제를 강화하였다. '안전사회의 구현'은 집권 초기부터 박근혜 정부의 3대 정책 목표 중 하나였다.[12] 행정안전부를 '안전행정부'로 개명하고, 재난 총괄 기구이던 소방방재청에서 인적 재난 및 국가 핵심 기반 부분을 떼어 내어 안전행정부의 하위 부서인 재난안전관리본부의 소관으로 통합하고, 안전행정부 중심으로 「재난 및 안전관리기본법」을 대폭 개정하는 등 이른바 '강력한 재난 대응 체계'를 출범시켰다. 그리하여 사전에 예측 가능하지만 손실이 언제 어디서 어떻게 발생할지 불확실한 영역에 대한 통제의 필요성이 증가되는 세계적 추세를 반영하여, 기술 진보에 따른 새로운 종류의 거대 위험에 국한하지 않고 다양한 사회 재난들을 국가가 관리해야 할 위험으로 포함시켰다.

여기서 '안전사회'는 위험 요소의 통제와 차단 또는 일정 수준 유지 등과

---

11 '해양안전문화진흥 기본계획'의 실질적 목적은 박근혜 정부의 창조경제, 일자리 500만 개 창출 공약에 조응하는 재난산업 육성 및 일자리 창출에 있었다.

12 박근혜 정부의 3대 정책 목표는 '안전한 사회', '유능한 정부', '성숙한 자치'이다.

같은 사회통제 기제 강화를 위한 이데올로기로 기능했다. 안전행정부는 관계 부처와의 협업을 통한 선제적 대책을 담은 '국민안전 종합대책'을 발표했고, 성폭력·학교폭력·가정폭력·불량식품 등 '4대 사회악'의 근절을 위한 '감축목표제'를 제시했다. 이 과정에서 재난 대응의 실패 사례들은 다시 관련 법령과 제도의 부실성을 지시하고 법적 및 사실적 권한을 확대하기 위한 국가조직 개편의 타당한 근거로 이용되었다. 세월호 참사마저 "안전사회 구현을 위한" 국민안전처 중심의 사회통제 강화에 동원되었다. 한번 확보된 국가조직의 권한은 확대되기만 할 뿐 축소되지는 않는 법이다. 이처럼 안전사회 구현을 표방하는 사회통제 기제는 영속적인 불안정성과 제한 없는 안전 추구로써 제 존재 기반을 재귀적으로 재생산한다(징엘슈타인·스톨레, 2012).

안전사회의 상징정치는 안전을 다른 어떤 사회적 가치보다 상위의 가치로 삼는 사회통제 기제를 표현하며, 안전사회에 도달하기 위해 공중에게 시민의 보편적 의무로서 희생을 요구한다. 위험관리와 관련해서 국가는 안전의 가치를 언급하는 것으로 어떤 주제이든 정치적으로 쟁점화할 수 있다. 왜냐하면 안전은 지속적으로 노력하는 것일 뿐 결코 도달할 수 있는 것이 아니기 때문이다. 따라서 모든 형태의 위험을 확인하고 그로부터 안전을 확보하려는 개입은 손실 발생 이전에 사회통제를 투입하는 결과를 낳는다. 다시 말해서, 안전사회의 상징정치는 근본 원인을 찾아내어 제도 개혁을 시도하기보다 개입주의적 관료주의가 '위로부터' 재난총괄지휘기구control tower의 사회통제를 강화할 개연성이 더 크다. 재난 사고 통제에 실패할 때마다 국가가 안전사회를 보장할 것이라는 기대, 그리고 결정자와 전문가가 합리적으로 인정하는 것보다 더 엄격한 규제를 요구하는 여론이 정치 체계의 구조 변동에 영향을 미친다.

세월호 참사는 무재난·무재해의 안전사회를 구현하는 재난관리 체계가 작동하는 상황에서 재난이 발생한다는 위험관리의 역설을 보여 주었다. 대구지하철 화재참사 이전까지 위기관리 패러다임은 소방서와 민방위 중심의 재난 대응 및 복구에 맞추어져 있었다. 정부는 민방위 개념을 포괄적으로 규정하여 전시 재난뿐만 아니라 자연재해와 각종 재난도 위기관리 범주에 포함시켰다. 그러나 실질적으로는 전시 사태에 대한 대응 역할만 중시되고, 자연재해와 인적 재난은 「자연재해대책법」, 「재난관리법」 등 개별법에 따라 운영되었다. 국가조직도 행정자치부 내에 자연재해 관리를 위한 방재국, 인적 재난 기능을 담당하는 재난관리국, 민방위 사태에 대한 총괄 기능을 맡은 민방위국, 소방 업무를 전담하는 소방국 등으로 분산되어 있었다. 이처럼 재난의 유형에 따라 소관 부처별로 분장해 대응하는 분산형 위기관리는, 정작 위기 상황 시 자원(군, 경찰, 소방, 보건의료, 민방위, 분야별 긴급복구 인력과 장비 등)의 동원과 배분이 복잡하고 일사분란하게 대응하는 데 어려움이 있었다. 동일한 맥락에서 유사 기관 간 중복대응과 과잉대응 혹은 무대응의 비일관성 문제가 있었다(이종열 외, 2004).

2007년 발생한 허베이 스피리트 호 기름 유출사고는 형식적 제도와 실질적 대응 실무 간의 불일치가 낳은 통합 관리의 문제점과 여전히 사후 재발방지 위주로 작동하는 위기관리의 한계를 그대로 드러냈다. 재난 사고 초기에 중앙사고수습본부와 방제대책본부, 재난종합상황실이 설치되었는데도 통합 관리의 역량 부족으로 재난 대응에 실패했다. 파고 높이와 전파속도의 예측 실패, 유조선·어민·지방자치단체의 수동적 대응, 현장 지휘 체계의 혼선과 업무 중복, 정보 공유의 미비, 위기관리 기관과 유관 기관 간 유기적 협조 부재 등의 한계가 그대로 노정되면서 초동 대응에 실패했다(노진철, 2008; 현승현 외, 2009).

이에 따라 이명박 정부는 허베이 스피리트 호 기름 유출사고에서 드러난 통합 관리의 결함을 보완한다면서 총괄지휘본부의 위계질서만 강화했다. 행정안전부가 재난관리기구의 총괄 및 조정 역할을 맡으면서, 소방방재청의 역할이 행정안전부의 외청으로, 실질적으로는 사후 재난대응 및 수습기구로 축소되었다. 그리고 행정안전부의 재난안전실로 통합된 비상기획위원회의 역할은 평시 재난 대비 업무를 총괄하는 것으로 되어 있지만, 실질적으로는 전시 대비 위주의 업무를 수행했다. 다시 말해서, 행정안전부는 재난관리의 전 분야를 실무적으로 총괄해야 하는데도 일반 행정직들의 전문성 결여로 인해 주로 국가 핵심 기반 보호와 민방위 업무 총괄로 업무가 제한되었으며, 주요 소관 기본법들에서 규정하고 있는 업무와 역할의 상호 간 긴밀한 연계성보다는 개별적으로 비상 대비와 재난 대응, 수습 업무를 유지하는 데 국한되었다.

그 결과는 세월호 참사에서 위기관리 조직들의 잘못된 관행, 사고 초기 선장과 선원의 무대응, 긴급구조에서 재난관리 체계의 오작동, 재난총괄기구의 무능력 등 해양 안전의 실종으로 드러났다. 더 나아가, 이명박 정부와 박근혜 정부를 지배한 '국가 중심' 신자유주의의 탈규제 기조는 완화된 선박 운항의 안전 규제조차 규정대로 집행되지 않는 결과를 낳았다.

선급의 복원성 검사는 해운사의 선박 증·개축을 허가하는 통과의례에 불과했고, 출항 전 안전점검 보고서는 허위로 기재되었으며, 선장의 행동은 감시를 받지 않았다. 세월호는 선령 21년의 노후 선박인 데다 불법 개보수로 무게중심이 상승해 복원력이 저하된 상태였는데도 신규 취항이 허가되었다. 사고 2개월 전 제주 노선에 취항한 세월호는 158번에 이르는 출항 중 157차례나 과적 상태에서 운항했고(조선일보 2014.04.28), 사고 당일에도 허용치인 1,077톤의 3배 이상인 3,608톤의 화물을 실었으며 느슨하게 고박한 상태에서 운항관리자의 형식적인 출항 허가를 받고 출항했다. 화물 과적으로 인해 세월호는 배의 균형을 잡아 주는 평형수가 필요량 1,565톤의 반도 안 되는 761톤밖에 채워지지 않은 복원력 결핍의 상태였다. 선장은 일정을 맞추기 위해 악천후인데도 출항을 감행했으며, 유속이 빨라 위험한 단축 항로인 맹골수도를 3등항해사의 처녀운항으로 통과하는 위험을 감수했다. 그 결과, 세월호는 적재 화물·차량의 고박 불량에 의한 쏠림 현상과 급선회에 따른 과도한 외방外方 경사 등으로 전복되었다.

선내 비치가 의무화된 '여객선비상수색구조계획서'와 '위기대응 행동매뉴얼'에 따르면, 세월호의 선장과 선원은 사고 초기 승객 구조에 나서야 했지만 그렇게 하지 않았다. 사고 초기 선장의 부재는 인명 피해를 키우는 결정적 원인으로 작용했다. 선박이 45도 이상 기울어져 침몰이 예상되는 상황에서도, 선장은 승객들에게 갑판이나 외부로 열린 집합 장소로 집결하여 구명정을 이용해 탈출하라는 퇴선 명령도 내리지 않았다. 오히려 선원들과 전용 통로를 통해 먼저 탈출해 버렸다. 동일한 맥락에서 "선실에서 가만히 있으라"는 선실 대기 지시는 승객의 자발적인 탈출 기회를 사전에 차단했다. 안전관리자들은 위기 상태에 대한 정확한 정보를 승객과 공유하지 않고,

승객들의 혼란과 심리적 동요를 막기 위한 상황 통제 대기 지시를 내렸다. 이 지시가 승객 탈출을 지연시켜 엄청난 인명 피해를 가져온 원인으로 작용했다.

구조본부(서해해경청, 목포해양경찰서)와 구조 세력(함정, 헬기) 역시 '위기대응 매뉴얼'을 제대로 숙지하지 못한 탓에 승객들의 생명을 구할 수 있는 골든타임 동안 긴급구조를 능동적으로 수행하지 못했다. 세월호와 구조 세력은 정보를 공유하지 못해 인명 구조에 혼선을 빚었다. 구조본부와 구조 세력은 '주변해역 대형해양사고 대응매뉴얼'에 의무화된 공용통신망(TRS)을 사용하지 않았을 뿐만 아니라, 초기 30분 동안 세월호와의 직접 교신 시도가 몇 차례 실패하자 조난 선박과의 교신조차 다시 시도하지 않았다. 서해해경청은 세월호에서 진도 해상교통관제센터(VTS)를 통해 승객의 비상탈출 여부를 물었는데도, 선장의 조치 사항을 파악하거나 적절한 구조 조치를 지시하지 않고 선장에게 모든 결정을 위임하는 소극적 태도를 취했다(해양자료실, 2014: 112). 또한, 사고 해역에 출동한 소형 경비정(100톤급)은 선내에 다수 승객이 남아 있다는 사실을 뒤늦게야 구조본부와 구조 세력에게 공용통신망으로 보고했다. 그 결과, 서해해경청 특공대와 목포 122구조대의 현장 투입이 늦어졌고, 해양경찰청은 세월호 전복 후에도 구조 지시를 할 정도로 상황 통제 능력을 상실했다(해양자료실, 2014: 114).

긴급구조에서 구조본부와 구조 세력의 상황 지휘와 구조 활동도 규정에 어긋나는 부적절한 것이었다. 검경합동수사본부의 판단에 따르면, 함정이 현장에 도착했을 때 선체 기울기가 45도여서 선내에 진입했다면 전원 구조가 가능할 수도 있었다(경향신문 2014.06.06). '해상수색구조 매뉴얼'에 따르면, 함정은 사고 선박 도면이나 선박 구조를 잘 아는 사람을 대동해 선내로 진입해 수색·구조 활동을 벌여야 했지만 구조된 선원을 앞세우고 선내 진입을 시도하지 않았다. 정장은 조타실 진입에 실패하자, 선내 상황 파악도 선내 진입 명령도 하지 않았다. 함정은 자력으로 탈출한 승객의 구조에만 집중했다.

현장 지휘관이 제 역할을 하지 못하니, 구조 세력과 유관 기관은 구조 활동에 유기적으로 협조하지 못했다. '긴급구조대응활동 및 현장지위에 관한 규칙'에 따르면, 정장은 현장 지휘관의 권한을 갖지만 출동한 3대의 헬기와 해병대 출신 민간 잠수사, 해군 잠수부대인 특수전전단(UDT)·해난구조대(SSU)에게 아무런 지시를 내리지 않았다. 헬기의 항공 구조사는 선내 상황 정보가 공유되지 않은 상태에서 선내 진입을 하지 않은 채 선외 구조만 했고, 민간 잠수사와 해군 UDT와 SSU는 수색·구조 활동에 참여하지 못한 채 대기 상태에 있었다. 구조본부는 승객의 선내 대기 상황을 파악하고도 구조 세력에게 내부 진입과 퇴선 유도 지시를 하지 않는 등 현장 지휘에 소극적이었다.

일상적으로 위험에 노출된 분야는 감수하는 위험의 정도를 일정하게 유지하는 '위험항상성'의 경향이 있다. 형식적 제도의 측면에서 안전을 지향하는 데도 재난관리 체계가 현실에서 작동하지 않는 이유는 사람들이 국가조직의 통제를 잘 따르지 않기 때문이다. 다시 말해서, 국가 위기관리의 '정상적' 작동을 막는 근본 원인은 국가에 대한 낮은 신뢰 수준이다. 대규모 재난이 발생할 때마다 국가에 대한 신뢰는 하락하고, 국가 위기관리에 대한 불신은 증가한다. 따라서 안전사회의 상징정치를 통한 사회통제 강화보다 더 필요한 것은 국가에 대한 신뢰 확보이다. 위기관리 정책을 수립하는 데 공중의 적극적 참여는 국가에 대한 신뢰를 확보하는 데 필수적이다(노진철, 2014c). 중앙정부에서도 지방자치단체에서도 위기관리는 국가에 대한 신뢰 형성과 공중의 참여를 유도하는 전제로서 정보 공유를 필요로 한다.

… 국가 중심 신자유주의의 한계 ……

세월호 참사 같은 해양 재난은 경제 규모의 확대와 해상교통 활성화에 따라 언제 어디서나 일어날 수 있는 '정상 사고'이다. 재난 자체에는 선진국형과 후진국형이 따로 없다. 재난 대응 실패에 대한 소통이 선진국형과 후진국형으로 나뉠 뿐이다. 세월호 참사는 해양 안전의 무차별적인 탈규제로 인해 일어나지 않을 수 있었던 재난이 일어났고 죽지 않아도 될 학생들이 희생되었다는 인식에서, 우리 사회에서도 오랜 권위주의적 발전국가의 지배가 낳은 잘못된 관행, 국가의 무능, 다양한 국가조직의 장애, 재난관리 체계의 오작동, 직업윤리가 결여된 선장·선원의 무대응 등 재난 대응 실패에 대한 소통을 본격적으로 열었다는 데 그 의미가 있다. 대량 인명 구조와 후속 대응 실패, 그에 따른 정치적 소요는 박근혜 정부가 동원하는 '안전사회' 상징정치의 타당성과 빈번한 재난을 양산하는 국가조직에 대한 성찰을 요구하는 것이다.

민주화 이후 문민정부–국민의 정부–참여정부–이명박 정부–박근혜 정부는 시장의 탈규제와 국가조직의 위기관리 강화를 동시에 추구하는 국가 중심 신자유주의를 단행했다. 역대 정부에서 경제적 규제 완화는 경제 활성화와 경기 회복을 강조할 때마다 단골 레퍼토리로 등장했다. 그와 동시에 금융권 구조조정과 기업 구조 개선, 노동시장의 유연성 제고 등의 국가 중심 신자유주의 개혁 프로그램이 실행되었고, 국가의 금융기관 통제력과 기업 통제력은 오히려 강화되었다. 국가는 대형 참사가 터질 때마다 안전 약속과 함께 더 강화된 위기관리 법령 및 제도, 조직 개편 등의 기술적 안전 대책을 쏟아 냈다. 세월호 참사에 대해서도 정부는 공개적인 진실 규명을 통해 사고 원인과 구조적 문제를 파악하기 이전에 전문가 집단의 정책 자문을 받아 기술적 안전 대책을 급조해 냈다. 국민안전처와 인사혁신처, 행정자치부의 신설, 소방방재청과 해양경찰청의 국민안전처 하위 부서로의 통합, 교육부장관이 겸임하는 부총리 신설 등의 국가조직 개편이 이루어지는 한편으로, '안전사회'와 '비정상의 정상화'의 상징정치, 「세월호 특별법」, 「범죄수익은닉의 규제 및 처벌법」, 「부정청탁 및 금품 등 수수의 금지에 관한 법률」 등의 법제정, 재난 관련 43개 법률안 개정 등 사후 처리와 재난 예방을 위한 법제도 정비가 이루어졌다(홍완식, 2014).

현실에서 국가개조론은 개입주의적 관료주의의 폐해와 신자유주의적 경제정책의 사회 양극화 심화와 같은 사회구조적 결함에 대한 공중의 관심을 다른 쪽으로 돌리게 하는 '비정상의 정상화'의 상징정치와 연계해 유병언 일가와 선장·선원의 부도덕, 유가족의 배상금·특혜 논란으로 대체되었고, 퇴직 공직자의 취업 제한 기관 및 재취업 제한 기간 확대, 인·허가 규제 업무 및 조달 관련 공직 유관 단체 임원의 공무원 임명 배제, 민간 경력자 채용 비율 50퍼센트까지 확대, 고시제도 폐지 등 여전히 행정기관의 전문성 및 책임성과 관련 없는 대증對症적 규제로 일관했다(노진철, 2014a: 30).

재난안전법령상 안전 규제가 미흡·미비한 사례는 그 수를 파악할 수 없다. 의료기관 내 전염병 감염, 리조트 체육관 붕괴사고, 환기구 추락사고, 펜션(민박) 화재사고, 캠핑장 화재사고, 어린이놀이터 안전사고 등 사고가 터지고 나서야 비로소 안전 사각지대가 발견되는 셈이다. 또한, 각종 안전점검 시기가 다양하고 중복되어 있어 과잉규제 논란을 일으키고 탈규제 요구를 촉발해, 검증되지 않은 탈규제가 안전사고로 이어지는 악순환도 문제이다. 더 나아가, 세월호 참사 1주기를 맞기 2주 전에 서둘러 발표한 국민안전처의 '안전 혁신 마스터플랜'은 100대 세부 과제 중 57개 과제가 부처 합의가 필요한 법률안 제·개정 사항인 데다 17개 부·처·청에서 취합된 과제의 특성상 부처별 건설·토목사업이 '안전 예산'으로 둔갑하거나 통일성을 결여하고 있어 재난 안전의 현실화 가능성을 의심케 했다. 안전기준심의회가 안전 규제의 타당성을 심사한다고는 하지만, 정부가 신자유주의적 경제정책을 고수하며 대통령 임기 내 규제 20퍼센트 감축 목표를 강력히 추진하는 상황에서 국민안전처가 제 역할을 다하기는 어렵다. 오히려 정부가 재난의 연쇄에 대해 탈규제와 규제의 동시적 작동으로 반응하면서 위험과 안전의 끝없는 순환 관계를 유지한다는 인상을 준다.

세월호 참사 발생 이후에도 박근혜 정부는 안전 규제를 지속적으로 완화하고 새로운 재난산업 육성에만 초점을 둔다는 비판을 받고 있다. 대형 참사를 겪은 뒤에도 안전 규제 정비가 지지부진하다는 것은 참사 1년 후에 터진 메르스MERS(중동호흡기증후군) 사태에 대한 대응 실패에서 다시 확인된다. 메르스의 확산에도 감염자가 경유하거나 확진된 병원명 비공개 방침을 고수하던 정부는, 결국 병원명 공개를 촉구하는 여론과 일부 지자체의 움직임이 일자 뒤늦게 24개 병원의 명단을 공개해 비난을 샀다. 한국·세계보건기구(WHO) 합동평가단은 정부의 뒤늦은 정보 공개가 대응 실패의 원인이라고 평가했다.

국가에 대한 신뢰는 정보 공유를 통한 투명성 확보에 달려 있다. 하지만 세월호 참사에 대한 자료나 재판 등 관련 정보를 제공하는 정부의 공식 사이트는 없다. '세월호 침몰사고 범정부사고대책본부'는 1주기도 되기 전인 2014년 11월 17일 해체되었다. 후속 작업을 맡은 해양수산부는 세월호 사건과 관련해 세월호 배상 및 보상지원단과 세월호 인양추진단 등 2개 팀을 운영하고 있다. 세월호 배상 및 보상지원단의 신청 접수는 2015년 9월 말 완료되었고, 현재는 2주에 한 번꼴로 관련 심의위원회를 진행하고 있으며, 세월호 인양추진단은 최근 활동 자료를 해양수산부 홈페이지에 한 달에 1~2건 올리고 있는 정도이다. 개입주의적 관료주의는 위기관리 정책을 수립하거나 재난 대응이나 사후 수습 활동을 결정하는 데 공중의 참여보다 배제를 선호하기 때문이다.

세월호 특별조사위원회는 2015년 1월 발족했지만 정부의 비협조로 3월에야 상임위원 5명이 임명되고, 참사 1주기가 지난 7월 말에 별정직 공무원 등 31명을 포함한 직원 90명이 임명되었다. 그러나 예산 집행이 미뤄지면서 9월이 되어서야 본격적인 활동에 들어갔다. 「세월호 특별법」은 의회가 국가에 대한 신뢰 하락의 해소 방법으로 제정했지만, 정부가 시행령으로 특별조사위의 역할을 최소화하는 바람에 이미 외형적으로 드러난 재난 대응의 실패와 총괄지휘기구의 부재를 재확인하는 보고서를 채택하고 마무리될 수도 있다. 정부가 2016년 6월 말로 특조위 활동 종료를 예고하고 있는 상황에서, 특별조사위의 활동은 사고의 직접적인 원인 규명에 제한된 채 재판과 두 차례의 청문회에서 가시화된 개인에 대한 책임 귀속과 조사 결과로부터 독립된 개선 대책 수립에 그칠 공산이 충분하다. 정부와 정치권이 세월호 특별조사위를 자신들에게 불편한 진실을 덮는 도구로 활용할 개연성이 크기 때문이다. 조직 행위자들은 확실한 증거가 없는 한 웬만해선 실수를 자백하지 않기 때문에, 특별조사위가 재난 대응 실패의 구조적인 원인을 분석하고 국가조직에 책임을 귀속시키기란 쉽지 않다.

세월호 참사에도 불구하고 전혀 학습되지 않는 개입주의적 관료주의가 국가 중심 신자유주의를 고수하는 한 또 다른 재난은 예고된 것이나 다름없다. 소위 '관피아'(관료와 마피아의 합성어) 척결을 내세운 퇴직 공직자의 민간 기구 취업 제한도 국가조직의 규제 권한이 유지되는 한 민간 기구의 퇴직 공직자 영입을 막을 수 없기 때문에 국가에 대한 신뢰 하락의 위험을 내포하고 있다.

게다가 국민안전처는 그 기능이 형식적으로 예방 패러다임의 구현이면서도 실질적으로는 재난 대응 역량을 강화하는 총괄지휘기구의 통제 기능에 집중되어 있다. 국민안전처의 기능을 재난 대응에 제한해서 본다면, 긴급 구조와 재난 수습에서 자원 동원의 효율성을 중시하는 관료주의가 세월호 재난 당시 현장을 관할한 현장 지휘관으로 하여금 상관의 지시를 기다리게 만들어 지휘·통제권의 무력화를 초래했다는 역설에 주목해야 한다. 긴급을 요하는 재난 현장에서는 현장 지휘관의 재난 대응 능력의 유지와 집중화에 중점을 두어야 한다. 이는 모든 위기관리 조직이 일관성 있게 움직이도록 현장 지휘관에게 전권全權을 주는 것을 의미한다.

사건이 예측하지 못한 방향으로 시시각각 변화하는 재난 상황에서 가장 중요한 것은 단순화의 원리다. 불확실한 상황과 급변하는 환경에서 일어나는 급박한 문제에 대한 신속한 조치와 효율적 대응을 위해서는 지휘 체계가 단순해야 한다. 현장에서 소신 있게 권한을 발휘하지 못하는 상황이 되면, 그 누구도 책임 있는 결정을 내리려 하지 않는다. 따라서 국민안전처는 보고와 지시로 이루어지는 권위적 위계질서를 강화하여 지휘 체계의 복잡성만 증대시켜서는 안 된다. 현장 지휘관에게 책임과 권한을 집중해 현장 지휘관이 모든 가용한 인력 및 장비의 동원령과 배치 권한 등 긴급한 결정을 내릴 수 있도록 만들어 주어야 한다. 국민안전처의 역할을 부처 간 업무 연계를 통한 인적·물적 자원의 지원으로 제한해야 한다.

세월호 참사에 대한 사회적 관심은 사고 자체의 기술적 원인에 있지 않다. "더 이상 국민을 보호하지 않는" 국가조직의 무능에 대한 국민들의 의문과 불안을 해소하려면, 이 무능을 낳은 사회구조적 원인을 성찰하고 제거해야 할 것이다.

참고문헌

김국래, 〈정부의 위기관리조직 재설계 필요성 연구〉,《한국화재소방학회 논문지》22(2): 1-8, 2008.

김근세·이경호, 〈김대중 행정부 규제완화의 분석: 기관유형별 비교분석을 중심으로〉,《지방 정부연구》9(4): 191-212, 2006.

김남근, 〈경제활성화로 포장된 무문별한 규제 완화〉, 월간《복지동향》201: 5-15, 2015.

노진철, 〈허베이 스피리트호 기름유출사고의 초기대응과 재난관리의 한계〉,《ECO》12(1): 43-82, 2008.

노진철,《불확실성 시대의 위험사회학》, 한울, 2010.

노진철, 〈불확실성 시대의 제 위험과 국가의 위험관리: 루만의 사회체계이론의 관점에서〉, 《법과사회》, 47: 9-38, 2014a.

노진철, 〈세월호 참사의 사회구조적 원인과 재난대응체계의 한계〉,《해양한국》6월호: 138-150, 2014b.

노진철,《불확실성 시대의 신뢰와 불신》, 한울, 2014c.

박광순, 〈국가 안전 대진단과 안전산업 활성화 방안: 대통령 주재 제5차 국민경제자문회의 발표자료를 중심으로〉, CERIK Journal 11: 12-15, 2014.

이동규·민연경, 〈정부위기 이후, 재난안전의식이 정부신뢰에 미치는 영향: 세월호 참사를 중심으로〉, 2014 한국정책학회 동계학술대회: 1150-1168, 2014.

이종열·박광국·조경호·김옥일, 〈국가위기관리 통합적 체계구축에 관한 연구〉,《한국사회 와 행정연구》15(2): 347-367, 2004.

조명래, 〈지방자치단체의 사회적 분야 규제 완화: 사회적·환경적 안정을 위한 규제 개선으로〉,《행정 이슈》5월호: 16-19, 2014.

징엘슈타인, 토비아스·스톨레, 페어, 윤재왕 옮김,《안전사회: 21세기의 사회통제》, 한국형사 정책연구원, 2012.

최유성, 〈한국 규제개혁의 회고와 전망〉, 한국정책학회 춘계학술대회. 325~356, 2009.

페로, 찰스, 김태훈 옮김, 《무엇이 재앙을 만드는가? 대형 사고와 공존하는 현대인들에게 던지는 새로운 물음》, 알에이치코리아, 2013.

해양자료실, 〈감사원 '세월호 침몰사고 대응실태' 중간발표 내용〉, 《해양한국》 8월호: 109-115, 2014.

현대경제연구원, 〈현안과 과제: 규제 증가의 특징과 시사점〉, 《이슈리포트》 12: 1-12, 2014.

현승현·이병기·김건위·추병주, 〈지방자치단체의 재난대응체계에 관한 비교연구: 한국과 일본의 해양오염사고 사례를 중심으로〉, 《한국행정학보》 43(3): 273-306, 2009.

홍완식, 〈세월호 사고에 대한 입법적 성찰〉, 《법학연구》 56: 327-348, 2014.

2

잔인한 나라, 실종된 인권

박주민 제20대 국회의원 · 변호사

세월호 참사는 공동체의 기본 전제를 뒤흔든다는 점에서 문제적이다. 개인 혹은 집단의 욕망이 타인의 기본권마저 침해하는 현실에 모든 국민이 놀라고 좌절했다. 세월호 참사를 낳은 구조적 원인으로 지목되고 있는 규제 완화, 감독 기관과 피감독 대상의 유착 등은 한계를 벗어난 욕망을 잘 보여 준다. 그리고 그 희생이 너무나 컸다.

■ 이 글은 '민주사회를 위한 변호사모임'(민변)에서 세월호 참사 대응 활동을 하면서 쓴 글들에 기반하고 있다.

인권의 관점에서 본 세월호 참사는 매우 참혹하며, 그 참혹함은 전방위에 걸쳐 있다. 사람의 생명이나 안전보다 이윤이나 권력을 추구하는 탐욕, 그리고 그것이 낳은 부패와 비리, 부실과 무능으로 결국 300명이 넘는 단원고 학생들과 승객들이 목숨을 잃거나 실종되었다. 이윤만 추구하는 기업, 제대로 된 재난 안전 시스템을 갖추고 작동시키지 못한 정부의 무능력이 충분히 구할 수 있었던 사람들을 살리지 못한 전형적인 인재人災였다.

참사의 피해는 여기에 그치지 않는다. 언론 보도는 피해자들의 인권을 전혀 고려하지 않고 심각한 오보들을 남발했다. 유가족들에 대한 각종 유언비어와 명예를 훼손하는 모욕적 언사도 계속 반복되었다. 정부와 여당은 자신을 비판한다는 이유로 유가족을 적으로만 대하였다. 많은 사람들이 이런 광경을 보고 세계의 선진국들과 어깨를 나란히 한다는 나라가 사실은 국민을 보호하고 배려하는 데는 매우 부실하며 심지어 잔인하기까지 하다는 사실에 놀랐다. 세월호 참사로 드러난 우리 사회의 민낯이다.

… 안전점검과 구호 업무 민영화의 결과 ……

세월호 참사 후 대다수의 국민들은 참사 이전과 이후는 달라져야 한다고 이야기했다. 그럼 뭐가 달라져야 하는가? 다른 어떤 가치보다도 인간의 안전과 생명을 우선시하도록 제도나 문화가 바뀌어야 한다고 너나없이 말했다. 현 사회에서 안전뿐만 아니라 생명까지도 위협받고 있다고 느꼈기 때문이고, 그 근본 원인은 '사람'이 아니라 경제적 가치나 권력만을 좇는 풍조에서 찾았다.

누구나 생명과 안전이 가장 기본이 되고 중요한 가치라고 말한다. 그러나 이 가치가 타인에게 적용되어도 그러할까? 나의 욕구보다 타인의 기본권을 중시하는 것은 말처럼 쉽지 않고, 이는 인간도 동물이라는 사실에서 쉽게 용납된다. 그러나 조금만 더 생각해 보면 그렇지 않음을 알 수 있다. 생물학적으로 보아도, 인간은 그 어떤 동물보다 출생 후 스스로 자립하여 살아가는 상태가 될 때까지 오랜 시간이 걸린다. 이 기간 동안에는 반드시 타인의 도움을 받아야만 한다. 인간이 공동체를 구성하고 그 안에서 살아가는 것은 무엇보다 생존을 위함이다. 그렇다면 공동체의 제1요건은 생명과 안전 보장이며, 나를 포함한 구성원에 대한 배려이다. 그래야만 공동체가 유지될 수 있다. 타인의 생명을 지켜야만 나의 생명도 지킬 수 있는 것이다.

세월호 참사는 바로 이러한 공동체의 기본 전제를 뒤흔든다는 점에서 문제적이다. 개인 혹은 집단의 욕망이 타인의 기본권마저 침해하는 현실에 모든 국민이 놀라고 좌절했다. 세월호 참사를 낳은 구조적 원인으로 지목되고 있는 규제 완화, 감독 기관과 피감독 대상의 유착 등은 한계를 벗어난 욕망을 잘 보여 준다. 그리고 그 희생이 너무나 컸다.

2009년 이후 우리 사회는 기업의 경쟁력 확보를 내세워 전반적인 규제 완화정책을 펼치고 있다. 이명박 정부에서 시작된 '전봇대 뽑기'는, 박근혜 정부에 이르러 '규제는 암덩어리'라는 극단적인 국정 목표가 되었다. 이 과정에서 선박 안전을 보장하던 수많은 규제들도 완화되거나 폐지되었다. 선박 연령 기준이 20년에서 30년으로 연장되었고, 노후 선박에 대한 안전 기준, 여객선 안전점검 기준, 차량 적재 기준 및 선박 컨테이너 안전점검 기준도 줄줄이 완화되었다. 심지어 참사 하루 전날까지도 그러했다. 해양수산부는 2014년 4월 7일 박근혜 대통령이 주재한 국무회의에서 선장의 휴식 시간에는 1등항해사 등이 조종 지휘를 대행할 수 있도록 하는 「선원법」 시행령 개정안을 의결해, 세월호 사고 하루 전인 15일 공포했다. '선장의 조종 지휘 대행' 조항을 신설하여, 선박이 항구를 출입하는 등 위험이 생길 우려가 있을 때를 제외하고는 1등항해사 등이 선장을 대신하여 선박을 조종 지휘할 수 있도록 한 것이다. 잘 알려져 있다시피 세월호가 맹골수도를 통과할 때 선박 조타를 직접 지휘해야 하는 선장은 선실을 이탈한 상황이었고, 상대적으로 경험이 부족한 3등항해사와 조타수가 급격하게 항로를 바꾸는 바람에 침몰한 것으로 추정되고 있다. 사고 하루 전날 공포된 규제 완화가 직접적인 영향을 미친 것이다.

이러한 규제 완화는 각종 경제적 요구에 대한 합리적인 의사 결정으로 치장되어 왔다. 그러나 이 과정이 과연 합리적 논의와 고민 속에서 이루어졌는지에 대한 의문들이 제기되었다. 그동안 정부는 국민권익위원회의 제안에 따라 선령船齡 완화 등이 이루어졌다고 주장했으나, 2014년 국민권익위원회에 대한 국정감사 과정에서 이러한 규제 완화가 청와대와의 협의로 이루어졌다는 증언이 나왔다. 국정감사에 증인으로 출석한 배문규 서기관은 "국토해양부 관련 사건은 모두 94건을 국무회의에 보고했는데, 한 20건씩 모이면 중간중간 청와대에 가서 협의하고 설명 드리고, 그렇게 94건이 완결된 후 국무회의에 보고했다"고 증언하였다.[1]

만약 이 증언이 사실이라면 이 같은 규제 완화는 사실상 청와대가 주도한 것이 된다. 누가 규제 완화를 주도했는지에 대한 정부 기관의 말이 엇갈리는 것 자체가 의혹을 불러일으킨다. 경제적 이윤을 위해 인간의 생명과 안전을 위태롭게 만들었다는 비판이 제기되는 것도 무리가 아니다. 실제로 규제 완화를 시작한 이명박 정부 시절, 여객선 사고가 노무현 정부 시절보다 25퍼센트 정도 증가하였다.[2]

더 심각한 것은, 규제라는 국가적 안전장치 시스템을 이윤 추구 대상으로 넘긴 점이다. 해상 안전점검은 물론이고, 수난 구호까지 민영화한 이유는 무엇일까?

연안 여객선에 대한 선원 안전교육과 여객선 입·출항 안전점검 등을 담

1 〈세월호 참사 원인 여객선 선령완화, 청와대 작품〉, 아시아투데이경제, 2014.10.10. 〈http://www.asiatoday.co.kr/view.php?key=20141010010005557〉

2 〈박남춘 MB정부, 여객선 안전규정 줄줄이 완화〉, 뉴시스, 2014.5.12.

당하는 한국해운조합은 2,100여 개 선사船社의 이해를 대변하는 이익단체로서, 1949년 대한해운조합연합회를 전신으로 1962년 「한국해운조합법」에 따라 '한국해운조합'으로 명칭을 변경하였다. 해운조합은 선장과 선원에 대한 운항관리 규정 교육, 여객선 입·출항 보고, 여객선 승선 지도, 구명 기구, 소화 설비·해도海圖 등 기타 용구의 완비 여부 확인, 탑승 인원 및 적하물 확인 등 각종 안전교육과 지도, 안전점검 및 확인 업무를 전담해 왔다. 한국해운조합이 선임한 운항관리자는 여객선 사업자의 안전 운항을 지도·감독한다. 그런데 운항관리자의 운항관리 비용을 부담하는 여객선 사업자가 해운조합의 대의원이어서, 운항관리자의 지도 감독을 받는 여객선 사업자가 운항관리자의 인력·예산·업무 추진을 감독하는 모순이 생긴다. 더욱이 여객선 사업자는 비용 증가를 꺼려 운항관리자를 신규 채용하지 않아 안전관리 인력이 턱없이 부족한 것이 현실이다. 안전을 책임지고 선박을 관리해야 할 운항관리자가 결국 고용주인 선사의 요구에 따를 수밖에 없는 구조인 것이다.

결국 선사들이 회비를 내서 운영하는 해운조합이 선사들의 안전 감독과 이들이 사용하는 선박 및 항만을 관리 감독해 온 셈이어서, 엄격한 안전 감독을 한다는 것은 애초부터 불가능한 일이었다. 사고 전날 세월호 출항 보고서에 기재되지 않은 차량 32대가 선적되어 있었고, 승선자 명단에 없는 사망자가 발견된 것도 이러한 부실한 출항 관리에서 비롯되었다. 이는 정부의 안전관리 업무를 민간의 이익단체가 대행하기 시작할 때부터 어느 정도 예견된 것이었다.

세월호의 안전점검을 담당한 한국선급은 정부를 대행하여 선박검사를 하는 비영리사단법인으로, 1960년에 출범한 이후 12명의 이사장 가운데 8명이 해양수산부를 포함한 정부 관료 출신이었다. 해양수산부 출신이 산하 기관의 장을 맡다 보니, 한국선급의 선박검사 업무에 대한 관리 감독이 제대로 이루어지지 못했다. 참사가 발생하기 불과 두 달 전인 2014년 2월 10일, 한국선급 목포지부는 세월호의 중간검사를 실시했다. 당시 조타기, 스태빌라이저, 물에 닿으면 저절로 펼쳐지는 구명벌(일종의 고무보트) 등 200여 개 항목을 점검했으나, 아무런 이상이 없는 것으로 처리되었다. 중간검사 이후 15일이 지난 2014년 2월 25일 인천해경, 한국해운조합, 인천지방해양항만청 등 5개 관계 기관이 실시한 특별점검에서도 핵심 구명 장비의 오작동 여부는 점검되지 않았다. 그러나 모두 이상이 없다고 판명된 25인승 구명벌 46척 중 세월호 침몰 당시 정상 작동한 것은 단 한 척에 불과했다.

비단 세월호만의 문제가 아니다. 최근 5년간 한국선급의 선박검사 합격률은 놀랍게도 평균 100퍼센트이다. 5년간 총 1만 255척의 선박이 한국선급에서 안전검사를 받았는데 단 한 척도 안전검사에서 불합격하지 않았다. 사실상 무의미한 검사가 진행되고 있는 것이다. 부실한 안전점검으로 인해 세월호는 비상훈련, 안전시설, 구명 장비 등이 제대로 정비되지 않은 상태로 출항하였다. 화물 과적 역시 해경의 묵인 없이는 불가능한 일이었다. 한국선급의 부실한 선박검사와 해운조합 운항관리사의 형식적인 안전운항 관리가 대규모 인명 피해를 낳은 것이다.

이러한 부실한 관리 감독은 근본적으로 정부가 안전관리 업무를 민간에 외주화하고, 이를 특정 단체가 독점하면서 발생했다. 민간에 맡긴 안전 업무는 결국 비용 문제로 제대로 기능하지 못했다. 이를 감독해야 할 행정

기관 역시 이른바 '해피아(해수부+마피아)'라고 불리는 정부와 유관 단체의 유착 관계로 제 역할을 하지 못했다.

안전점검만이 아니다. 수난水難 구호 업무 역시 지난 2012년 「수난구호법」이 개정되면서, 이를 담당하는 해경이 해난 구조 업무를 민간에 위탁할 수 있게 되었다. 모두 비용을 절감할 수 있다는 이유에서다. 민간위탁은 해경 산하에 법정 단체인 '한국해양구조협회'를 설립하는 것으로 시작되었다. 개정된 「수난구호법」 제26조는 한국해양구조협회의 설립 목적 중 하나로, 행정기관에서 위탁하는 업무의 수행, 즉 구조 업무를 민영화할 수 있음을 밝히고 있다.

이 개정법에 따르면, 사고 책임 선주는 사고 초기에 직접 구난 구조 업체를 선정하여 계약을 맺어야 한다. 구조 업체 활동비는 우선 선주가 계약한 보험회사가 지급하고, 비용이 과다한 경우 정부나 지방자치단체가 개입하여 활동비를 선지급한 뒤 선주에게 구상권을 행사한다. 덕분에 해양 사고가 발생했을 때 선주는 빠르게 사고를 수습할 수 있게 되었지만, 구조를 잘하는 업체보다는 더 값이 싼 업체를 찾을 수밖에 없게 되었다. 이 과정에서 해경 간부가 자신과 친분이 있는 업체를 소개하는 등의 부작용도 피할 수 없다.

더 큰 문제는, 수난 구호 업무의 외주화 및 민영화가 이어질수록 국가기관인 해경의 해난 구조 업무는 그 전문성이 심각하게 약화된다는 점이다. 해양경찰청은 2006년부터 연안 구조 장비 도입 사업을 진행했으나, 민영화를 이유로 매년 예산을 축소하고 있다(2011년 53억, 2012년 44억, 2013년 23억 등). 구조 업무 민영화를 이유로 예산을 절감하여 수난 구조 업무의 기본 장비인 잠수용 바지선조차 확보하지 못하고 있는 해경은, 2011년 140억 원을 들여 약 12만 평 규모의 골프장을 해경교육원에 만들었다. 2012년 사업별 예산 현황을 보면, 청사 신축 등에 703억 원, 해양 경비 역량 강화에 2,269억 원의 예산을 사용한 반면, 해양 재난 구조 인프라 확충에 사용한 예산은 167억 원에 그쳤다. 2013년에 해경의 전체 예산 1조 572억 원 중 1.6퍼센트만 해양 재난 구조 인프라 확충에 사용한 것이다.[3]

구조 업무 담당 인력도 갈수록 줄고 있다. 지난 2006년 4개 해양경찰청을 신설한 이후 해경은 수사 인력을 늘리는 데만 치중하여 증가 인원 가운데 구조 전담 인력은 고작 8.7퍼센트에 불과했다. 현재 해경의 수사·정보 담당 인력은 구조 인력의 3배가 넘는다. 관련 예산도 줄고 실전 구조훈련도 부족하다 보니, 실제 구조 상황에 맞닥뜨려도 구조 업무를 제대로 수행하지 못하는 상황이 벌어질 수밖에 없다.

2014년 8월 13일 선장과 선원들에 대한 재판에서, 세월호 침몰 현장에 가장 먼저 출동한 해양경찰 123정의 정장은 해경에서 일한 34년간 침몰사고 관련 훈련을 받은 적이 없다고 밝혔고, 헬리콥터를 타고 출동했던 해경 소속 항공구조사들 역시 세월호 침몰과 같은 대형 사고에 대한 훈련은 받지 못했다고 증언했다. 또한 8월 20일 세월호 선장과 선원들에 대한 재판에서 "배가 기울어 선내 진입이 어려웠더라도 가능하지는 않았느냐"는 검사의 질문에, 123정 소속 이모 경사는 "구명 뗏목을 터뜨리고 승선했지만, 장비

···················
3 〈1조 쓰는 해경, 안전엔 167억뿐〉, 중앙일보, 2014. 5. 12.

가 준비되거나 체계적인 훈련을 받지 않은 상황에서 정확히 말하기 어렵다"고 답했다.[4] 수난 구조와 관련하여 해경의 장비와 체계적인 훈련이 부족하다는 증언이 나온 것이다.

현장 구조 작업 역시 민간 업체인 언딘의 주도로 진행되었고, 해경의 역할은 찾아보기 어려웠다. 기존의 선내 수색 작업에 사용된 바지선을 언딘의 소유로 교체하기 위해 실종자 수색에 중요한 조금기(조류가 느려지는 시기)를 놓치게 되었음에도, 제대로 된 구조 장비조차 갖추지 못한 해경은 언딘의 요구를 수용할 수밖에 없었다.

민영화의 핵심은, 국가의 기본적인 공공 영역에 비용의 논리를 가져오는 것이다. 해경은 수난 구호가 수시로 일어나는 일이 아니므로 해경이 직접 모든 장비를 구입 및 운영하는 것은 비효율적이라는 이유로 민영화를 주장했다. 그러나 긴박한 상황에서 생명을 구하는 구호 업무의 특성을 고려할 때, 수난 구호에서 민간 부분과의 협력은 구호의 신속성 측면에 한정하여 고려해야지 비용 절감을 목적으로 해서는 안 된다.

… 피해자를 적으로 만든 정부 여당 ……

세월호 참사의 전 과정에 얽혀 있는 부패와 무능은 정부로서는 변명의 여

---

4 〈세월호 구조 해경 "장비·체계적 훈련 부족"〉, 매일경제, 2014. 8. 20.

지가 없는 것이었다. 그러나 정부와 여당은 자신들을 비판한다는 이유로, 그리고 정권에 유리하지 않다는 이유로 세월호 참사 피해자들을 품어 안아야 할 국민이 아니라 무력화시켜야 할 적으로 인식한 듯 보였다.

사고 직후 정부는 나흘 동안 대규모 인원과 장비를 동원한 수색을 벌였다고 발표했으나, 실제로 실효성 있는 수색 작업은 이루어지지 않았다. 4월 19일 밤, 진도체육관에 모인 실종자 가족들이 청와대로 직접 가서 대통령을 만나 신속한 수색 작업을 요청하기로 했다. 그러나 버스를 타려던 실종자 가족들은 경찰의 저지로 버스에 탑승하지 못했고, 이후 도보로 행진을 시작했지만 진도대교 앞에서 또 한 번 경찰에 막혔다. 이 과정에서 경찰은 실종자 가족들을 무차별적으로 채증하기도 하였다. 이미 대법원이 수차례 인정했듯이 먼 곳에서 집회가 예정되어 있는데 설사 그 집회가 불법집회라 할지라도 그 집회에 참여하기 위해 이동하는 것을 막는 것은 명백한 불법행위다. 더군다나 사고로 자식을 잃은 부모들이 아닌가. 참사의 피해자를 보호하지는 못할망정 이들에게 불법적인 행위까지 저지른 것이다. 정부가 참사 피해자들을 어떻게 인식하고 있는지 보여 주는 매우 상징적인 장면이었다.

이후에도 정부의 태도는 바뀌지 않았다. 2014년 국정감사 당시 정청래 의원이 경찰로부터 제공받은 자료를 토대로 밝힌 내용에 따르면, 참사 이후 4개월간 1,055명의 경찰 정보관이 경기도 안산 단원고 분향소 지역에 투입되었다.[5] 실제로 5월 20일, 세월호 유가족 대표단 30여 명이 진도에 있는 실종

······················

5 〈정청래 "경찰, 4개월간 세월호 가족 사찰에 천여명 동원"〉, 뉴스1, 2014. 10. 22.

자 가족을 만나기 위해 이동하는 것을 경기지방경찰청 소속 사복 경찰들이 미행하다가 전북 고창군의 한 휴게소에서 발각되는 일도 있었다.[6] 두 명의 유가족 아버지가 십자가를 지고 도보 순례를 하는 것을 사복 경찰이 미행했다 발각되기도 했다.[7] 대통령 면담을 요구하며 단식을 하다 병원에 입원한 김영오 씨를 국정원이 사찰했다는 의혹도 제기되었다. 국정원 직원이 김영오 씨가 입원한 병원에 출입하며 근황 등을 물었다는 것이다.[8]

이뿐만이 아니다. 세월호 참사 이후 참사 희생자들이나 유가족과 실종자 가족들을 폄하하는 유언비어들이 많이 유포되었다. 그중 일부는 비슷한 내용으로 만들어져 집단적으로 유포되는 경향을 보였다. 이 같은 유언비어가 유가족들에게 큰 상처가 됐음은 물론이다. 그러나 정부는 아무런 대응도 하지 않았다. 유언비어의 내용 중에는 배·보상 관련 내용 등 정부가 공식적으로 입장을 밝히면 그 의혹이 해소될 내용이 많았음에도 정부는 무대응으로 일관했다. 유가족과 실종자 가족들이 기회가 있을 때마다 정부와 여당에 강력한 대응을 요청했는데도 불구하고 말이다. 국민을 보호해야 하는 국가의 의무를 방기한 것이다.

여당 정치인들은 여기서 한 술 더 떠 유언비어 유포에 일조하기도 했다. 2014년 7월 11일 세월호 국정조사 특위 여당 간사였던 새누리당 조원진 의

· · · · · · · · · · · · · · · · · · · ·

6 〈세월호 유가족 미행, 민간사찰 논란…경기경찰청장 '눈물 사과' 왜?〉, 스포츠조선, 2014. 5. 20.

7 〈경찰, 이번에는 세월호 도보순례 유가족 미행…"죄송"〉, JTBC 뉴스, 2014. 7. 15.

8 〈세월호 가족대책위 "국정원이 '유민 아빠' 사찰했다" 의혹 제기〉, 경향신문, 2014. 8. 24.

원은 세월호 사고를 AI(조류 인플루엔자)에 비유한 발언을 했고, 7월 24일 새누리당 주호영 의원은 "세월호 참사는 본질적으로 교통사고"라는 망언을 서슴지 않았다. 7월 15일 새누리당 안홍준 의원은, 당시 세월호 특별법 제정을 위해 40일 가까이 단식하고 있던 유가족에 대해 "제대로 단식을 하면 그 시간을 견딜 수 있어? 벌써 실려 가야 되는 거 아냐?"라고 조롱하기까지 했다. 이후에도 7월 29일 새누리당 홍문종 의원이 "세월호 참사는 일종의 해상 교통사고"라고 했고, 8월 1일 새누리당 김태흠 의원은 세월호 특별법 제정을 위해 국회에서 농성 중인 유가족들을 노숙자에 비유하기도 했다. 유가족을 비판하는 것을 넘어 조롱하고 인격적으로 모독한 것이다. 일부 새누리당 의원들의 카카오톡에서는 당시 대규모로 유포되던 유언비어가 발견되기도 했다.[9]

정부와 여당이 보인 세월호 참사 피해자를 적대시하는 태도는, 세월호 참사 피해자들의 인권을 직접적으로 침해했을 뿐만 아니라 국민을 위한 국가는 없다는 절망감과 배신감을 느끼도록 만들었다. 이런 절망감과 배신감이 공동체 자체에 대한 불신으로 이어지는 것은 당연하다.

9 〈심재철, 세월호 특별법 반대 '마타도어' 문자 유포〉, 미디어오늘, 2014. 7. 20.

··· 진실보다 은폐 택한 언론의 인권침해[10] ······

다수의 피해자가 발생한 재난을 보도할 때 지켜야 할 중요한 원칙 중 하나는, 피해자들의 상황을 최대한 배려하는 차분함이다. 필요 이상으로 피해자들의 피해 상황을 여과 없이 드러낸다던가, 무분별한 속보 경쟁, 시청률 및 인터넷 뉴스 클릭수(어뷰징) 증가를 위한 자극적 보도는 재난보도의 원칙에도 어긋날 뿐더러, 피해자들의 인권을 심각하게 침해하는 행위이다.

그러나 2014년 4·16 세월호 참사와 관련한 언론 보도는 위와 같은 원칙을 전혀 지키지 않았을 뿐만 아니라, 오보와 사실 왜곡 등 심각한 인권침해를 많이 범하였다. 피해자 및 가족들은 이러한 언론 보도에 매우 큰 상처를 받았고, 심각한 인권침해를 경험했다. 피해자 가족들은 자식들이 차가운 바닷속에 갇혀 있는 상황에서, 언론의 잘못된 보도 행태를 바로잡기 위해 피눈물 나는 노력을 해 왔다. 그 결과, 2014년 12월 18일 민주언론시민연합(민언련) 30주년 기념식 및 민주시민언론상 시상식에서, '세월호 참사 희생자·실종자·생존자 가족대책위원회'가 민주시민언론상 수상자로 선정되었다.

민주시민언론상 심사위원장은 "세월호 가족대책위원회는 세월호 참사를 왜곡 보도하는 제도권 언론에 대한 근본적 문제 제기를 통해 현재 한국 사회의 최대 과제 중 하나인 언론개혁 문제를 공론화하는 데 크게 이바지했다"면서, "잘못된 길을 가고 있는 언론을 바로잡기 위해서는 당사자들은 물

....

10 이강혁, 〈정부의 언론통제와 언론의 보도태도〉,《2014 한국인권보고서》, 630쪽 이하.

론이고 일반 시민들이 직접 행동에 나서는 것 외에는 다른 방법이 없음을 일깨워 준 것도 가족대책위의 주요한 성과"라고 선정 이유를 밝혔다.

언론 오보 중 단연 최고라 할 수 있는 것은 바로 '전원 구조' 오보였다. 방송사들은 세월호 사고 최초 신고 2시간여가 지난 2014년 4월 16일 오전 11시 1분경부터 '단원고 학생 전원 구조' 소식을 경쟁적으로 보도했다. 그러나 모두 알다시피 이는 참혹한 오보였다. 감사원의 감사 결과에 따르면, 세월호 전원 구조 오보는 현장 공무원의 그릇된 상황 파악 보고에서 비롯된 것이지만, 방송사들이 정확한 보도보다는 속보 경쟁에 몰두해 기사 작성 과정에서 마땅히 거쳐야 할 '사실 확인' 절차를 소홀히 한 채 정부 발표를 그대로 받아쓴 결과라는 점에서 언론의 책임을 피할 수 없다.

그나마 한 발 물러나 냉정함을 유지하려 한 것은 "(전원 구조 사실) 확인은 아직 되지 않았"다는 JTBC 보도 진행자의 코멘트 정도가 유일했다. 특히 대표 공영방송이자 재난주관 방송사인 KBS는 다른 방송에서 전원 구조 소식이 오보라고 정정 보도를 내보낸 이후에도 전원 구조 오보를 계속 반복했다.

한국 재난 보도 역사에 길이 남을 세월호 '전원 구조' 오보는, 아이들을 살릴 수 있었던 '골든타임'에 구조 작업의 혼선을 불러와 구조 활동을 지연시키고, 피해자 가족 및 국민들의 가슴을 더욱 멍들게 했다는 점에서 심각한 인권침해 보도이다.

전대미문의 '전원 구조' 오보를 낸 이후에도 언론의 세월호 보도 행태에는 별다른 변화가 나타나지 않았다. 구조 작업이 한창 진행 중이던 참사 첫날, 실종자 생환을 애타게 기다리는 가족들의 심정은 헤아리지 않은 채

MBC를 시작으로 TV조선, 뉴스Y 등은 실종자의 사망 보험금 계산 보도를 내보냈다. 치료와 회복이 필요한 구조 생존자, 특히 청소년 및 피해자 가족 등에 대한 취재는 당사자의 안정을 위해 엄격히 자제되어야 함에도, 생존자들의 병실까지 찾아가 인터뷰하고, 구조 후 흥분되고 불안해하는 모습을 그대로 카메라에 담아 모자이크 처리조차 없이 내보내는 등 피해자 인권 보호를 규정한 보도 원칙을 저버린 채 도리어 피해자들의 인권을 무참히 침해했다.

KBS는 사고 첫날부터 코에 호흡기를 끼고 누워 있거나, 머리에 붕대를 감고 이동 중인 부상자들 인터뷰를 반복적으로 내보냈다. MBC는 눈을 제대로 뜨지 못하는 환자의 모습, 병원에 있는 생존 학생의 떨리는 목소리를 그대로 내보냈다. SBS와 JTBC 역시 병원복을 입고 침대에 누워 있는 부상자 인터뷰 장면을 내보냈다. 병원에서 치료를 받는 학생들에게 기자들이 막무가내로 접근하여 사고 당시의 상황을 묻는 등 과열된 취재 경쟁으로 정신적인 2차 피해가 발생할 가능성이 높아졌고, 이를 막기 위해 일부 생존 학생들을 진도에서 안산으로 급히 이송해야 했다.

특히, 홀로 구조된 여섯 살 아동에 대해 SBS는 당사자 및 보호자들의 동의도 없이 얼굴과 실명을 그대로 공개했고, MBC는 얼굴만 모자이크 처리한 채 인터뷰 장면을 그대로 방송했다. JTBC는 구조된 단원고 여학생에게 "학생 한 명이 사망했다는 사실을 알고 있느냐?"고 물어 오열하는 전화 인터뷰를 그대로 방송하여 여론의 비판을 받기도 했다. 언론사들의 속보 경쟁과 자극적인 보도 앞에 피해자들의 인권은 무시되기 일쑤였고, 정부의 면피성 과장 발표를 현장 확인 및 검증 없이 그대로 보도하여 현장의 구조

작업에 혼선을 가져왔다. 이는 처절한 고통 속에서 일말의 기적을 바라던 실종자 가족들에게 씻을 수 없는 상처를 주었다.

사고 첫날인 4월 16일, KBS는 '투입된 경비 함정만 81척, 헬기 15대가 동원되었고, 200명에 가까운 구조 인력 등 육해공이 총동원돼 하늘과 바다에서 입체적 구조 작업을 벌였다'고 보도하였다. 그러나 현장에 가장 먼저 도착한 해경 123정은 세월호 주변에서 적극적인 구조 작업을 하지 않았고, 선체 내부 진입조차 하지 못했다. 또한, 당시 실제 투입된 수중 수색 인원은 16명에 불과한 것으로 확인되었다.

구조대가 아직 배에 접근조차 하지 못하고 있던 4월 18일, YTN과 MBN 등은 구조대가 '선실에 진입했다', '식당칸에 들어갔다', '산소를 주입하고 있다'는 등 실제 선내에서 구조 작업이 진행 중이라는 오보를 거듭 내보냈다.

4월 24일에는 연합뉴스를 시작으로 '민·관·군 합동구조팀이 바다 위와 수중에서 사상 최대 규모의 수색 작업을 벌였다', '구조대원 726명이 동원됐고, 함정 261척, 항공기 35대 등 장비가 집중 투입되었다'고 보도하여, 실제 현장에서 지지부진한 구조 작업을 지켜보던 피해자 가족 등에게 거센 항의를 받았다.

더 나아가, 언론은 유가족들에 대한 각종 유언비어를 수차례 반복 보도하면서, 유가족들의 진상 규명 및 특별법 제정을 위한 다양한 활동이나, 정부 여당 국회의원들이 유가족들에게 쏟아 낸 모욕적인 발언에는 침묵하는 편파적인 보도 행태를 보였다. 언론은 적극적인 실종자 구조와 철저한 진상 규명을 요구하는 유가족들의 목소리가 높아지며 정부와의 대립각이 뚜렷해지자, 유가족을 '조급증'에 걸린 사람들로 매도하거나 유가족 배후에 외부 세력이 개입했다는 등의 유언비어를 보도하기 시작했다.

이 과정에서 단연 두드러진 '활약'을 보인 언론사는 MBC였다. MBC는 2014년 5월 7일, MBC 박상후 전국부장이 〈뉴스데스크〉의 '함께 생각해봅시다─슬픔과 분노 넘어서야' 꼭지를 통해 세월호 유가족의 분노와 증오, 그리고 조급증에 걸린 우리 사회가 민간 잠수부의 죽음을 부르고 각종 해프닝을 빚었다는 리포트를 보도[11]했다. 뿐만 아니라 MBC는 같은 해 7월 15일에도 「세월호 특별법」과 관련하여 단원고 3학년 학생들의 대학 특례입학을 기정사실인 양 보도하여 「세월호 특별법」에 대한 부정적인 국민 정서를 부추겼다. 특례입학은 「세월호 특별법」의 본질도 아니고 세월호 유가족들의 요구는 더더욱 아니었던바, 그런 사실을 누구보다도 잘 알고 있는 MBC가 이 같은 보도를 하였다는 것은 의도적인 악의惡意 보도로밖에 보이지 않는다.

MBC를 비롯한 언론사들의 악의적인 왜곡 보도는 '유민 아빠' 단식 뉴스에서도 고스란히 드러났다. 언론사들은 4·16 세월호 참사 진상 규명을 위한 특별법 제정을 위해 광화문에서 40일 넘게 단식하던 유민 아빠 김영오씨가 목숨을 걸고 요구하던 진상 규명 특별법의 내용은 보도하지 않은 채, 개인사와 관련한 인신공격에 가까운 흠집내기식 보도에만 몰두했다. 세월호 유가족 및 대책위원회의 세월호 진상 규명을 위한 특별법 제정 활동에 대해서는 거의 보도하지 않으면서, 세월호 유가족 일부가 관여된 대리기사

....

11 이 리포트에 대해 MBC 후배 기자 121명이 참담하고 부끄럽다는 성명을 발표하자, 박상후 부장은 이후 성명을 발표한 후배들에게 전화를 걸어 "대가를 치르게 될 것"이라는 협박성 통보를 했다.

폭행 사건은 대대적으로 보도하였다. 특히, 세월호 유가족들을 향한 정부 여당 국회의원들의 모욕적 발언을 제대로 보도하지 않았다는 점에서 언론의 편파성이 두드러졌다.

2014년 7월 11일, 세월호 국정조사 특위 여당 간사인 새누리당 조원진 의원이 '세월호 사고를 AI에 비유한 발언'을 하였지만, 동아일보와 조선일보는 관련 내용을 전혀 보도하지 않았고 다른 언론사에서도 단신 처리하는 수준에 그쳤다. 7월 18일에는 세월호 국정조사 특위 위원장인 새누리당 심재철 의원이 카카오톡으로 '세월호 특별법에 대한 부정적 내용을 담은 장문의 글을 당직자와 지인들에게 발송'하여 비판의 대상이 되었지만, 이에 대한 보도는 거의 없었다.

7월 24일, 새누리당 주호영 의원의 '세월호 참사는 본질적으로 교통사고' 발언, 7월 15일 세월호 특별법 제정을 위해 40일 가까이 단식을 하고 있던 유가족에 대한 새누리당 안홍준 의원의 "제대로 단식을 하면 그 시간을 견딜 수 있어? 벌써 실려 가야 되는 거 아냐?" 발언, 7월 29일 새누리당 홍문종 의원의 '세월호 참사는 일종의 해상 교통사고' 발언, 8월 1일 국회 농성 유가족들을 향한 새누리당 김태흠 의원의 노숙자 운운 발언 등 정부 여당 국회의원들이 유가족을 조롱하거나 모독하는 발언이 이어졌지만, 대부분의 언론이 이를 외면하거나 단신으로 보도하는 수준에 그쳤다.

언론의 이런 보도 태도가 그들의 독자적인 판단이었다고 해도 문제지만, 이것이 정부의 개입 때문이었다면 더 큰 문제이다.

사고 발생 20여 일 후인 2014년 5월 9일, 김시곤 당시 KBS 보도국장은 ① 4·16 세월호 참사와 관련하여 당시 청와대 이정현 홍보수석이 해경에 대한 비판을 자제해 달라고 요청하자 길환영 사장이 보도본부에 해경에 대한 비판을 하지 말라고 지시하였고, ② 4·16 참사 이전부터 대통령 순방 때마다 뉴스 꼭지를 늘리라거나 9시 뉴스에서 대통령 관련 뉴스를 20분 이내에 배치하라는 등 사사건건 보도 간섭이 있었으며, ③ 길환영 사장이 자신에게 사직을 강요하며 이는 '대통령의 뜻'이라고 말하였다는 내용을 폭로하며 사퇴했다.

이어 5월 21일, 당시 정홍원 국무총리도 국회 긴급 현안 질문에서 "청와대가 KBS 길환영 사장과 김시곤 당시 보도국장에게 인사 개입 전화와 메시지를 보낸 것 아닌가"라는 당시 더불어민주당 최민희 의원의 질의에 "지금 이 사태(세월호)가 위중하니까 수색에 전념할 수 있도록 그쪽(현장 관계자들)의 사기를 올려 달라는 뜻으로 (KBS에 전화를 했다)"고 답하여 KBS 보도 개입 사실을 시인하였다.

이 같은 사실들은 단순히 헌법에 보장된 언론독립(언론의 자유)을 훼손하는 차원을 넘어, 정부와 여당이 세월호 참사 피해자들을 어떻게든 고립시키고 무력화시키려 했음을 보여 준다는 점에서 심각한 문제이다. 즉, 정부와 여당은 세월호 피해자들을 품어 안아야 할 국민이 아니라 적敵으로 인식했던 것이다.

··· 세월호 이전과 이후   ······

세월호 참사는 사람과 안전보다 돈과 기업의 이윤 추구를 우선시하는 정부의 경제사회정책, 규제 완화라는 이름으로 진행돼 온 사회 안전장치의 완화와 폐기, 국가 재난관리 시스템의 형식화, 안전규제 업무의 민영화, 관피아(관료+마피아) 등으로 상징되는 감독기관과 피감독기관의 유착 구조와 관행, 무책임한 낙하산 인사정책 등이 그 근본 원인으로 지적된다. 이윤이나 권력을 사람의 생명과 안전보다 중요시한 것이 바로 참사의 원인인 것이다.

참사 이후에는 참사로 인해 피해를 입은 사람들을 위로하고 치유하려 노력하기보다, 정치적 유불리에 따라 그들을 고립시키고 무력화시키려는 시도들이 지속적으로 이루어졌다. 그 결과, 국가에 대한 피해자들의 불신이 극에 달했고, 이 불신은 피해자들의 공동체 복귀를 어렵게 만들면서 끊임없는 고통을 낳고 있다. 이 과정에서 언론은 실상을 제대로 알리고 피해자들을 포함한 사회 전체의 소통과 통합에 기여하기는커녕, 오히려 정권의 대리인 노릇을 자임하며 갈등과 혼란만 부추기는 역할을 했다.

세월호 참사 후 수많은 국민들은 분명 세월호 이전과 이후는 달라야 한다고 이야기했다. 그러나 지금 이 순간까지도 비극에 대한 깊이 있는 반성과 실천은 여전히 부족해 보인다. 잊는다고 해결될 일인가. 그런데도 세월호 참사에 책임감을 느끼고 제대로 된 규명과 대책 마련에 솔선수범해야 할 정권은 단지 참사를 덮으려고만 하고 있다. 이대로라면 우리는 고귀한 희생을 치르고도 아무것도 얻지 못한 채 또다시 위험한 사회를 살아가야 할지도 모른다. 희생자들의 죽음을 헛되지 하지 않을 방법을 찾아야 한다.

세월호 언론보도 대참사

정수영 성균관대학교 사회과학대학

받아쓰기와 왜곡, 비윤리와 무책임 등 우리 언론의 고질적인 문제점이 고스란히 사회 전체의 현실로 재현되고 있다. '세월호 언론 보도 대참사'는 현재 진행형이다.

■ 이 글은 필자의 논문 〈'세월호 언론 보도 대참사'는 복구할 수 있는가?: 저널리즘 규범의 패러다임 전환을 위한 이론적 성찰〉(《커뮤니케이션 이론》 제11권 2호)의 일부를 재구성한 것이다.

⋯ 언론 자유에 따르는
책임과 윤리의 실종 ⋯⋯⋯

언론에 대한 법적 규제는 언론과 표현의 자유를 침해할 소지가 크다. 그래서 우리나라에서도 언론 '스스로' 자정 및 자율 규제 기능을 강화하겠다고 약속한 각종 윤리강령과 기준을 바탕으로 언론의 법적·도덕적 책임을 이행하도록 하고 있다. 이 윤리강령과 보도준칙, 각종 기준들은 언론과 그 종사자들이 지켜야 할 직업윤리와 행동 기준 중에서 가장 중요하고 대표적인 것만을 추려서 명문화한 것으로 언론 규범의 핵심적 토대라고 할 수 있다 (김옥조, 2014).

다음은 국내의 대표적인 언론 관련 윤리강령인 〈신문윤리강령〉이다.

⟨신문윤리강령⟩(1996.4)

제1조 언론의 자유

우리 언론인은 언론의 자유가 국민의 알 권리를 실현하기 위해 언론인에게 주어진 으뜸가는 권리라는 신념에서 대내외적인 모든 침해, 압력, 제한으로부터 이 자유를 지킬 것을 다짐한다.

제2조 언론의 책임

우리 언론인은 언론이 사회의 공기公器로서 막중한 책임을 지고 있다고 믿는다. 이 책임을 다하기 위해 우리는 무엇보다도 사회의 건전한 여론 형성, 공공복지의 증진, 문화의 창달을 위해 전력을 다할 것이며, 국민의 기본적 권리를 적극적으로 수호할 것을 다짐한다.

제3조 언론의 독립

우리 언론인은 언론이 정치, 경제, 사회, 종교 등 외부 세력으로부터 독립된 자주성을 갖고 있음을 천명한다. 우리는 어떠한 세력이든 언론에 간섭하거나 부당하게 이용하려 할 때 이를 단호히 거부할 것을 다짐한다.

제4조 보도와 평론

우리 언론인은 사실의 전모를 정확하게 객관적으로 공정하게 보도할 것을 다짐한다. 우리는 또한 진실을 바탕으로 공정하고 바르게 평론할 것을 다짐하며, 사회의 다양한 의견을 폭넓게 수용함으로써 건전한 여론 형성에 기여할 것을 결의한다.

제5조 개인의 명예 존중과 사생활 보호

우리 언론인은 개인의 명예를 훼손하지 않고 개인의 사생활을 침해하지 않을 것을 다짐한다.

제6조 반론권 존중과 매체 접근의 기회 제공

우리 언론인은 언론이 사회의 공기라는 점을 인식하여 개인의 권리를 존중하고 특히 독자에게 답변, 반론 및 의견 개진의 기회를 주도록 노력한다.

제7조 언론인의 품위

우리 언론인은 높은 긍지와 품위를 갖추어야 한다. 우리는 저속한 언행을 하지 않으며 바르고 고운 언어생활을 이끄는 데 앞장설 것을 다짐한다.

〈신문윤리강령〉은 1957년 신문편집인협회가 제정한 것을 1996년 4월에 한국신문협회·한국신문방송편집인협회·한국기자협회가 개정하였으며, 〈신문윤리강령〉의 구체적인 실천 지침으로 〈신문윤리실천요강〉도 있다. 그 밖에도 〈한국기자협회강령〉, 〈한국기자협회 윤리강령〉, 〈한국사진기자협회 윤리규정〉, 〈인터넷신문 윤리강령〉, 〈한국인터넷기자협회 강령〉, 〈한국전문신문협회 신문윤리 실천요강〉 등 언론이 지켜야 할 윤리 관련 규정 및 보도준칙이 다수 제정되어 운용되고 있다.

신문사별로도 윤리강령이나 취재 보도준칙을 제정·운용하고 있으며, 방송사 역시 방송 강령이나 윤리강령을 별도로 가지고 있다. 언론 보도 내용이나 취재 방식에 대한 사회적 비판이 고조되었을 때 제정된 원칙들도 있다. 〈한국기자협회 자살보도 윤리강령 및 자살보도 권고기준〉, 〈자살보도 권고기준 2.0〉, 〈한국기자협회 인권보도준칙〉, 〈성폭력 범죄 보도 세부 권고기준〉 등이다(한국언론진흥재단, 2013 참조).

〈신문윤리강령〉을 비롯한 모든 윤리강령에 의하면, 언론의 자유는 국민의 알 권리를 실현하기 위한 것이다. 언론은 건전한 사회 여론을 형성하고 국민의 기본 권리를 수호하는 공기公器로서의 책임을 져야 한다. '자유롭고 책임 있는 언론'으로서 정확하고 객관적이며 공정한 보도를 통해 진실을 추구해야 한다. 언론사와 언론인 '스스로' 선언하고 약속한 바이다. 그런데 2014년 4월 16일 아침 세월호 대참사가 발생한 이후, 국내 언론 매체가 경쟁적으로 쏟아 낸 뉴스들이 이 윤리강령과 보도준칙 등에서 규정한 원칙들을 지킨 보도라고 할 수 있을까?

방송기자들이 스스로 지적한 세월호 언론 보도의 문제점은 '사실 확인 부족·받아쓰기 보도, 비윤리적·자극적·선정적 보도, 권력 편향적 보도, 본질 희석 보도, 누락·축소 보도' 등으로 집약된다(방송기자연합회, 2014). 언론학자들도 이와 비슷한 문제들을 지적했다.

2014년 4월 16일부터 6월 3일까지 신문·방송·인터넷 등 주요 매체의 세월호 관련 뉴스를 분석한 김춘식 등(2014)에 의하면, 미확인 정보를 최소한의 확인 검증 절차도 없이 경쟁적으로 보도함으로써 오보가 잇달아 발생했을 뿐 아니라, 오보에 대한 정정 보도 역시 미흡했다. SNS 괴담, 유언비어, 부적절한 언행 등 사회적 갈등을 확대 재생산하는 보도가 많았고, 세월호 대참사의 본질과 진실 규명에 천착하기보다 유병언(세월호의 선사인 청해진해운의 회장으로 알려진 전 세모그룹 회장) 개인과 가족, 구원파 등에 관한 자극적이고 선정적인 보도 비율이 높았다. 정치적·이념적 선동 가능성이 우려되는 뉴스 보도 역시 빈번했다. 이러한 언론 보도는 사회적 갈등을 유발하고 여론을 오도하는 결과로 이어졌다. 뉴스 이용자들은 국내 언론 보도에 등을 돌리기 시작했다. '기레기'(기자+쓰레기)라는 용어까지 등장하고, 세월호 언론 보도 그 자체가 '대참사'라는 비판이 끊이지 않았다.

이에 국내 일부 언론사와 기자들 사이에서는 반성과 자성의 움직임이 나타나고, 새로운 가이드라인과 보도준칙도 발표됐다. 2014년 4월 20일 한국기자협회가 〈'세월호' 참사 보도 가이드라인〉을 발표했고,[1] 같은 해 9월 16일에는 한국신문협회·한국방송협회·한국신문방송편집인협회·한국기자협회·한국신문윤리위원회 등 언론 5개 단체가 〈재난보도준칙〉을 공동 제정하여 선포했다.[2]

....

1 〈'세월호' 참사 보도 가이드라인〉의 내용은 다음과 같다. ① 세월호 참사 보도는 신속함에 앞서 무엇보다 정확해야 한다 ② 피해 관련 통계나 명단 등은 반드시 재난구조기관의 공식발표에 의거해 보도한다 ③ 진도실내체육관, 팽목항, 고려대 안산병원 등 주요 현장에서 취재와 인터뷰는 신중해야 하며, 유가족과 실종자 가족의 입장을 충분히 배려해 보도한다 ④ 생존 학생이나 아동에 대한 취재는 엄격히 제한되어야 한다 ⑤ 언론은 보도된 내용이 오보로 드러나면 신속히 정정 보도를 하고 사과해야 한다 ⑥ 언론은 자극적 영상이나 무분별한 사진, 선정적 어휘 사용을 자제해야 한다 ⑦ 언론은 불확실한 내용에 대한 철저한 검증 보도를 통해 유언비어의 발생과 확산을 방지한다 ⑧ 영상 취재는 구조 활동을 방해하지 않도록 해야 하며, 공포감이나 불쾌감을 유발하지 않도록 근접 취재 장면의 보도는 가급적 삼간다 ⑨ 기자는 개인적인 감정이 반영된 즉흥적인 보도나 논평을 자제해야 한다 ⑩ 언론은 유가족과 실종자 가족, 국민들에게 희망과 위로의 메시지를 전달하도록 노력한다.

2 〈재난보도준칙〉은 다음의 조항으로 구성되어 있다.
제1장 목적과 적용 제1조(목적) 제2조(적용)
제2장 취재와 보도
　1. 일반준칙: 제3조 정확한 보도, 제4조 인명 구조와 수습 우선, 제5조 피해의 최소화, 제6조 예방 정보 제공, 제7조 비윤리적 취재 금지, 제8조 통제지역 취재, 제9조 현장 데스크 운영, 제10조 무리한 보도 경쟁 자제, 제11조 공적 정보의 취급, 제12조 취재원에 대한 검증, 제13조 유언비어 방지, 제14조 단편적인 정보의 보도, 제15조 선정적 보도 지양, 제16조 감정적 표현 자제, 제17조 정정과 반론 보도
　2. 피해자 인권 보호: 제18조 피해자 보호, 제19조 신상 공개 주의, 제20조 피해자 인터뷰, 제21조 미성년자 취재, 제22조 피해자 대표와의 접촉, 제23조 과거 자료 사용 자제

그러나 자성과 반성 이후 언론의 보도 태도는 얼마나 바뀌었을까? 세월호 언론 보도에서 드러난 각종 문제점들이 수정 또는 개선되었는가? 세월호 대참사는 여전히 현재 진행형이지만, 진실 규명과 책임자 처벌, 재발 방지 대책을 요구하는 유가족과 국민의 목소리는 언론 보도에서 자취를 감춘 지 이미 오래다. 국내 언론의 일상적 보도 속에서 출처 불명의 미확인 정보, 사건 사고나 인물에 대한 선정적이고 자극적이며 지엽적인 이슈는 여전히 확대 재생산되고 있다.

〈'세월호' 참사 보도 가이드라인〉과 〈재난보도준칙〉이 기존의 윤리강령과 보도준칙보다 나은 획기적이고 새로운 해결 방안을 제시하고 있는지도 의문이다. '취재진의 안전 확보', '현장 취재협의체 운영', 기타 재난이라는 특수한 상황에 초점을 맞춘 조항들이 눈에 띄지만, 핵심 조항들은 기존의 각종 윤리강령과 보도준칙에서 규정한 '자유롭고 책임 있는 언론'이라는 기본 원칙과 이를 구성하는 조항들과 크게 다르지 않다. 그렇다면 기존의 각종 윤리강령들이 언론 보도의 실체를 제어하지 못하고 있는 현실적 한계를 답습할 수밖에 없다. 무엇보다 세월호 언론 보도에서 일어난 대참사를 '재난 보도'라는 특수성에서 기인한 문제로 규정하게 되면, 기존 국내 언론

....

3. 취재진의 안전 확보: 제24조 안전조치 강구, 제25조 안전 장비 준비, 제26조 재난 법규의 숙지, 제27조 충분한 취재 지원

4. 현장 취재협의체 운영: 제28조 구성, 제29조 권한, 제30조 의견 개진, 제31조 대표 취재, 제32조 초기 취재 지원, 제33조 현장 제재
제3장 언론사의 의무: 제34조 지원 준비와 교육, 제35조 교육 참여 독려, 제36조 사후 모니터링, 제37조 재난취약계층에 대한 배려, 제38조 언론사별 준칙 제정, 제39조 재난관리 당국과의 협조 체제, 제40조 준칙 준수 의사의 공표, 제41조 자율 심의, 제42조 사후 조치

보도에서 드러난 문제들의 본질과 원인을 규명하지 못한 채 "어쩔 수 없었다"는 면죄부를 부여하는 결과로 이어질 수 있다.

세월호 언론 보도 과정에서 발생한 비윤리적이고 무책임한 뉴스 보도 사례는 수없이 많다. 여기서는 세월호 대참사의 실체적 진실을 외면하고 왜곡 조작함으로써 사회 여론을 오도하는 결과를 초래한 '극히 일부' 사례들만을 발췌하여 살펴볼 것이다. 그리고 이 사례들이 비단 세월호 경우에만 국한된 것이 아니며, 국내 보도 행태 속에 뿌리 깊이 내재해 있는 부정적 관행의 발현이었음을 지적하고자 한다.

··· 받아쓰기 저널리즘과 오보 ······

언론의 궁극적 목적은 진실 추구이다. 사실과 다르거나 진실이 결여된 보도를 통칭하는 것이 '오보誤報'이다. 크게 '비의도적 오보'와 '의도적 오보'로 분류할 수 있다. '비의도적 오보'는 언론사 간의 속보 경쟁이나 마감 시간 등 현실적·물리적 제약으로 발생하는 경우가 많다(김옥조, 2004). 대부분의 윤리강령 및 각종 보도준칙 등에서는 비의도적 오보를 미연에 방지하려는 조항을 포함하고 있다. 대표적으로 〈신문윤리실천요강〉에서는 "출처 및 내용을 정확히 확인"하도록 하고 있고, 〈한국기자협회실천요강〉에서는 "확증을 갖지 않는 내용에 대한 추측보도를 지양"하도록 규정하고 있다. 또한, 〈신문윤리실천요강〉을 포함하여 다수의 윤리강령과 기준에서 "사실의 오류를 발견하거나 독자가 잘못된 사실의 정정을 요구할 경우 그 내용을 신속히 그리고 뚜렷하게 게재"하도록 정정 보도에 관한 규정도 명시하고 있다.

2014년 4월 16일, 세월호 대참사가 발생하고 약 2시간 후인 오전 11시부터 30여 분 사이에 모든 방송사는 "안산 단원고 학생 338명 전원 구조"라는 '오보'를 연속적으로 보도했다. 출처 불명의 미확인 정보 그리고 해양경찰청과 중앙재난대책본부 등 정부 관계자의 말을 그대로 인용 보도한 것이다. 그 결과, 사고 현장에서의 구조 작업 진행에 큰 혼란을 야기하였고, 단 한명의 실종자도 구조하지 못하는 최악의 결과가 비롯되었다. 사고 초기 혼란스럽고 급박한 상황에서 발생한 '비의도적 오보'라는 점을 감안하더라도, 치열한 속보 경쟁 그리고 최소한의 검증과 확인 과정도 없이 정보원의 발표를 그대로 인용 보도하는 '받아쓰기' 관행에 대한 비판에서 결코 자유로울 수 없다.

'전원 구조'라는 소식이 오보였음이 밝혀진 이후에도 정부 발표를 토대로 한 기계적인 받아쓰기 보도 행태는 계속되었다. 해경과 해양수산부의 발표가 혼선을 빚으면서 구조자 수가 수차례에 걸쳐 수정되었고, 현장 구조 상황에 관한 보도 역시 실제 현장과 전혀 달랐음이 밝혀졌다.

> 투입된 경비 함정만 81척, 헬기 15대가 동원됐고, 2백 명에 가까운 구조 인력이 배 안팎에서 구조 작업을 벌였습니다. … 사고 직후 해군은 유도탄 고속함을 시작으로 20여 척의 함정을 현장 구조 작업에 즉각 투입했고, … 수중 작전을 수행할 수 있는 해군 해난 구조대와 SSU와 해군 특수전 여단 UDT/SEAL 소속 정에 병력 170여 명도 구조에 들어갔습니다.
>
> — 〈육해공 총동원, 하늘·바다서 입체적 구조작업〉(KBS '뉴스9', 2014. 4. 16.)

구명보트 40여 대를 탑재한 C-130 수송기와 구조헬기 등이 김해공항에서 발진했고, 육군은 4척의 경비정과 특전사 신속 대응 대원 150여 명, 군 의료 인력들을 보내 수색과 구호 활동을 지원했습니다. … 세월호 탑승객 구조에는 해군 함정 23척과 군용기 12대, 병력 1천여 명이 동원됐고 청해진함과 독도함은 밤 12시쯤 투입될 예정입니다. ─ 〈육해공 구조작업 '총출동'… 함정 23척·병력 1천여 명 동원〉(MBC '뉴스데스크', 2014. 4. 16.)

사고 해역에는 해경, 공군, 소방 헬기 10여 대가 구조 작업을 벌이고 있습니다. 사고 현장에 접근한 해경 보트와 어선들도 구조 승객들을 부지런히 실어 나릅니다. … 스쿠버 잠수사 40명을 포함해 육군 특전사 장병들과 해군 SSU 해난 구조대, UDT 특수전단도 투입됐습니다. ─ 〈혼신의 구조… 헬기에 함정에 어선까지〉(SBS '8시뉴스', 2014. 4. 16.)

이 뉴스를 접한 대다수 국민들과 실종자 가족들은 배 안에 갇혀 있는 실종자들이 구조될 것이라는 희망을 버리지 않았다. 그래서 단 한 명도 구조하지 못했다는 사실이 의아하기까지 했다. 하지만 그 의문은 곧 해소되었다. 해수부와 해경의 상황 보고서를 입수하여 4월 21일 〈뉴스타파〉가 보도한 내용에 따르면, 4월 16일 참사 당일 실종자 구조를 위해 수중에 투입된 인력은 16명에 불과했다. 정부가 발표하고 언론이 받아쓰기하여 대대적으로 보도한 현장 수색 및 구조 인원 수백 명이라는 숫자는 참사 현장에서 교체로 투입된 전체 누적 인원 수였다(방송기자연합회, 2014 참조).

이처럼 해경을 비롯한 정부 당국의 발표에 의존하여 오보를 양산한 취재 보도 행태는 세월호 언론 보도에서 가장 비판받고 있는 지점 중 하나이다. 하지만 공식적 정보원에 의존하는 보도 행태는 일상적이고 보편적인 언론문화이자 관행으로 자리매김한 지 오래이다. 전대미문의 참사 현장에서 정부와 행정 당국의 공식 발표 혹은 공식적 정보원을 활용하는 것은 미확인 정보나 유언비어 확산을 방지하기 위한 기본적인 취재 준칙에 합치한다는 평가도 가능하다. 정확성과 신속성 모두 중요한 뉴스 가치이기 때문에 언제 어디까지 확인 검증을 해야 하는지 그 기준이 애매한 것도 엄연한 현실이다.

문제는 '상식적' 의심이나 '최소한'의 확인 검증 절차를 무시한 언론의 받아쓰기 보도 행태와 정확성을 '전혀' 무시한 속보 경쟁에 있다. 더욱이 언론들은 오보에 대한 반성이나 개선 노력보다는 부정확하거나 잘못된 정보를 제공한 해경이나 해수부 등 정부 당국과 행정 관료들의 무능함을 비판하는 모습을 보이기도 했다. 철저한 확인 검증을 거치려고 노력하더라도 오보 발생 가능성이 상존하는 언론 현장에서, 받아쓰기 저널리즘은 오보에 대한 언론의 책임 회피 수단으로 매우 유용해 보인다.

받아쓰기 저널리즘은 '기자단'의 폐쇄성과 배타성 문제와도 직결된다. 국내 기자단 제도는 일본의 기자 클럽(記者クラブ) 제도를 도입한 것이다. 불필요한 과다 경쟁을 방지하면서 공적 정보를 효율적이고 용이하게 획득하여 전달할 수 있다는 순기능도 있지만, 정보원과의 유착 관계 속에서 폐쇄성·배타성·독점성의 속성을 지닌 정보 카르텔을 형성하고 정부 홍보 기능을 수행한다는 역기능도 꾸준히 지적되어 왔다(김옥조, 2004). 세월호 언론 보도 과정에서도 출입기자단과 오프 더 레코드Off the Record를 둘러싸고 기자단의 폐쇄성과 배타성이 드러났다. '오프 더 레코드'는 비非보도를 전제로

정보나 자료를 제공할 때 사용되는 용어다. 정보는 제공되지만 제공자의 이름과 그 내용을 공개해서는 안 된다는 약속이다.

한겨레신문의 보도(2014. 5. 2.)에 따르면, 청와대 민경욱 대변인의 "라면에 계란…" 발언을 보도한 신문사가 청와대 춘추관 출입정지 징계를 받았다. 징계를 내린 주체는 '청와대'가 아니라 '청와대 출입기자단'이었다.

청와대 출입기자단이 지난 8일 한겨레·경향신문·한국일보·오마이뉴스의 청와대 춘추관 출입을 정지하는 징계를 결정했다. 경향신문과 오마이뉴스는 63일, 한겨레는 28일, 한국일보는 18일간 출입정지다. 청와대 대변인이 비보도(오프더레코드)를 요구하고 세월호 참사와 관련해 부적절한 발언을 했는데 몇몇 기자가 이를 보도했다고 청와대 출입기자단이 청와대 출입을 제한한 것이다. 세월호 참사 당일이던 4월 16일 서남수 교육부 장관이 진도실내체육관에서 의전용 의자에 앉아 라면을 먹었다. 민경욱 청와대 대변인은 4월 21일 공식 브리핑이 끝난 뒤 기자들과 만나 비보도(오프더레코드)를 전제로 서남수 장관에 대한 비판 여론을 두고 "(서 장관이) 계란을 넣어 먹은 것도 아니고 끓여 먹은 것도 아니다. 쭈그려 앉아서 먹은 건데 팔걸이의자 때문에…"라며 옹호하는 발언을 했다. 청와대 출입기자단은 계속해서 비보도를 유지하며 민경욱 대변인의 발언을 보도한 언론사 기자에게 징계를 통보했다. 청와대 출입기자단의 징계 결정은 중앙 일간지, 통신사, 방송사, 경제지, 인터넷 매체, 영문뉴스, 지역 언론 등 매체별 간사들이 모인 징계위원회에서 결정했다. 징계 기간 동안에는 청와대 출입 제한은 물론 청와대가 제공하는 일체의 자료를 받을 수 없다. 출입정지 징계를 받으면 일주일 안에 청와대를 떠나야 한다. 청와대 춘추관에는 현재 취재기자 60여 명을 포함해 180여 명의 기자가 상주하고 있다. - 〈청와대 대변인 "라면에 계란…" 발언이 비보도인 나라: 출입기자단, 한겨레, 경향, 한국, 오마이뉴스 청와대 출입 정지…누구를 위한 기자단인가〉(한겨레신문, 2014. 5. 2)

청와대 대변인의 "라면에 계란…" 발언은 오프더레코드에 적합한 뉴스인가? 청와대 대변인의 오프더레코드 요구는 정당했는가? 청와대 출입기자단이 오프더레코드를 수용한 것은 누구를 위한 결정이었는가? 오프더레코드 수용과 기자실 출입정지라는 징계 결정은 타당한 것인가?

미국의 티모시 크라우즈Timothy Crouse는 저서 《버스에 탄 소년들The boys on the bus》에서 기자를 "서로의 생각들을 이용하면서 한정된 기사를 향해 맹목적으로 돌진하는 '버스에 탄 소년'들"에 비유했다. 기자들이 대통령 선거 후보들의 전세 비행기나 버스를 타고 대부분의 시간을 함께 보내면서 유권자 동향 혹은 민심이나 정치권의 일반 흐름과 상관없이 정치가나 기자단의 인식만을 보도한다는 것이다(Shoemaker, & Reese, 1996/1997). 일명 '패거리 저널리즘pack Journalism'이다. 세월호 언론 보도에서 오보의 주요 원인으로 지적되고 있는 받아쓰기 저널리즘이 폐쇄적이고 배타적인 기자단의 속성과 결합했다는 점에서, 세월호 언론 보도는 패거리 저널리즘이라는 비판에서 자유로울 수 없다.

··· 왜곡 조작 보도 ······

더욱 심각한 것은 '의도적 오보', 즉 명백한 왜곡 조작 보도이다. 국내 언론 윤리강령에도 왜곡 조작 보도에 관한 조항이 있다. "기사 내용을 과장하거나 왜곡하는 등 선정적인 편집"(《신문윤리실천요강》), "기록과 자료를 사용함에 있어서 이를 임의로 조작하여 사용"하는 행위(《한국기자협회실천요강》), "사진이나 영상의 이미지 조작을 통해 사실관계를 왜곡"하는 행위(《인터넷신문윤리강령》), "소속된 회사의 이익을 위해 의도적으로 사실을 조작"하는 행위(《한국사진기자협회윤리규정》) 등을 해서는 안 된다고 규정하고 있다.

2014년 4월 24일, 연합뉴스는 "사상 최대 규모의 수색 작업"을 벌인다는 뉴스를 보도했다.

> 세월호 참사가 발생한 지 9일째인 24일 민·관·군 합동구조팀은 바다 위와 수중에서 사상 최대 규모의 수색 작업을 벌였다. 물살이 평소보다 크게 약한 소조기가 이날로 끝남에 해군과 해군 구조대, 소방 잠수 요원, 민간 잠수사, 문화재청 해저 발굴단 등 구조대원 726명이 동원됐고 함정 261척, 항공기 35대 등의 장비가 집중 투입됐다. ─〈'물살 거세지기 전에'… 사상 최대 규모 수색 총력〉(연합뉴스, 2014. 4. 24.)

이 뉴스를 인용 보도한 대다수 신문과 인터넷 매체들은 다수의 구조선과 잠수사들이 구조 활동 중인 사진을 게재했다. 방송에서는 조명탄이 잇달아 터지면서 사고 현장의 밤바다를 환하게 밝히는 영상을 반복적으로 내보냈다. 하지만 24일 당일 오후, 침몰 현장에는 두 명의 잠수부만 투입되었으며, 이 소식을 전해들은 피해자 가족이 범정부대책본부를 찾아가 거세게 항의한 바 있다. 하루 전인 23일에는 바지선 교체를 이유로 오전 10시부터 오후 4시 30분까지 수색을 중단하기도 했다(팩트TV, 2014. 4. 25.).

"사상 최대의 수색 작업"을 벌이고 있다는 뉴스 역시 정부 발표를 확인 검증 과정 없이 그대로 보도했다는 점에서 '비의도적 오보'라고 볼 수도 있다. 물론 받아쓰기에서 기인하는 '비의도적 오보' 역시 절대 발생해서는 안될 일이다. 그런데 해당 뉴스에서 사용한 사진과 영상 자료 화면이 실제 사고 현장과 전혀 달랐다는 사실은 '비의도적'이라고 변명하기 어렵게 만든다. 이는 언론 관련 각종 윤리강령에서 금지하고 있는 '왜곡 조작 보도'에 해당한다.

세월호 대참사 국면에서 제기된 왜곡 조작 보도 의혹은 또 있다. 4월 17일, 대통령이 팽목항 사고 현장의 체육관을 방문하였다. 당시 체육관에서는 가족들의 고함과 항의 소리가 터져 나왔지만, 방송으로 보도된 영상에서는 가족들의 목소리가 삭제되었다. 그 대신 실종자 가족을 위로하고 철저한 조사와 원인 규명을 약속하는 대통령과 박수로 호응하는 가족들의 모습을 중심으로 편집된 영상이 전파를 탔다.

> 박근혜 대통령이 체육관에 들어서자 실종자 가족들의 오열이 더 커집니다. 곳곳에서 쇄도하는 질문에 일일이 답을 줍니다. … 가족들은 탑승자 명단 확인이 안 되는 등 불만 사항들을 건의하자 박 대통령은 즉시 시정을 지시했고 가족들은 박수로 호응했습니다. … 가족 중 한 명은 오늘 약

속들이 지켜지는지 확인해 달라고 요청했고 박대통령은 직접 전화로 알려주겠다고 답변했습니다. 박 대통령은 사고 해역을 찾아서 생존자가 있다면 1분 1초가 급하다며 구조를 독려했습니다. − 〈박대통령 현장 방문…1분 1초가 급해〉(KBS '뉴스9', 2014. 4. 17.)

4월 29일에는 대통령이 안산 세월호 희생자 합동분향소를 방문했다는 소식이 보도되었다. 하지만 방송으로 전달된 조문 현장의 영상과 음향은 인터넷에서 공개된 실제 영상과 달랐다. 대통령의 조문 사진을 게재한 신문에서는 "유가족으로 보이는 조문객을 위로하고 있다"는 사진 설명을 덧붙였지만, 사진 속 인물은 유가족이 아닌 일반 조문객으로 밝혀졌다. '조문 연출' 의혹이 제기되었다.

하지만 청와대 비서실은 '조문 연출' 의혹을 보도한 CBS에 명예훼손 소송과 함께 정정 보도를 요구했다(미디어오늘, 2014. 5. 14.; 미디어스, 2014. 5. 16.). YTN은 '조문 연출' 의혹 자체를 무책임하고 위험한 막말과 비난으로 규정했다. 청와대의 입장과 해명을 근거로 한 보도였다.

박근혜 대통령이 세월호 희생자 합동분향소를 방문했을 때 위로 장면이 연출됐다는 의혹은 사실이 아닌 것으로 드러나고 있습니다. 의혹의 당사자로 지목됐던 박사모 회원은 사실무근이라고 밝혔지만 정치권과 인터넷에서는 이미 막말과 비난이 쏟아진 뒤입니다. … 세월호 참사 이후 정부에 대한 비난 여론에 편승해 무책임한 의혹 제기와 그에 따른 막말과 비난이 위험 수위에 이르고 있다는 지적이 나오고 있습니다. − 〈위로 장면

연출 '사실 무근' … 확인 없이 막말)(YTN, 2014. 5. 2.)

영상을 편집할 때 수반되는 '정당한 연출'과 '조작'은 엄밀히 구분되어야
하며, 잘못된 사진 설명 역시 왜곡 조작 보도에 해당한다. 그럼에도 불구하
고, 국내 언론은 왜곡 조작 보도에 대한 정당한 비판과 의혹 제기를 무책
임한 막말과 비난, 괴담으로 치부했다. 과연 누구의 입장에 선, 누구를 위한
보도인가? 오보와 왜곡 조작에 대한 기본적인 인식과 태도는 물론, 언론에
부여된 윤리적·도덕적 책임에 대한 자각에 문제가 있음을 확인할 수 있다.

… 이슈 선택과 뉴스 가치 기준의 정당성 ……

모든 사건 사고나 이슈, 특정 쟁점과 관계된 인물이 모두 뉴스가 되는 것
은 아니다. 헤아릴 수 없을 만큼 많은 사건 사고와 이슈 중에서 게이트키핑
gatekeeping 과정을 거쳐 취사선택된 극히 일부만이 뉴스로 만들어진다. 아
무리 중요한 인물이나 쟁점이라고 해도 게이트키핑 과정에서 배제되면 뉴
스가 될 수 없으며, 공적으로 논의될 수 있는 최소한의 기회마저 부여받지
못하게 된다.

일단 뉴스로 선택된 다음에도 이를 강조하거나 축소하는 과정을 거치
면 해당 뉴스의 중요성과 뉴스 가치는 크게 달라진다. 뉴스가 "지식의 원
천"이자 "권력의 원천"(Tuchman, 1978/1995)이 되는 것은 이 때문이다. 이렇
게 만들어진 뉴스는 객관적 현실과는 다른 '매개된 현실'이며, 재구성되고

재창조된 '사회적 현실'이다. 그 과정에서 현실 조작이 발생할 수도 있다 (Shoemaker & Reese, 1996/1997). 뉴스가 재현하는 매개된 현실은 특정 이슈에 대한 정보뿐 아니라, 해당 이슈에 대한 정의와 해석, 문제의식, 책임 소재와 도덕적 평가의 틀까지 제공하게 된다(Van Gorp, 2007).

그렇다면, 세월호 언론 보도가 매개하고 재창조한 현실은 어떠했는가? 세월호 대참사의 본질을 어떻게 정의내리고 해석하였으며, 참사의 책임 소재와 도덕적 평가의 틀을 어떻게 구축하였는가?

세월호 대참사 이후 얼마 지나지 않아 이 참사의 본질, 책임 소재를 밝히거나 정부와 행정 당국, 관련 책임자에 대한 도덕적 평가를 내리기 위해 반드시 보도되어야 할 이슈들이 뉴스 보도에서 점차 배제되거나 축소되기 시작했다.

"청와대는 재난 컨트롤 타워가 아니다"라는 김장수 안보실장의 발언을 KBS, MBC, SBS, YTN 모두 보도하지 않았다(2014. 4. 23.). 같은 날 민간 잠수사들이 '언딘마린인더스트리'와 해경의 유착 의혹을 제기했지만 KBS와 MBC는 침묵했다. 세월호의 업무용 노트북이 복원되어 '국정원 지적사항'이라는 문건이 발견되면서 국정원이 세월호 실소유주가 아니냐는 의혹이 제기되었지만, KBS·MBC·SBS 등 지상파 방송 3사 모두 이를 보도하지 않았다(2014. 7. 25.). "80명 구했으면 대단한 것 아니냐"는 발언을 한 해경 간부의 직위 해제 관련 뉴스(2014. 4. 23.), "KBS에 보도 협조를 요청했다"고 인정한 정홍원 총리의 발언(2014. 5. 21.), "민간 잠수사들이 시신 1구 인양하면 500만 원 받는다"고 한 민경욱 청와대 대변인의 발언 등과 같이 책임을 회피하거나 국민들의 공분을 불러일으킬 만한 정부 고위 공직자들의 발언, 청와대와 정부 여당에 부담이 되는 뉴스들 역시 누락되거나 해명 중심의 단신 기사로 보도되었다(방송기자연합회, 2014 참조).

물론 어떤 이슈를 취사선택하여 뉴스로 제작하여 보도할 것인지 결정하는 것은 전적으로 언론의 몫이다. 편성과 편집의 자유 역시 보장받아 마땅하다. 뉴스 가치 판단에 주관적 판단을 완전히 배제할 수도 없으며, 뉴스 다양성 역시 저널리즘이 추구해야 할 중요한 가치 중 하나이다. 그렇다면 편집·편성의 자유, 언론·표현의 자유 속에서 주요 방송사들은 어떤 이슈를 뉴스로 선택하여 보도했는지 그 뉴스 가치 기준과 이슈 선택의 정당성을 살펴보자.

세월호 대참사 발생 24일째인 2014년 5월 9일, 지상파 방송 3사인 KBS·MBC·SBS, 그리고 종합편성채널 JTBC의 저녁 종합뉴스 프로그램에서 보도한 뉴스 아이템과 배치는 전혀 상이했다. 이날은 사망자가 273명으로 확인되고, 31명의 실종자를 찾기 위한 구조 작업이 진행되던 시점이다. JTBC 〈뉴스9〉은 일기예보를 제외한 총 24건의 뉴스 아이템 중 세월호 실종자 수색 관련 뉴스 5건을 제일 먼저 보도한 것을 비롯하여 17건의 뉴스를 세월호 관련 보도에 할애하였다. 반면, KBS와 MBC가 각각 보도한 31건의 뉴스 중 세월호 참사 관련 뉴스는 8건에 불과했다. 이마저도 구원파와 유병언 관련 뉴스가 실종자 구조 관련 뉴스보다 중요하게 다루어졌다. 또한, JTBC가 청와대와 대통령의 국정 지지율 하락, 청와대 비서관의 채동욱 뒷조사 개입 관련 뉴스 등을 보도한 반면, 지상파 방송 3사는 서민경제 위축을 막기 위한 정부 입장과 대통령 발언을 가장 중요한 뉴스로 보도했다.

같은 날 KBS는 전 국민이 세월호 참사로 인한 우울증에서 벗어나 슬픔에만 잠겨 있지 말고 각자의 일상으로 돌아가라고 충고했다. 이제는 세월호를 잊으라는 재촉과 다름없었다. 뉴스에서 그 필요성을 강조한 '공감 능력'은 세월호 희생자와 유가족의 슬픔에 대한 공감이 아니라, 세월호 정국에서 벗어나고 싶어 하는 정부와 행정 당국에 대한 공감처럼 보였다.

우리 사회도 대화로 감정을 나누며 서로를 추스를 때입니다. 소리 없이 진심으로 위로를 건네는 자원봉사자들, 진도체육관과 팽목항에선 수많은 시민들이 빨래와 설거지, 청소 등 궂은일을 마다하지 않았습니다. 다른 사람을 돕는 행동은 스스로에게도 위로가 됩니다. 생명의 위협조차 마다 않는 구조대원들을 생각하면 슬픔에만 잠겨 있을 수 없습니다. 다른 사람의 입장에 서서 그 감정을 느끼고 이해하는 것, 바로 공감 능력입니다. 인간은 공감 능력이 있기 때문에 심리적인 고통을 나눌 수 있습니다. 가까이 있는 사람과 얘기를 나누는 등 감정을 공유하면 슬픔도 줄어듭니다. 학업이나 업무같이 해야 할 일에 집중하는 것도 필요합니다. 규칙적인 생활 리듬을 되찾아야 회복 속도가 빨라집니다. 가족과 같은 소중한 사람들의 가치를 돌아보는 것도 필요합니다. 평소 표현하지 못했던 사랑을 전하면 관계가 더 돈독해질 수 있습니다. 슬픔을 충분히 드러내는 것도 치유의 과정이지만, 이젠 아픔을 딛고 일어나 마음을 추스를 때입니다. ― 〈[이슈&뉴스] 세월호 충격 전 국민이 우울…어떻게 극복?〉(KBS '뉴스 9', 2014. 5. 9.)

이처럼 청와대와 정부, 행정 당국, 고위 공직자에게 불리하거나 부정적 평가로 이어질 수 있는 뉴스는 축소되거나 아예 보도에서 배제되었다. 그러면서, 세월호 대참사 뉴스는 '유병언과 구원파' 뉴스로 변질되었다. 검찰이 금수원(경기도 안성에 있는 구원파 근거지) 압수수색을 시도하면서 구원파 신도들과 충돌하는 영상 뉴스가 실시간으로 중계되었다. 유병언 일가가 자취를 감추고 수사기관과 숨바꼭질을 벌이고 있다는 뉴스와 '아니면 말고 식'의 선정적인 추측성 보도가 반복되었다(방송뉴스연합회, 2014 참조). 〈표 1〉에서 제시한 것처럼, 2014년 7월 25일부터 27일까지 3일간의 방송 뉴스가 유대균(유병언의 장남) 검거 관련 보도에 집중되었다는 사실에서도 이를 확인할 수 있다.

〈표 1〉 세월호 대참사 관련 방송 뉴스 보도 건수(2014. 7. 25.~7. 29.)

	KBS	MBC	SBS	YTN	JTBC	TV조선	채널A
유대균 검거 관련 보도	12	14	14	15	13	17	21
「세월호 특별법」, 유족 단식 등 관련 보도	1	0	0	0	4	2	0

* 출처: 민주언론시민연합(2014. 7. 29.). 방송모니터보고서 〈TV조선과 채널A 보도, 그 자체가 폭력이다: 세월호 특별법 보도는 외면한 채 흥미 위주의 보도만 쏟아 내〉.

이 역시 오랫동안 고착되어 온 국내 언론 보도의 부정적 관행 중 하나이다. 국내 신문 기사에서는 특정 이슈의 배제 또는 축소로 형성되는 '무보도

無報道 프레임'과 정파적 이해관계가 발견되었다(김수정·정연구, 2010). 다매체 다채널 환경에서도 여전히 의제 설정 및 여론 형성에 막대한 영향력을 발휘하고 있는 지상파 방송 3사의 뉴스 아이템을 분석한 결과, 환경 감시 이슈 혹은 정치·외교 분야의 저명한 인물들의 갈등 혹은 대립에 관한 이슈를 축소하거나 배제하는 무보도 경향이 도출되었다. 그 대신에 선택하고 강조하여 보도한 이슈들은 시청자들의 흥미와 호기심을 자극하는 이슈들, 이른바 연성soft 뉴스들이다. 이러한 이슈 선택과 뉴스 보도 경향은 '다양성'이라는 이름으로 포장되고 있다(정수영·남상현, 2012).

이뿐만이 아니다. 세월호 대참사의 본질을 해석하고 책임 소재와 도덕적 평가의 틀을 제공하는 과정에서, 단원고 학생 유가족 vs 일반인 유가족, 유가족 vs 일반 국민, 유가족 vs 정부, 정부 여당 vs 야당, 보수 vs 진보 등의 대립 구도가 강조되기 시작했다. 여기서 '왜?'라는 질문을 던지고 그 맥락과 배경을 설명하는 모습은 찾아보기 어려웠다. 이러한 뉴스 보도는 세월호 대참사의 본질을 희석하고 실체적 진실을 왜곡 조작함으로써 여론을 오도하고 사회적 갈등을 야기하는 결과로 이어졌다. 우리 사회의 중요한 이슈를 정치 쟁점화하거나 보수와 진보의 대립 구도로 틀짓기하는 모습 역시 뉴스 장르와 영역을 불문하고 발견할 수 있는 국내 뉴스 보도의 오래된 관행이다.

국내 「신문법」과 「방송법」에서는 '편집·편성의 자유'를 규정하고 있으며, 뉴스 다양성은 저널리즘이 추구해야 할 주요 가치 중 하나이다. 하지만 아무리 중요한 이슈나 인물이라고 해도 뉴스 보도에서 배제되면 수용자들의 관심 영역에서 멀어지게 되고, 그 결과 중요한 이슈와 인물에 대한 "상징적

말살"이 발생하게 된다(Tuchman, 1981). 과연 세월호 참사 관련 이슈 대신 선택된 뉴스 아이템들과 채널 간 뉴스 아이템의 차이를 편집·편성의 자유나 뉴스 다양성의 관점에서 해석하고 평가할 수 있을까? 국내 언론사들의 뉴스 가치 판단이 누구의 입장에서 어떤 기준으로 이루어지고 있는지, 그 과정과 결과가 정당한지 되짚어 볼 대목이다.

… '자유'를 넘어 '책임' 있는 언론으로 ……

20세기 초 미국에서는 소수의 신문사가 대규모 자본을 바탕으로 독과점 시장을 형성하고 상업적 이윤 추구에 몰두했다. 당시 언론은 '권력으로부터의 자유freedom from'를 주창했지만, 실제로는 정부와 유력 정치인의 선전·홍보에 지배되고 있었다. 정치적으로 불공평하고 편향적인 왜곡 보도가 난무하고, 흥미 위주의 가십거리와 선정적인 뉴스가 경쟁적으로 보도되었다. 이러한 언론 보도 행태는 '황색 저널리즘yellow journalism'이라는 사회적 비판을 불러일으켰고, 정부의 규제와 통제가 필요하다는 주장이 강력하게 제기되었다. 그야말로 언론 자유의 위기였다(채백, 2001).

　당시 미국 언론이 처한 위기 상황을 극복하기 위해 새롭게 제기된 개념이 '진실 추구와 건전한 공론장 형성을 위한 자유freedom for'이다. "자유롭고 책임 있는 언론"만이 언론의 자유라는 법적·도덕적 정당성을 인정받을 수 있다는 취지다(The Commission of Freedom of the Press, 1947). 이에 대해 미국의 주류 언론들은 소련형 사회주의와 공산주의를 찬미하는 것이라며 격렬하게 반발하면서 여전히 '권력으로부터의 자유'만을 주장하였다.

하지만 현대 민주주의 사회에서 언론·표현의 자유가 헌법상의 '우월적 지위'를 부여받게 된 것은 "자유롭고 책임 있는 언론"이라는 규범적 개념에서 출발한다고 볼 수 있다. 언론 자유가 정당성을 갖기 위해 이행해야 할 가장 중요한 책임 중 하나는, 사회에서 발생하는 각종 사건 사고와 부정부패를 감시하고 고발함으로써 국민들의 의사 결정에 필요한 정보와 지식을 뉴스 형태로 가공하여 제공하는 것이다. 또한, 각종 정보와 뉴스의 의미를 해석하고 대응책을 처방함으로써 건전한 국민 여론과 공론장을 형성하는 것이 '자유' 언론의 책임이다. 그렇다면 대한민국 언론은 이 책임을 얼마나 잘 이행해 왔는가?

1990년대 이후에도 한국 사회는 '인재'로 일컬어지는 대형 사고를 수차례 경험했다. '서해훼리호 침몰'(1993), '성수대교 붕괴'(1994), '삼풍백화점 붕괴'(1995), '대구지하철 가스 폭발'(1995), '씨랜드 청소년수련원 화재'(1999), '대구지하철 화재'(2003), '경주 마우나오션리조트 체육관 붕괴'(2014) 등등. 사망자와 부상자 수가 적게는 10여 명에서 많게는 수백여 명에 이르는 이 사고들은 우리 사회에 큰 충격을 안겨 주었다. 그때마다 언론은 정부 행정 당국의 안전관리 시스템 부재, 각종 이해관계 유착, 안전불감증 등을 지적하기에 바빴지만, 정작 언론들도 세월호 경우와 유사한 보도 행태로 지탄을 받기는 마찬가지였다. 그리고 그때뿐, 언론의 선정성과 상업성 문제는 새로운 이슈들에 묻혀 버리곤 했다.

해당 사고와 사건들도 사람들의 기억 속에서 금세 지워졌다. 대한민국 언론은 사고 당시 떠들썩하게 지적했던 각종 모순과 문제점들을 지속적으로 추적하고 감시하는 역할을 하지 못했다. 이제 세월호 대참사도 우리의 기억에서 잊히려 하고 있다. 2016년 현재 진실 규명과 책임자 처벌도 제대로 하지 못한 상황에서, 단 한 명의 실종자도 구조하지 못한 대참사를 언론을 비롯한 사회 전체가 잊으려 하고 있다. 받아쓰기와 왜곡, 비윤리와 무책임 등 우리 언론의 고질적인 문제점이 고스란히 사회 전체의 현실로 재현되고 있는 것이다. '세월호 언론 보도 대참사'는 현재 진행형이다.

앞서 살펴본 것처럼, 이 언론 참사가 발생한 근본 원인은 〈재난보도준칙〉이 없었기 때문도, 재난 보도에 대한 기자들의 경험과 훈련이 부족했기 때문도 아니다. 언론 규범의 토대라고 할 수 있는 언론의 자유와 책임, 독립에 대한 자각과 실천적 노력이 부재한 상태에서 비롯한 비윤리적이고 무책임한 보도 행태가 부정적 관행으로 축적되었기 때문이다.

이에 대한 사회적 비판이 폭발했음에도 불구하고, 현재 대한민국 언론의 모습은 '권력으로부터의 자유'라는 특권만을 주장하며 자신들의 책임을 방기한 채 선정적이고 편향적 보도 경쟁에 몰두하고 있다. 언론에 대한 정부 규제와 통제가 우려되었던 20세기 초 미국의 황색 저널리즘과 유사해 보인다. 세월호 언론 보도 사례에서는 권력으로부터의 자유가 아닌, '권력 편향적 보도에 대한 사회적 비판으로부터의 자유'라는 일그러진 인식과 태도마저 읽을 수 있다.

2015년 3월 3일, 「부정청탁 및 금품 등 수수 금지에 관한 법률」, 일명 '김영란법'이 국회 본회의를 통과했다. 김영란법이 위헌 소지가 있고, 적용 대상이 지나치게 광범위해서 추가 보완이 필요하다는 주장도 있다. 언론인은 공직자가 아닌 '민간인'이기 때문에 처벌 대상에 포함된 것은 부당하다거나 언론·표현의 자유를 훼손할 소지가 크다는 비판도 제기되고 있다(뉴스타파, 2015.3.4). 일견 타당해 보이는 주장이다. 하지만 김영란법의 국회 본회의 통과 직후 실시된 여론조사에 의하면, '사립학교 교직원, 언론인 포함 바람직하다'는 응답이 약 70퍼센트에 이르렀고, '바람직하지 않다'는 응답은 12퍼센트에 그쳤다(JTBC, 2015. 3. 4.).

이러한 국민 여론에서 읽을 수 있는 것은 크게 두 가지다. 하나는 언론인에게 공직자나 공인과 같은 무거운 사회적 책임과 높은 도덕성을 요구한다는 것이고, 또 다른 하나는 언론이 이러한 사회적 기대에 부응하지 못했기 때문에 신뢰가 크게 추락했다는 것이다. 이러한 현실은 '기레기'라는 표현에 담긴 뉴스 이용자들의 비판적 시각과 맞닿아 있다.

언론의 궁극적인 목적은 '진실 추구'에 있다. 그리고 언론의 자유와 독립성을 요구하는 주장이 정당성을 획득하려면 그에 상응하는 책임이 반드시 수반되어야 한다. 언론 보도의 책임과 도덕적·윤리적 문제는 윤리강령이나 방송강령, 보도준칙 따위로 저절로 만들어지지 않는다. 언론 스스로가 끊임없이 고민하고 기록하고 되돌아보면서 체질화하고 내재화해야만 비로소 성립한다.

국내 언론 보도 속에 내재해 온 부정적 관행의 고리를 끊어 내고 사회적 책임과 도덕적·윤리적 수준을 제고하지 않는다면, 언론은 외부로부터의 규제와 통제라는 또 다른 위기를 불러올 수 있다. 이렇게 언론 스스로 위기를 자초한다면, 국민들은 언론의 편에 서기를 주저할 것이고, 이는 우리 사회 전체의 민주주의를 위협하는 더 큰 위기로 직결될 것이다.

"권력으로부터 자유로운 언론"이라는 소극적 자유의 틀을 뛰어넘어, "자

유롭고 책임 있는 언론"을 구현하려는 적극적 고민과 실천적 노력이 시급
하다.[3]

---

3 "자유롭고 책임 있는 언론", 즉 언론의 적극적 자유 구현을 위한 규범적 실천적 개념으로 '어카운터
   빌리티accountability'를 들 수 있다. 편집의 자율성과 독립, 자율 규제, 게이트키핑 과정에서 적용되
   는 각종 가치판단 기준의 설정과 평가를 언론의 '배타적이고 독점적인 특권'으로 인식하고 해석하
   는 틀에서 벗어나야 하며, 언론이 스스로의 책임responsibility 이행 여부에 대한 투명성과 공개성
   을 제고해야 함을 의미한다. 어카운터빌리티를 매개로 한 언론의 적극적 자유는 고대 그리스의 직
   접민주주의, 참여민주주의 메커니즘을 도입한 것으로 시민사회와 언론의 건전한 긴장 관계 및 상
   호신뢰 네트워크 구축을 지향하는 규범이자 실천으로 유용하다(정수영, 2015 참조).

참고문헌

김수정·정연구, 〈프레임 분석에 있어서 무보도 현상의 적용 효과 연구: 미디어법에 대한 헌재 판결 보도 사례를 중심으로〉, 《한국언론학보》 54권 2호, 382~404쪽, 2010.

김옥조, 《미디어윤리-개정증보판》, 커뮤니케이션북스, 2004.

김춘식·유홍식·정낙원·이영화, 《재난 보도 현황 및 개선 방안 연구: '세월호 참사' 보도 내용분석을 중심으로》, 한국언론진흥재단, 2014.

방송기자연합회, 《방송기자연합회 저널리즘연구 시리즈3-세월호 보도…저널리즘의 침몰: 재난보도의 문제점과 개선방안》, 방송기자연합회, 2014.

슈메이커, P.·리즈, S., 김원용 옮김, 《매스미디어 사회학》, 나남출판, 1997.

정수영·남상현, 〈지상파TV 3사 종합뉴스프로그램의 무보도와 단독보도 뉴스에 관한 연구: 뉴스주제와 뉴스가치를 중심으로〉, 《한국방송학보》 제26권 4호, 265~309쪽, 2012.

정수영, 〈세월호 언론 보도 대참사는 복구할 수 있는가?: 저널리즘 규범의 패러다임 전환을 위한 이론적 성찰〉, 《커뮤니케이션이론》 제11권 2호, 56~103쪽, 2015.

터크만, 게이, 박홍수 옮김, 《메이킹 뉴스: 현대사회와 현실의 재구성 연구》, 나남출판, 1995.

채백, 《미국의 언론개혁: 1912년 신문 공개법을 중심으로》, 한나래, 2001.

한국언론진흥재단, 《한국언론연감 2013》, 2013.

〈김영란법에 국회의원, 시민단체 빠졌다?〉, 뉴스타파, 2015. 3. 4 .

〈방송모니터보고서-TV조선과 채널A 보도, 그 자체가 폭력이다: 세월호 특별법 보도는 외면한 채 흥미위주의 보도만 쏟아 내〉, 민주언론시민연합, 2014. 7. 29.

〈우여곡절 끝에 통과된 김영란법, 국민 64% "잘한 결정"〉, JTBC, 2015. 3. 4.

〈"정부와 CBS 한통속 아니다 증명 감읍할 뿐" 청와대 '조문 연출 보도' 소송… CBS노조 "적극 환영"〉, 미디어스, 2014. 5. 16.

〈청와대와 김기춘, '조문 연출' 보도한 CBS에 소송-청와대 비서실, '명예훼손' 이유로 CBS

에 8천만 원 손해배상 소송 및 정정보도 청구〉, 미디어오늘, 2014. 5. 14.

〈[풀영상] 이상호 기자 "연합뉴스 니가 기자야 XXX야"···사실과 다른 보도에 폭발〉, 팩트TV, 2014. 4. 25.

The Commission of Freedom of the Press, *A free and responsible press—A general report on mass communication: Newspapers, radio, motion pictures, magazines, and books,* The University of Chicago Press, 1947.

Tuchman, G., *The symbolic annihilation of women by the mass media,* In S. Cohen & J. Young (Eds.), *The manufacture of news: Deviance, social problems and the mass media,* Beverly Hills, CA: Sage, pp. 169-185, 1981.

Van Gorp, B. "The constructionist approach to framing: Bringing culture back", *Journal of Communication,* 57(1), pp. 60-78, 2007.

제 2 부

위험사회

4

자본의 탈규제와
'재난 자본주의'의 구조화

배병인 국민대학교 정치외교학과

국민의 생명과 안전을 지키는 것이 정부의 책임이라는 국민의 인식과 달리, 정부는 '사고'의 책임이 정부에 있는 것은 아니라는 태도로 일관했다. 정부가 일관되게 견지한 책임 회피적인 자세와 개인에게 책임을 전가하려는 행태는 부도덕한 정부의 일탈적인 행위가 아니라 신자유주의 국가의 전형적인 현상이다.

⋯ 서해훼리호에서 세월호로,
신자유주의 20년

2014년 4월 16일 세월호를 타고 제주도 수학여행에 나섰던 꽃다운 청소년들이 유명을 달리했다. 흔하지는 않지만 그렇다고 전혀 불가능하지는 않은 선박의 좌초에서 비롯된 이 참사는, 이내 단순한 해양 사고가 아니라 국가적 참사임이 확인되었다. 단원고 학생들을 포함하여 300명이 넘는 승객이 전 국민의 눈앞에서 수장되는 동안 정부는 완벽하게 무능력했다. 재난 구조의 체계와 매뉴얼은 고사하고 적극적인 구조 활동조차 전개하지 못한 채 오히려 사고 수습을 민간 업체에 의존하는 정부의 태도는 참담함 그 자체였다. 세월호 참사는 국민의 생명과 안전을 지켜 주리라 믿었던 국가의 완전한 실패를 뼈아프게 확인시켜 주었다. 그것도 어린 학생들의 생명을 대가로.

참사 이후 해양경찰청과 유병언, 반인륜적 세월호 선장과 선원들에게 책임을 돌리려는 정부의 노력이 집요해지면서 정부의 무책임함은 극에 달했다. 뜬금없는 해양경찰청 해체는 국가안전처 신설로 일단락되고, 공공의 적 제1호로 규정된 유병언은 첩보영화를 방불케 하는 대대적인 검거 작전 와중에 허망하게 사체로 돌아왔다. 세월호 선장과 선원의 반인륜적 행태는 사법부의 몫으로 넘겨졌다. 참사의 원인을 밝혀 달라는 유가족들의 절규는 철저하게 외면당했고, 목숨을 건 단식으로 요구했던 세월호 특별법과 진상조사위원회는 정부와 여당의 집요한 방해 공작으로 누더기가 되었다. 정부와 여당은 그것도 모자라 힘겹게 첫걸음을 뗀 진상조사위원회마저 좌초시켜 버렸다. 참사는 여전히 계속되고 있다.

지난 2년여 동안 정부의 행태는 한 마디로 '도덕적 해이'의 극치였다. 국민의 생명과 안전을 지키는 것이 정부의 책임이라는 국민의 인식과 달리, 정부는 '사고'의 책임이 정부에 있는 것은 아니라는 태도로 일관했다. 국민의 눈에는 참담한 국가적 재난인 사건이 정부의 눈에는 유병언과 세월호 선장, 선원 등의 가해자와 희생자들 사이에 벌어진 일종의 '교통사고'로 보일 뿐이었다. 그랬기에 청와대가 지척인 광화문광장과 청운동에서 노숙을 해 가며 대통령과의 면담을 요구했던 희생자 유가족들을 매몰차게 외면하고, 참사의 진상 규명을 위한 특별법 제정 요구를 '사고 보상'의 문제로 매도할 수 있었던 것이다.

정부의 이러한 행태가 단지 부도덕함에 기인하는 것은 아니다. 정부와 국가의 역할에 대한 일반적인 상식과 기대로는 도저히 이해할 수 없는 것이지만, 정부가 보여 준 행태는 오히려 국가의 역할에 대한 나름대로의 일관된 논리에 충실한 것이었다. 그것은 한국 사회에 이미 뿌리 깊게 자리 잡은 신자유주의 국가의 논리이다. 정부가 일관되게 견지한 책임 회피적인 자세와 개인에게 책임을 전가하려는 행태는 부도덕한 정부의 일탈적인 행위가 아니라 신자유주의 국가의 전형적인 현상인 것이다.[1]

박근혜 정부의 이른바 '줄푸세'(세금은 줄이고 규제는 풀고 법치는 세운다)론에 함축된 신자유주의 국가의 논리는 국가가 담당할 것으로 기대되는 공공서비스의 제공을 민간 자본에게 위탁 또는 외주화하는 데 그 본질이 있다. '탈규제', '민영화', '작은 정부' 등의 기치 하에 에너지·철도·도로 등의 인프라, 의료와 보건, 연금과 사회보장 등 공공서비스의 거의 전 영역을 민간 자본의 사업 영역으로 변모시키는 것이 신자유주의 국가의 근본적인 작동 원리다. 이 모든 과정은 통상 '효율성'과 '경제성'의 명목으로 정당화되지만, 과연 그러한지는 우리의 경험으로도 외국의 경험으로도 분명하지 않다.

오히려 신자유주의 국가에서 분명한 것 하나는, 공공서비스의 제공에서 총체적인 '도덕적 해이' 현상이 불가피해진다는 점이다. 정부가 책임져야 할, 또는 정부가 책임질 것으로 기대되는 공공서비스 영역이 민간 자본의 사업 영역으로 이전되면서 정부는 공공서비스의 제공이라는 책무로부터 자유로워진다. 정부는 더 이상 해당 공공서비스의 제공에 책임질 이유가 없다. 반면, 기존의 공공서비스 영역을 넘겨받은 민간 자본은 공익성의 원리가 아닌

....

1   오창룡, 〈세월호 참사와 책임회피 정치: 신자유주의 국가권력의 무능 전략〉, 《진보평론》 61, 37~52쪽, 2014.

수익성의 원리를 따르기 마련이다. 민간 자본에게는 공공서비스의 제공이 아니라 이윤 창출이 중요한 문제이다. 결국 정부도 민간 자본도 공공서비스의 제공을 책임지지 않는 총체적인 '도덕적 해이' 현상이 나타나게 되는 것이다.[2]

안전과 재난 구조의 영역 또한 이러한 사정으로부터 자유롭지 않다. 국민의 생명과 안전을 지켜 주는 것이 정부의 당연한 책무라는 일반인의 상식적인 기대는 불행히도 신자유주의 국가의 논리와 양립할 수 없다. 신자유주의 국가에서 정부의 책임은 국민의 생명과 안전을 지키는 데 있는 것이 아니라 그것을 여타 공공서비스와 마찬가지로 민간 자본의 새로운 사업 영역으로 전환시켜 주는 데 있기 때문이다. 나오미 클라인Naomi Klein의 용어를 빌리자면, 신자유주의 국가에서 정부의 역할은 재난을 예방하고 재난으로부터 국민의 생명과 안전을 지키는 데 있는 것이 아니라, 오히려 재난마저도 이윤과 수익성의 논리에 종속시키는 '재난 자본주의'를 창출하고 유지하는 데 있다.[3]

상식적으로 납득이 안 될 정도로 무능하고 무책임했던 정부의 행태는 신자유주의 국가의 논리에 견주어 보면 차라리 일관된 것이었다. 세월호 참사 당일 구조에 온 힘을 쏟아야 할 해경은 민간 구난업체 선정부터 챙기면

2 R. S. Gilmour and L. S. Jensen, "Reinventing Government Accountability: Public Functions, Privatization, and the Meaning of "State Action"," *Public Administration Review*, vol. 58, no. 3, pp. 247-258, 1998; 배병인, 〈공기업 민영화의 정치학〉, 《민주사회와 정책연구》 14, 149~150쪽, 2008.

3 Naomi Kein, *The Shock Doctrine*, New York: Picador, 2007; 김소희 옮김, 《쇼크 독트린》, 살림, 2008.

서 청해진해운에게 선박 인양 업체인 '언딘'과의 계약 체결을 종용했다.[4] 이는 비단 '관피아'로 상징되는 민·관의 부정한 유착 관계에만 기인한 것이 아니다. 오히려 규제 완화, 민영화의 기치 하에 안전과 재난 구조의 영역마저 민간 자본의 영역으로 전환시켜 버린 신자유주의 국가의 서글픈 자화상이었다.

세월호 참사 이전에도 해양 참사는 있었다. 대표적으로 1993년도에 있었던 서해훼리호 사건을 들 수 있다. 세월호 참사와 서해훼리호 참사는 많은 면이 닮았다. 희생자의 규모가 그렇고, 정부의 느슨한 관리 감독과 무리한 운항이 사고의 원인이었다는 점도 그러하다. 반면 두 참사 사이에는 중대한 차이가 발견된다. 그것은 무책임과 무능함이라는 말로 요약된다. 서해훼리호 참사와 달리 세월호 참사는 선장과 선원은 물론 해경, 정부조차도 무책임하고 무능한 태도로 일관하는 양상을 띠었다. 희생자 유가족을 대하는 정부의 태도 또한 현저히 달랐다.

불행히도 이 차이는 우연히 아니다. 20여 년의 시간 차이를 두고 있는 두 참사는 그 기간 동안 한국 사회가 경험한 구조적 변화의 무게만큼 차이를 보인다. 20여 년의 세월 동안 한국 사회는 규제 완화, 민영화, 유연화 등을 내걸고 혹독한 신자유주의적 구조 개혁을 경험하였다. 그 속에서 구조화된 신자유주의 국가의 논리는 재난과 안전 문제조차도 정부의 공적 책임 영역이 아닌 것으로 바꿔 놓았다. 세월호 참사에서 확인된 정부의 무능과 무책

....

4 민주사회를 위한 변호사 모임, 《416 세월호 민변의 기록》, 생각의길, 81~86쪽, 2014.

임은 신자유주의 국가의 당연한 귀결이었던 것이다.[5]

… 재난으로 지탱되는 '재난 자본주의'   ……

신자유주의 국가에 대한 통렬한 비판자 중 한 명인 나오미 클라인은, 신자유주의 국가의 위험성이 '재난 자본주의'의 창조에 있다고 경고한 바 있다. 그녀가 말하는 '재난 자본주의'는 재난 예방과 구호라는 가장 기초적인 정부의 책임마저 민간 자본의 이윤 논리가 관철되는 영역으로 변모되었다는 지적에 그치는 것이 아니다. 더 근본적으로 '재난 자본주의'는 재난이 이윤의 원천이 되고, 이윤을 위해 끊임없이 재난을 만들어 내야 하는 경제체제를 의미한다. 클라인은 맹목적으로 탈규제와 민영화 정책을 추진하는 신자유주의 국가는 '재난 자본주의'로 귀결될 뿐이며, 바로 여기에 신자유주의 국가의 근본적 위험성이 있다고 지적하였다.[6]

신자유주의 국가가 재난 자본주의를 낳는다는 클라인의 논리는 그리 복잡한 것이 아니다. 세월호 참사를 비롯하여 우리가 일상적으로 마주치는 모든 참사에는 어김없이 허술한 규제와 관리 감독이라는 요인이 자리하고 있다. 참사가 벌어질 때마다 확실한 규제와 관리 감독을 요구하는 목소리가

----

5 지주형, 〈세월호 참사의 정치사회학: 신자유주의의 환상과 현실〉, 《경제와 사회》 104, 14~55쪽, 2014.

6 나오미 클라인, 앞의 책. 특히 1~2장.

높아지지만, 신자유주의 국가의 현실은 정확히 그 반대 방향으로 움직인다.

신자유주의 국가의 목적은 자본의 이윤 추구 활동에 방해가 되는 모든 요소들을 제거하는 데 있다. 이윤을 목적으로 하는 자본의 입장에서 안전, 환경, 위생, 노동 기준 등은 인간의 삶에 필수적인 요건이 아니라 불필요한 장애물일 뿐이다. 신자유주의 국가는 바로 이러한 요소들을 규제 완화의 명목으로 제거함으로써 재난의 기초를 닦는다. 안전기준이 탈규제로 사라진 자리에서 재난이 발생하고, 그렇게 발생한 재난이 또 다른 민간 자본의 수익 사업으로 변모되는 것이 신자유주의 국가의 불편한 현실이다.

신자유주의 국가와 재난 자본주의의 위험성은 눈으로 확인할 수 있는 각종 참사와 재난에만 있는 것이 아니다. '규제 없는 자본주의'라는 기치 하에 신자유주의 국가는 자본을 생산적이고 건강한 경제활동으로 유도하는 최소한의 규제들마저 무차별적으로 제거한다. 부동산과 금융 투기에 대한 규제가 단적인 예이다. 신자유주의 국가는 규제 완화라는 명목으로 부동산과 금융 투기를 막는 각종 규제를 제거하고, 더 나아가 투자 활성화라는 이름으로 투기 활동에 필요한 자금과 여타 편의들을 제공한다. 마치 국가가 나서서 카지노를 열어 주고 거기서 도박하는 데 필요한 뒷돈까지 대 주는 식이다.

모든 자본은 투기적 성향을 갖는다. 그것은 자본, 즉 돈을 가지고 있는 사람들이 비윤리적이기 때문이 아니라 자본의 속성이 그러하기 때문이다. 그래서 양심적인 자본가는 있을 수 있어도 양심적인 자본은 있을 수 없다고 말한다. 이윤을 목적으로 하는 자본의 입장에서는 그 이윤이 생산적인 경제활동으로 창출된 것인지, 아니면 투기를 통해 획득된 것인지는 문제가 되지 않는다. 오히려 길고 고단한 생산활동을 거치는 것보다는 투기를 통해 단기간에 높은 이윤을 창출하는 것이 효과적이다. 기회만 주어진다면 자본은 언제든 투기적으로 변할 준비가 되어 있다.

문제는 자본의 투기적 성향을 제어하지 않고서는 경제를 건전하고 생산적인 방향으로 운용할 수 없다는 데 있다. 카지노에서 누군가는 돈을 딴다. 그러나 그 돈은 생산적인 활동으로 새롭게 창출된 것이 아니라 빈털터리가 되어 카지노 주변에서 노숙하는 사람들의 호주머니에서 나온 돈이다. 누구나 카지노에서 일확천금을 꿈꾸고 그런 사람을 부러워한다. 그러나 그 누구도 카지노처럼 굴러가는 나라를 건강하다고 생각하지는 않는다.

신자유주의 국가는 자본의 투기적 활동을 제어하는 것이 아니라 오히려 탈규제 명목으로 이를 조장한다. 그 결과, 카지노에서 그렇듯 누군가는 큰 돈을 번다. '돈 놓고 돈 먹는' 카지노의 속성처럼 대개는 대자본이 승자가 된다. 그리고 그 돈은 대자본이 생산적인 투자로 벌어들인 것이 아니라 중소 자본, 자영업자, 노동자 등의 호주머니에서 가져온 것이다. 대자본은 큰 이익을 남긴다. 그러나 다른 모든 사람들은 언제든 노숙자로 전락할 위험에 노출된다.

자본의 투기적 성향을 방치하고 조장할수록 대부분이 사회 구성원은 '만성적인 재난' 상태에 빠진다. 자본이 없는 노동자는 최소한의 생활조차 보장되지 않는 값싼 임금과 열악한 노동환경에 내몰리고, 자본이 부족한 자영업자와 중소 자본은 언제 잠식당할지 모르는 자본에 전전긍긍해야 한다. 재난 자본주의의 유일한 승자인 대자본의 이익이 커질수록, 노동자와 자영업자, 중소 자본의 삶은 파국을 향해 치닫는다.

천재天災이든 인재人災이든 모든 재난은 인간의 삶을 파괴한다. 신자유주의 국가는 '규제 없는 자본주의'라는 기치 하에 대자본을 제외한 여타 사회 구성원들의 삶을 무자비하게 파괴함으로써 재난을 일상화한다. 국가 자체가 재난 자본주의의 산파이자 후견인인 셈이다. 신자유주의 국가의 위험성은 불가항력적인 재난과 사고에 대처하는 최소한의 능력과 책임마저 방기하는 데에 그치지 않는다. 오히려 인간 삶의 조건을 일상적으로 파괴함으로써 재난을 창출한다는 데 그 본질적인 위험성이 있다. 그리고 그 기초는 '규제 없는 자본주의'라는 맹목에 있다.

··· 박근혜 정부의 '민생' 드라이브 ······

세월호 참사는 말 그대로 천재天災가 아니라 인재人災였다. 사체로 돌아온 유병언과 사법적 단죄의 대상이 된 세월호 선장과 선원에게 책임이 있다는 의미에서가 아니다. 구조 작업은 제대로 하지 못하면서 언딘과의 구난 계약 체결에만 열을 올렸던 해경의 탓이라는 의미도 아니다. '언딘'으로 대표되는 구조 구난의 외주화, 대부분이 비정규직인 여객선 승무원, 청해진해운이 낡은 배로 연안 여객업을 할 수 있었던 기초이자 결코 저렴하지 않음에도 단원고 학생들이 세월호에 타게 된 이유였던 크루즈산업 육성정책[7] 등 전형

....

7 우석훈, 《내릴 수 없는 배》, 웅진지식하우스, 2014.

적인 재난 자본주의의 작동 방식에 따른 귀결이라는 점에서 그러하다.

세월호 참사가 있었지만 불행히도 한국의 신자유주의 국가와 재난 자본주의 체제가 사라지거나 개선될 기미는 보이지 않는다. 오히려 사정은 정반대이다. 박근혜 정부는 참사 이후 신자유주의 국가와 재난 자본주의의 논리를 그전보다 더 강력하게 관철시키겠다는 의지를 불태우고 있다. 새로울 것은 없지만 이전보다는 더 강력해진 이 정책 드라이브는 역설적으로 '민생民生'이라 명명되었다. '민생'이라는 이름표를 새로 붙인 것 외에는 달라진 것이 없다. 이런 점에서 세월호 참사 이전이나 이후나 정부의 행태는 소름 끼칠 정도로 일관된다.

세월호 참사에 대해 침묵으로 일관하던 정부는, 참사 두 달여가 지난 시점부터 '민생' 카드를 본격적으로 그리고 공격적으로 꺼내기 시작했다. 첫 신호는 당시 최경환 부총리의 부동산 규제 완화 발언이었다. 2014년 6월 15일, 최경환 부총리는 언론과의 인터뷰에서 세월호 참사로 경제가 위축되어 있다면서 LTV(주택담보대출비율)과 DTI(총부채상환비율) 등 부동산 규제를 과감히 풀겠다고 밝혔다. 세월호 참사와 경기 위축이 무슨 관련이 있는지, 또 부동산 규제 완화와 경제 활성화가 무슨 관련이 있는지 모르겠으나, 정부가 처음으로 꺼내 든 민생 카드는 부동산 규제 완화였다.

2014년 8월부터는 대통령이 직접 이른바 '민생 법안'의 조속한 처리와 대대적인 규제 완화를 강도 높게 주문하기 시작했다. 8월 11일, 수석비서관 회의를 주재한 자리에서 박근혜 대통령은 "지금 과연 정치가 국민을 위해 존재하고 있는지 자문해 봐야 할 때"라고 일갈하면서 국회에 계류 중인 이른바 '민생 법안'들의 조속한 처리를 촉구하고 나섰다. 또, 9월 3일 청와대에서 열린 '제2차 규제개혁 장관회의 및 민관합동 규제개혁 점검회의'에서는 적극적이고 융통성 있게 규제 개혁에 앞장서야 한다며 장관들을 다그치기도 했다. 한 경제평론가의 말처럼, 그야말로 "세월호 참사로 다소 주춤했던 박근혜 정부의 규제 완화 군사작전이 일제히 재개"되는 형국이었다.[8]

대통령이 수석비서관 회의를 주재한 다음 날인 8월 12일, 최경환 부총리는 '유망 서비스산업 중심의 투자 활성화 대책'을 발표하였고, 13일에는 기획재정부가 '6차 투자 활성화 대책 기대효과'를 발표했다. 그 핵심 내용은 보건·의료, 관광, 금융, 콘텐츠 등 서비스산업 육성과 투자 활성화를 위한 규제 완화였다. 이러한 기조는 10월 29일 국회에서 있었던 대통령의 2015년도 새해 예산안 시정연설에서도 고스란히 드러났다. 시정연설에서 대통령은 '경제'라는 말을 무려 59차례나 언급하면서 서비스산업 육성을 위한 규제 완화를 강조하였다.

'민생'과 '경제 활성화'라는 외견상 가치중립적인 용어를 동원했지만, 그 내용은 가히 맹목적인 탈규제정책의 추진이었다. 그 맹목성은 세월호 참사의 원인에 대한 최소한의 고려조차 보여 주지 못한 대통령의 발언에서 확인되었다. 2014년 8월 11일, 수석비서관 회의에서 박근혜 대통령은 "크루즈 한 척이 취항할 때 900명의 신규 채용이 가능하고 연간 900억 원의 부가가치 창출이 가능한 법이 통과돼야 일자리 창출이 가능하다는 것을 국회에

....

8 정태인, 〈규제, 눈 딱 감고 풀어라?〉,《주간 프레시안 뷰》 53, 2014. 9. 4.

알려야 한다"고 수석비서관들에게 강조했다.[9] 세월호 참사의 원인을 제공한 크루즈산업 육성이 민생과 경제 활성화의 이름으로 다시 등장한 것이다.

'민생'이라는 이름표를 단 맹목적인 탈규제정책은 부동산과 금융 규제 완화로 초점이 모아졌다. 2014년 12월 23일, 정부는 부동산과 건설 분야에서의 적극적인 민자 유치와 기업 투자 촉진 프로그램을 골자로 하는 2015년도 경제정책 방향을 발표하였다. 그 주요 내용은 주택과 토목 건설 분야에서 각종 규제 완화와 세제·금융 지원 및 투자 리스크 분담 등을 통한 수익성 보장, 건전성 규제와 칸막이 규제 등의 각종 금융 규제 완화와 대형 투자은행 설립 지원 등으로 요약된다. 한 마디로 정부가 부동산 투기에 뒷돈을 대 주겠다는 것이고, 그동안 금융 건전성과 '금산 분리' 원칙에 묶여 있던 금융 부문을 완전히 탈규제하여 금융 투기를 조장하겠다는 것이다. 투기의 조장, 이것이 정부가 민생이란 이름으로 내걸고 있는 경제정책의 방향이다.[10]

투기를 조장해서라도 부동산과 건설 경기를 활성화하겠다는 정부의 정책 기조는 이미 전셋값 폭등과 가계 부채의 천문학적인 증가라는 결과를 낳았다. 그럼에도 돈을 풀고, 빚을 권유해서라도 부동산 투자를 독려하겠다는 정책 기조는 변함이 없을 뿐만 아니라, 더 나아가 부동산과 건설 부문에 투자하는 민간 자본의 수익성까지 보장해 주겠다고 한다. 부동산과

9 연합뉴스. 2014. 8. 11.

10 정부의 2015 경제정책 방향의 세부 내용에 대한 평가는, 정태인, 〈사회적 합의 없는 구조개혁과 투기적 경기대책〉, 《주간 프레시안 뷰》 69, 2015. 1. 8. 참조.

건설 투기에서 발생할 수 있는 손실을 정부 재정으로, 즉 국민의 세금으로 메워 주겠다는 것이다. 그야말로 부의 역_逆재분배, 즉 민간 자본이 투기 활동에서 입을 수 있는 손해를 서민의 호주머니에서 추렴하여 보전해 주겠다는 발상인 것이다.

··· 규제 완화, 투기 조장, 재난의 일상화 ······

부동산 투기 조장 정책의 부정적인 효과가 눈으로 직접 확인할 수 있는 것이라면, 금융 투기 조장 정책의 그것은 덜 가시적인 반면에 더 근본적이다. 재난 자본주의의 가장 본질적인 요소를 전면적으로 관철시키는 것이기 때문이다. 정부의 금융 규제 완화 논리는 크게 두 가지로 요약된다. 하나는 금융산업 자체가 이른바 고부가가치 산업으로서 경제성장의 첨병이라는 것이고, 다른 하나는 민간 자본, 특히 대기업의 적극적인 투자를 유도하려면 투자를 위한 다양한 금융 기법을 전면 허용하고 더 나아가 대자본의 금융업 진출도 적극 보장해 주어야 한다는 것이다. 한 마디로, 금융 건전성을 위한 투기 행위 규제와 대자본의 은행업 진출을 제한하는 '금산 분리' 원칙을 폐지하겠다는 얘기다.

이러한 논리가 박근혜 정부 들어 처음 등장한 것은 아니다. 이미 노무현 정부 시절부터 이른바 '동북아 금융허브론', '금융산업 육성론' 등의 형태로 금융산업의 경쟁력 강화와 대형 금융기관 양성을 명목으로 한 규제 완화 정책이 본격화되었다. 그리고 이 정책은 이명박 정부에게로 고스란히 계승

되었다. 금융산업의 경쟁력 강화를 명분으로 한 금융기관의 대형화 정책은 은행과 금융기관들의 인수합병과 대출 경쟁, 외화 영입 경쟁을 낳았고, 이는 단기 외채를 중심으로 한 외채 규모의 급증으로 이어졌다. 2008년 글로벌 금융위기 직후 한국 경제는 1997년 외환위기에 필적할 정도의 위기 국면으로 치달았는데, 그 원인은 금융기관의 건전성 유지가 아니라 규제 완화에 집중했던 정부의 정책에 있었다.[11]

금융산업 육성론을 근거로 대대적인 규제 완화를 추진했다는 점에서 노무현 정부와 이명박 정부의 정책 기조는 동일했다. 차이가 있다면 노무현 정부가 금융 규제 완화를 통해 사실상 '금산 분리' 원칙을 무력화시키면서도 명시적으로 그 완화나 폐지를 주장하는 데 소극적인 태도를 보였다면, 이명박 정부는 이를 적극적으로 추진하였다는 점이다. 이명박 정부는 집권 초기부터 금산 분리 원칙을 대표적인 규제 완화 대상으로 지목하면서, 산업 자본의 은행 소유 규제를 완화하거나 단계적으로 폐지하고 금융지주회사의 영업 행위 제한을 완화하는 등의 정책을 적극적으로 추진하였다.[12] 박근혜 정부는 이명박 정부의 정책에 '민생'이라는 허울을 덧씌워 이를 더 강력히 추진하고 있을 뿐이다.

금산 분리 원칙을 포함한 금융 규제 완화정책의 핵심은, 자본의 투기적 성향을 부추기고 비정상적인 재벌 체제를 온존시키는 데 있다. 우리나라

....

11 김학렬, 《금융강국' 신기루》, 학민사, 2014.

12 전성인, 〈새 정부의 금융정책: 평가와 과제〉, 《한국 경제의 분석》 제 14권 1호, 1~71쪽, 2008.

대기업 집단, 즉 재벌은 이미 증권사와 보험사 등의 금융기관을 계열사로 거느리고 있다. 이 금융기관들은 재벌의 자금 조달 창구이자 이른바 '오너' 중심의 기업지배구조를 유지하는 수단으로 기능한다. 때문에 엄격한 금산 분리 원칙, 즉 금융기관이 재벌의 자금 조달 창구로 기능할 가능성을 봉쇄하게 되면 현재와 같은 재벌 체제는 사실상 해체 수준에 이르게 된다.[13]

금융 규제 완화는 재벌 집단이 기업지배구조의 유지와 자금 조달을 목적으로 자신이 소유한 금융기관을 마음대로 활용할 수 있는 길을 열어 주는 것이라는 점에서 그 자체로 금산 분리 원칙을 무력화시키는 효과를 갖는다. 그럼에도 불구하고 이명박 정부 이후 금산 분리 원칙의 폐기를 강조하는 것은 이미 무력해진 금산 분리 원칙의 마지막 보루, 즉 재벌의 은행업 진출까지 이 참에 확실히 보장하겠다는 의미다. 비정상적인 재벌 체제를 오히려 강화시키겠다는 것이다.

비정상적인 재벌 체제에 기초한 금융 규제 완화는 일반 국민들을 재난에 가까운 상황으로 몰아붙인다. 우리는 이미 이러한 경험이 있다. 지난 1997년의 외환위기가 그것이다. 우리 사회에 큰 상처를 남긴 1997년 외환위기는 자기 소유의 금융기관을 통해 투기적으로 자금을 조달했던 재벌 집단의 무분별한 행태에 기인하는 바 크다. 금산 분리 원칙에 대한 강조도 이러한 역사적 경험을 배경으로 한 것이다. 외환위기 이후 금산 분리 원칙을 수용하고 천문학적인 공적 자금을 지원받은 덕에 재벌 집단은 살아남을 수 있었

13　박승록·최두열, 〈한국 기업집단의 금산분리와 기업지배구조 변화〉, 2013 경제학 공동학술대회 발표문, 2013. 2. 21.

으나 그 사이 대다수 국민들은 삶의 터전을 잃어버려야 했다.

외환위기라는 뼈아픈 경험에도 불구하고 금융 규제 완화와 금산 분리 원칙의 폐기는 다시 정부의 공공연한 정책 목표가 되었다. 또 다른 재난을 향해 달려가고 있는 것이다. 그 단적인 예가 지난 2013년의 동양그룹 사태이다. 동양그룹은 자금난을 해결하기 위해 계열사인 동양증권을 통해 투기성 기업어음(CP)과 회사채를 발행하였고, 결국 이자와 원금 상환을 감당하지 못한 동양그룹이 법정관리를 신청하면서 4만여 명에 달하는 피해자가 발생하였다. 동양그룹 사태는 금융기관을 거느린 재벌 집단의 투기적인 자금 조달과 금융 규제 완화 명목으로 건전성 규제를 방기했던 정부의 정책이 만들어 낸 합작품이다. 그리고 그 피해는 고스란히 투자자, 즉 일반 국민에게 돌아갔다. 이제 다시 재벌 체제에 기초한 금융 규제 완화 정책이 추진된다면, 동양그룹과 같은 사태는 언제든 다시 터져 나올 수 있다.

더욱 기가 막힌 것은, 박근혜 정부 들어 자본의 투기적 성향을 부추기고 나아가 투기 자본을 육성하는 정책이 '민생'이라는 이름으로 버젓이, 그것도 노골적으로 추진되고 있다는 점이다. 세월호 참사 이후 박근혜 정부는 이른바 '민생 법안'이라는 이름으로 「자본시장과 금융 투자업에 관한 법률」, 일명 '자본시장법' 개정안을 강력하게 추진하였다. 노무현 정부 이후 추진되어 온 금융산업 육성정책의 핵심에 해당하는 이 법률은 2007년 국회를 통과하여 2009년 시행되었고, 2013년에 이어 2014년 말에 개정되었다. 2013년 개정의 주요 내용은 투자은행과 헤지펀드를 활성화하는 것이었고, 2014년 말 개정안의 핵심 내용은 이른바 크라우드펀딩과 사모펀드의 육성이었다.

생소하고 복잡한 용어들이 동원되었지만, 그 본질은 투기성 자본을 적극

지원하겠다는 것이다. 헤지펀드, 사모펀드 등 각종 펀드는 근본적으로 투기성 자본이다. 다양하고 복잡한 금융기법으로 주식이나 채권, 외환 등의 금융시장에서 단기적으로 천문학적인 이익을 내는 것이 목적이자 활동 방식이기 때문이다. 생산적인 경제활동과는 거리가 멀 뿐만 아니라, 이른바 '기업사냥'을 통해 생산적인 경제활동 자체를 파괴할 위험성이 있는 자본이다.

2008년 글로벌 금융위기 이후 투기성 자본에 대한 규제를 강화해야 한다는 목소리가 커졌지만, 우리 정부는 오히려 그 반대 방향으로 돌진하고 있다. 자본시장법 외에도 외국인투자촉진법, 독점규제 공정거래법, 규제개혁특별법 등이 이른바 '민생 법안'이라는 이름으로 강력하게 추진되고 있다. 세세한 내용은 별개로 하더라도, 그 근본적인 기조는 자본의 비생산적이고 투기적인 활동을 가로막는 모든 종류의 통제를 없애는 것이다. 규제 완화 명목으로 자본의 투기적 활동을 보장하고, 금융산업 육성을 명목으로 투기자본을 양성하겠다는 것이 이른바 '민생 법안'의 내용인 것이다.

이 모든 정책은 자본의 금융화, 투기화로 귀결된다. 자본이 생산적인 경제활동으로 이윤을 창출하는 것이 아니라 '돈 놓고 돈 먹기' 식으로 이윤을 창출하려는 경향을 방조하고, 더 나아가 부추기는 것이다. 카지노에서 자본이 많은 사람은 최후의 승자가 될 수 있지만, 그렇지 않은 사람은 빈털터리로 전락할 뿐이다. 자본의 금융화, 투기화가 심화될수록 소득과 자산의 불평등은 심화될 수밖에 없다.[14] 그리고 이것은 자본, 즉 돈을 충분히 가지지

....

14 황규성·이재경, 〈금융화와 소득 및 주택 불평등의 심화〉, 《동향과 전망》 91, 199~231쪽, 2014.

못한 대다수의 국민들에게는 재난의 일상화를 의미한다. 대자본이 아무런 제재 없이 일확천금을 꿈꾸는 투기를 일삼는 동안, 대다수 국민들은 언제고 삶의 터전이 송두리째 날아가 버릴 수 있는 위험한 상황에 빠져들게 되는 것이다.

… '잊지 않기' 위하여 ……

꽃다운 학생들을 떠나보낸 세월호 참사는 우리 사회의 구조적 모순이 잉태한 인재人災였다. 이처럼 안타깝고 어처구니없는 참사 앞에서 근본적인 해결책을 모색하는 목소리가 터져 나오는 것은 너무도 당연했다. 그러나 참사 이후 정부의 일관된 행태는 근본적인 원인을 찾기보다는 집요할 정도로 그 책임을 특정 개인에게 돌리는 것이었다. 이처럼 책임회피에 급급하면서도 개인에게 책임을 돌리려는 정부의 행태에 우리 사회가 안고 있는 구조적인 모순이 응축되어 있다. 그것은 우리 사회에 이미 뿌리 깊게 자리 잡은 신자유주의 국가의 논리이다.

신자유주의 국가는 '규제 없는 자본주의'의 실현을 목표로 한다. '규제 없는 자본주의'라는 말이 그럴듯하게 들릴지 모르겠지만, 그 본질은 자본을 모든 종류의 규제와 통제로부터 완전히 자유롭게 하는 데 있다. 불행히도 규제되지 않은 자본은 대다수의 국민들을 일상적인 재난의 상태로 인도할 뿐이다. '규제 없는 자본주의'의 다른 이름은 '재난 자본주의'인 것이다.

자본에 대한 규제가 필요한 것은 그렇지 않을 경우 금융화, 투기화 현상

148

이 불가피해지기 때문이다. 한마디로 생산적인 활동을 통해 새로운 부를 창출하는 것이 아니라 '돈 놓고 돈 먹는' 카지노 경제로 바뀐다는 것이다. 카지노에서 누구나 기대하는 일확천금은 실은 다른 사람의 호주머니에서 가져온 돈일뿐이다. 그리고 카지노에서의 승자는 언제나 많은 자본을 가지고 있는 사람이다. 그렇지 않은 사람은 언제든 빈털터리로 전락할 위험을 안고 있다. 규제되지 않은 자본이 낳는 금융화, 투기화 현상은 국민경제를 카지노와 같이 바꿔 버림으로써 돈 없는 대다수의 국민들을 언제든 빈털터리로 전락할 위험성으로 내몬다. 잊지 말아야 할 것은 투기적인 자본이 벌어 들이는 돈은 빈털터리로 전락한 국민들의 호주머니에서 나온 돈이라는 점이다.

세월호 참사 이후 정부는 '민생'을 외치면서 각종 법안을 강력하게 밀어붙였다. 세월호 참사로 드러난 정부의 무능과 무책임에 대한 비난 여론이 높아질수록 정부의 이른바 '민생' 드라이브는 더욱 거세졌다. 여당은 물론이고 야당까지 이른바 '민생' 논리에 휘말려들면서 정치적으로는 어느 정도 성공을 거둔 모양새다. '민생'의 이름으로 이제 그만 세월호를 잊자는 논리가 정당화되었던 것이다.

그러나 불행하게도 '민생' 드라이브를 통해 박근혜 정부와 집권 여당이 거둔 정치적 성과만큼 우리 사회는 더욱 위험해졌다. '민생 법안'이라는 이름으로 추진된 정책의 핵심 내용들은 '규제 없는 자본주의'를 한층 더 강력하게 밀어 붙이는 것으로 모아졌다. '민생'의 이름으로 부동산 투기는 물론 금융투기를 조장하는 각종 정책들이 숨 가쁘게 도입되었다. 자본의 투기적 성향을 부추기고 또 투기적 자본을 육성하는 정책이 '민생'의 이름으로 강력히 추진되고 있는 것이다.

나오미 클라인이 설파한 바와 같이 신자유주의 국가의 근본적인 위험성은 그것이 재난 자본주의를 구조화한다는 데 있다. 그리고 그 핵심에는 '규제 없는 자본주의'의 명목으로 자본의 금융화, 투기화를 조장하는 일련의 정책이 자리하고 있다. 다른 모든 재난과 마찬가지로 자본의 투기적 성향을 조장함으로써 생겨나는 재난은 인간의 삶을 무자비하게 파괴한다. 그러나 그 재난은 대자본에게는 천문학적인 수익을 올릴 수 있는 보장된 기회이기도 하다. 재난 앞에 누구도 안녕할 수 없는 것이 아니라 대다수 사람들의 재난을 대가로 대자본이 이윤을 창출하는 경제구조가 재난 자본주의인 것이다.

이러한 재난은 이미 우리 사회에 만연해 있다. 국가조차도 외면하는 절대 빈곤의 상황에 내몰린 사람들은 스스로 목숨을 끊거나 생존을 위해 저임금과 가혹한 노동 조건을 감내해야 한다. '장그래'라는 이름의 비정규직 노동자들이 가혹한 현실을 호소하려면 한겨울에도 굴뚝이든 광고탑이든 올라가야 하고, 그마저도 웬만큼 오랜 시간을 버티지 않고서는 눈길조차 받지 못한다. 그야말로 많은 사람들이 하루하루를 재난과 싸우며 살아가고 있는 것이다.

이 모든 현실 앞에서 신자유주의 국가는 여전히 책임의 당사자가 아니다. 오히려 이 모든 일상적인 재난의 근본적 원인인 '규제 없는 자본주의'를 완성하는 것이 유일한 해법이라고 으름장을 놓는다. 박근혜 정부의 '민생' 드라이브는 재난을 창출하고, 방치하고, 조장함으로써 '규제 없는 자본주의'라는 이름으로 '재난 자본주의'를 완성해가는 신자유주의 국가의 적나라한 모습을 확인시켜 준다.

　세월호 참사 이후 누구나 안타까운 마음으로 '잊지 않겠다'는 말을 되뇌었다. 꽃다운 학생들을 허망하게 보내 버렸지만, 다시는 이런 일이 일어나지 않도록 안전한 사회를 만들겠다는 다짐을 새겼다. 안전한 사회를 만들기 위해서는 신자유주의 국가와 재난 자본주의의 논리가 더 이상 작동하지 않는 사회로 나아가야 한다. 그것이 세월호 참사의 아픈 기억을 '잊지 않는' 길이다.

5

규제 완화와 철도 민영화

윤영삼 부경대학교 경영학부·사회공공연구원 이사장 세월호 참사를 낳은 신자유주의 물결은 오랫동안 안전을 저해할 철도 민영화 추진으로 지속되고 있다. 공공안전을 담보하는 데 국가의 책임이 크지만, 결정적 주체는 시민사회임을 보여 준 세월호 참사를 잊지 말아야 한다.

■ 사유화·사영화가 정확한 표현이나 이제는 국민에게도 왜곡된 의미가 상당히 사라진 용어인 민영화를 사용한다. 또한 이 글은 출처를 모두 제시하지 못한 채 참고문헌으로 제시한 자료들을 참고하였음을 밝힌다.

··· 안전과 이윤의 대립 ······

세월호 참사가 발생한 지도 2년이 넘었다. 한국 사회는 세월호 참사 이전과 이후로 나뉜다고 할 정도로, 세월호 참사 이후 안전에 대한 사회적 요구와 관심이 높아졌다. 무엇보다 원인 규명조차 쉽지 않은, 개인적인 차원에서는 대비하기 어려운 참사였다는 점이 사람들의 마음에 깊은 상처를 남겼다. 세월호 대참사는 안전, 더 나아가 사회의 기본적인 가치라 할 인명의 소중함에 무관심했던 한국 사회 모순의 집결체였다.

그러나 참사 후 사회적 안전관리를 주도하는 역할을 맡고 있는 정부는 참사의 원인을 관련자들의 개인적인 잘못으로 돌리면서, 안전에 관한 대증요법적 대책만을 제시한 채 공공 부문과 민간 부문에서 안전을 저해할 정책을 지속하고 있다. 바로 규제 완화와 민영화가 그것이다.

지금까지 우리는 이윤을 추구하더라도 그전에 안전이 더 중요하다는 사실을 오랜 시행착오를 통해 학습하고 사회제도를 통해 안전 규제를 강화해 왔다. 그러나 현재 사회는 정반대로 가고 있다. 그 대표적인 정책이 규제 완화이다.

국가적으로 신자유주의 기조를 도입하면서부터 민영화에 대한 찬반 논란이 오랫동안 이어졌다. 그러나 다른 것은 제쳐 두고 안전 부분만 생각한다면, 신자유주의 기조의 핵심 요소인 규제 완화와 민영화가 국민 안전을 약화시킨다는 데에는 이견이 없다. 특히 2003년 대구지하철 참사와 2014년 세월호 참사로 이어지는 대중교통 사고가 끊임없이 발생하고 있어 국민의 기본권에 속하는 이동권(교통권)이 심각하게 위협받고 있는 상황이다. 이 글에서는 대표적인 대중교통 수단인 철도 분야에 초점을 맞춰, 한국 사회가 위험사회에서 벗어나 인권과 민주주의가 보장되는 공공안전 사회로 진입하는 데 필요한 사회적 과제를 제시하고자 한다.

··· 안전을 위한 규제 완화는 없다　　　······

'규제'는 공익이나 특정한 공적 목적을 위해 개인의 욕심을 제어하는 것이다. 규제가 정당한 것인지 판단하기 위해서는 목적의 정당성, 수단의 적합성, 법익의 균형성을 검토해 보아야 하며(참여연대, 2014), 그 결과로서 정당한 규제는 더욱 강화되어야 하고 부당한 규제는 완화되거나 철폐되어야 마땅하다. 이러한 규제의 정당성을 충분히 검토하지 않고 단지 규제라는 이유로 혹은 규제받는 사람이 문제를 제기한다는 이유로 규제를 완화하거나 폐지한다면, 이는 공익의 훼손으로 귀결될 가능성이 크다.

규제 완화의 영향을 다룬 연구 결과들은 이윤과 성과를 우선에 두기 때문에 안전을 저해하는 결과를 도출할 수 있고, 더 나아가 안전을 저해할 부정부패의 새로운 대상이 될 수 있다. 또한, 하청·외주·파견 등 노동시장 규제 완화는 안전 문제를 악화시키는 결정적인 역할을 할 수 있으며, 그 악영향은 현장에서 완화된 규제조차 제대로 지키지 않는 경향으로 증폭될 가능성이 높다. 근본적으로, 공공성을 지향하는 공공 부문은 민간 부문보다 규제가 강할 수밖에 없다는 점에서 민영화 자체가 규제 완화의 성격을 띤다.

일반적으로 자본주의사회에서는 공공 부문의 공식 목적을 '공공성'으로 표현하기는 해도, 국가독점자본주의 시기에 필연적으로 발생하는 자본축적 문제를 해결하는 데 필요한 자본주의국가의 직접적인 경제 개입과 사회 통합을 정당화하기 위해 자본축적 촉진 기능을 내재하고 있다. 또, 민간 부문과 마찬가지로 공공 부문도 관료제라는 지배 형태를 취하면서 자본축적 논리와 친화성을 보인다. 공공 부문에 대한 정책·관리 방식의 변화에 세력 관계가 반영되는 성격도 지닌다. 특히 민영화 여부를 결정짓는 핵심적인 요인은 정치경제적 세력 관계이다(오건호, 2014).

'민영화privatization'는 전통적으로 공공 기관을 민중people이 아니라 민간 private 자본에 넘겨주는 매각으로 인식되어 왔다. 하지만 신자유주의적 세계화 과정에서 매각 외에 다양한 종류의 민간위탁과 민간투자 등 교묘한 민영화 방식이 개발되어 왔다. 이러한 방식들에 관통되는 기본 원리는 '이윤 추구'이다. 공공 기관은 사기업과 달리 공공성을 목적으로 설립되고 운영된다. 그런데 공공 기관이 민간 자본의 이윤 추구에 종속되는 기관으로 전환되는 것, 즉 공공의 것이 민간 자본의 이윤 추구 대상으로 변모되는 것이 바로 민영화이다.[1] 이는 공공재의 상품화·상업화와 같은 의미다.

이러한 의미에서 민영화 방식을 구분하면, 크게 20세기의 주된 민영화 방식인 매각 방식과 이것의 폐해가 드러나면서 21세기에 새롭게 등장한 운영 상업화 방식이 있다. 매각 방식은 다시 절차상 일정 시점에 공공 부문을 매각하는 일시적 방식과 공단·공사로 전환시킨 후 국가 지분을 매각하는 단계적 방식, 민영화 범위를 기준으로 전체 민영화 방식과 분할 민영화 방식이 있다.[2]

운영상업화 방식은 생산과 경영을 사기업의 수익성/이윤 기준에 맞는 운영 형태로 변화시키는 방식으로, 다음과 같이 세분할 수 있다. 첫째, 모기업

··················

1 이명박 정부는 수서발 KTX 민간위탁을 추진하면서 결코 '민영화가 아니라 경쟁 도입'이라고 강변했다. 주요 민간 건설회사들을 대상으로 사업제안서 공개설명회까지 개최하고도 민영화가 아니라고 거듭 우기는 촌극을 벌였다. 매각 방식만이 민영화라는 전통적인 통념에 머물러 있기 때문이다. 이러한 논리에 따르면, 지하철 9호선은 외국계 금융자본인 맥쿼리한국인프라투융자회사 등 민간 투자자가 운영해도 소유권은 서울시가 갖고 있으니 공공 철도가 된다(오건호, 2014).

2 매각 방식에는 시기 관련 문제가 있다. 공공 부문은 초기 투자비가 크고 장기 투자가 필요하며 단시간에 이윤을 남기기 어려운 영역이라는 점이 특히 경제발전 초기에 중요한 문제로 부상한다. 국가 기간산업의 구축을 위해 국가자본으로 급속히 건설되어야만 하기 때문에, 지난 수십 년 동안 막대한 국민의 혈세가 투여되었다. 장기간의 투자와 운영을 거친 다음에야 비로소 이윤이 창출될 '공간'이 열리게 된다. 철도 노선, 전력 발전, 인천공항과 제주공항 등이 대표적인 예이다. 매각 방식의 민영화 정책은 국민의 혈세를 투여하여 장기간 발전시켜 온 영역 중 '돈이 되는' 영역을 경쟁 도입이라는 이름으로 매각하겠다는 것이다. 철도의 경우 5조 4천억 원의 KTX 건설 부채와 연 4천억 원 이상의 이자를 지난 5~6년 동안 충실히 감당하여 흑자로 돌아설 무렵에 민영화를 시작하였다. 이렇듯 비로소 돈이 되는 시점에, 돈이 되는 영역에서, 자본의 요구에 부응해 매각 방식의 민영화 정책을 추진한 것이 우리의 매각 방식 민영화의 역사이다.

의 소유는 공적으로 유지하면서 주변 기능을 중심으로 외주 하청·민간 위탁·자회사를 확대하는 방식, 둘째, 신설 부문을 중심으로 수익형 민간투자(BTO) 사업과 임대형 민간투자(BTL) 사업 등의 민간투자사업화 방식, 셋째, 수익성/이윤을 최우선으로 한 영업전략, 기술전략(자동화와 정보기술의 활용 등), 노동유연화전략(비정규화), 노동통제전략, 조직재구조화전략(사업 부문을 수익성/이윤 기준으로 개편/폐지) 등 이윤 추구 전략을 추진하는 방식이 있다.[3]

운영상업화 방식은 매각을 위한 사전 기반 조성작업의 성격을 갖고 있기도 하다. 신자유주의적 정부의 경우, 민영화를 용이하게 추진하기 위해 사전에 공공 기관의 운영상업화를 추진하기 때문이다.

민영화가 안전에 미치는 영향에 관한 연구들은 대부분은 민영화의 부정적 영향을 제시한다. 우선, 안전 책임을 분산시켜 안전 시스템을 파괴할 수 있으며, 안전 시스템 관리의 분산으로 유지 보수와 관련한 비공식적인 총체적 지식과 공식적인 정보 시스템이 모두 와해되는 결과를 낳기도 한다. 이전에 확립된 효과적인 안전문화를 깨뜨릴 수 있으며, 종종 국고보조금의 중단으로 이어져 경쟁 압력을 증가시켜 안전이 우선순위에서 밀려나는 결과를 초래하기도 한다. 민영화 하에서는 민관 협력이 더욱 요구된다는 점에서 부정부패 행위를 증가시켜 안전을 저해할 수도 있다.[4]

....

3 이들에 대한 정부 개입 기제로 가장 포괄적인 것이 정부투자 기관에 대한 관리통제 시스템이다. 이 시스템의 구체적인 양상은 낙하산 인사, 단기 성과 위주의 경영평가제, 왜곡된 예산제도, 경영혁신 지침, 지정 및 신설 심사, 감사원 감사, 경영평가, 사업 감독, 경영 공시 등이다.

4 공공성을 지향로서 내포하고 있는 공공 부문은 민간 부문보다 안전 규제가 강할 수밖에 없다는 점에서 안전 확보의 가능성이 크지만, 공공 부문이라 해도 우리나라처럼 제도적 역량이 낮은 경우

한국의 신자유주의적 정책 기조는 김영삼 정부부터 시작되었지만, 철도정책에서는 김대중 정부부터 본격화하였다. 정세 조건을 고려한 완급 차이는 있었지만, 신자유주의적 정책 기조에 토대를 둔 '완전 민영화된 철도'라는 상을 구현하는 것이 철도정책 기조 또는 중장기 전략이었다. 특히 교통정책적 관점보다는 '정부개혁적 관점'이 부가되어 한국 철도산업의 조건과 특성을 의도적으로 무시하거나 충분히 검토하지 않고 영국의 철도 민영화 모델(오건호, 2006)을 그대로 모방하는 경향이 있었다.

결국 한국의 철도정책은 의도된 오진에 잘못된 처방이라고 규정할 수밖에 없을 정도로 철도산업의 현황 및 문제점에 대한 인식과 정책 방향이 합리적이지 못했다. 철도의 경영 악화 문제는 정부가 공공 부문(철도청 체제)으로 철도를 운영하면서 그에 걸맞은 관리와 투자를 하지 않았기 때문에 발생했지만, 정부는 이러한 구조적 문제를 올바르게 인식하여 해결하지 않고 오히려 민영화하려고 했다. 그리고 그 과정에서 철도노동조합과 시민사회단체들의 문제 제기로 오랜 갈등 끝에 마련한 '사회적 합의'를 파기하는 등 정치적으로 일방적인 자세를 보였다.

····················

에는 안전기준이 제대로 지켜진다는 보장이 없다. 제도적 역량과 관련해 울리히 벡은 《위험사회》에서 근대적 합리성에서 비롯된 새로운 위험에 주목하지만, 한국 사회는 근대적 합리성 자체의 결핍에서 비롯되는 민관 유착과 부정부패로 사회적 재앙이 발생하고 있다는 점이 다르다.

5 타 공공 부문 그리고 공공적 성격이 높아 공공 부문이라고 해도 과언이 아닌 해상 대중교통의 규제 완화와 민영화에 관해서는 김철(2014)을 참고할 수 있다.

한국 정부는 정권 임기를 단위로 정책 집행을 전술적으로 추진해 왔다. 이로 인해 정책에 일관성이 없다는 비판을 받았다. 민영화를 추진하면서 노조 상태 등 정세에 따라 매각 방식 민영화를 추진하기도 하고, 매각 방식이 여의치 않은 경우에는 민영화 기반 조성 차원에서 운영상업화를 상시적으로 추진하기도 했다. 철도산업의 자회사화와 민자 사업화를 추진하고, (외국)민간 철도사업자가 진입할 수 있는 길을 열어 두는 등의 조치가 이에 해당한다.

정부는 철도 민영화를 추진하던 중이든, 철도공사 출범으로 민영화가 일보 진전된 형태로 일단락된(즉, 유보된) 상황이든 완전 민영화 기반 조성을 위해 추진해 온 운영상업화 정책을 집행하는 데 다양한 기제를 사용해 왔다. 앞에서 지적했듯이, 가장 포괄적인 기제가 정부투자 기관에 대한 관리 통제 시스템이었다. 정부는 낙하산 인사와 단기 성과에 급급할 수밖에 없는 경영평가제, 왜곡된 예산제도 등의 기제를 통해 철도산업을 정치적으로 과도하게 통제했고, 이는 운영상업화를 강제하는 효과를 낳았다. 특히 자본의 투자처를 선별해서 나눠 먹을 수 있게 제공하는 차원에서, 그리고 철도 노동자들을 무력화하고 통제를 용이하게 하려는 차원에서 구조 개편과 구조조정, 경영 혁신 등의 명목으로 조직의 분리와 분할, 파편화를 추진해 왔다. 또한, 철도 투자와 정부 지원을 줄이면서 자구 노력을 빌미로 운영상업화, 곧 '경영합리화'의 고강도 추진을 강제하였다. 특히 운영상업화를 압박하는 기제로서 정부 지원금(수익인 공익서비스의무(PSO)와 비용인 선로 사용료 등)을 제대로 주지 않는 방식으로 적자를 조절·유지한 점이 두드러진다. 한 마디로, 정부 지원금을 제대로 주지 않는 방식으로 적자를 유지시켜

운영상업화 방식의 민영화를 추진해 온 것이다.[6]

… 내구연한 사라진 철도차량   ……

철도 안전은 시설, 차량, 인력과 운영 시스템 등 총체적인 철도 운영 체계의
안정성 확보와 안전에 대한 종합적 고려가 이루어질 때 확보될 수 있다. 이
러한 철도 안전을 규제하는 최상위법인 「철도안전법」은 2003년 대구지하철
화재참사를 계기로 대형 사고를 예방할 목적으로 2004년 제정되었다. 그러
나 철도 안전을 담보하기에 미흡할 뿐만 아니라,[7] 태생적으로 철도 안전을
위협하는 독소 조항을 안고 있는 이 법은 대부분 규제를 완화하는 내용으
로 개정되어 왔다. 철도 안전과 관련해 규제 완화가 무분별하게 적용된 사
례는 다음과 같다.

첫째, 예산·경비 절감을 이유로 철도차량의 내구연한을 늘리고 결국 사

....

6 그리스의 사례에서 볼 수 있었듯, 재정 적자의 증가 등을 이유로 재정 긴축과 재정 건전화를 요구
   하는 이데올로기가 확산되었다. 이를 배경으로 철도 분야에서도 안전에 대한 투자가 힘들어지고,
   노후 차량 교체 지연, 정비 인력 감축, 비정규직 증가, 위탁 분야 확대 등 '안전 위해 요소가 늘어났
   다. 부산교통공사는 재정 건전화를 위해 '자립경영체계 구축'을 목표로 설정하고, 그 구체적인 방안
   으로 고강도 비용 절감과 부채 감축 계획 마련 및 시행을 내걸었다. 여기에는 전동차 내구연한 연
   장 추진 등이 포함되었다.

7 철도 안전에 대한 국가 또는 관련 당사자의 안전 감사나 현장 점검 등 관리감독 인프라 구축에 대
   한 고려가 부족한 점, 철도 안전의 인적 요소에 대한 고려가 부족한 점, 시설·차량 안전기준이 미비
   한 점, 품질 인증을 받은 철도용품을 사용하도록 강제하는 규정이 없는 점 등이다.

실상 없었다. 세월호 참사에서 사고 원인으로 지적된 선박 내구연한 연장과 동일한 사안으로,[8] 현대사회에서는 불가피하게 장애를 초래하는 시스템의 복잡성 때문에 경고장치와 안전장치를 추가하는 전통적 대책이 통하지 않으며, 차량이 노후화되면 정비를 정상 수준으로 해도 정상사고normal accident가 발생한다는 페로Charles Perrow의 지적이 문제시되는 지점이다. 철도차량 내구연한은 20년(철도사업 특별회계 사무처리규칙 및 시행세칙), 15년(「지방공기업법」 시행규칙) → 25년(1996년, 「도시철도법」 제정─도시철도 차량관리에 관한 규칙) → 25년에서 최대 40년(2009년, 「도시철도법」 개정, 「철도안전법」 시행규칙 개정) → 내구연한 삭제(2014년, 「철도안전법」과 「도시철도법」 개정, 정밀진단도 폐지하고 노후 차량 계속사용 여부를 매 5년 주기로 일명 '철피아'(도시철도+마피아)가 포함되는 주관적 성격이 강한 민간 전문기관이 기대수명 평가)로 변경되었다.[9]

둘째, 정비 인력의 감축 기조가 지속되면서 사실상 정비 인력을 감축하

....

8　원전에서도 노후 원전의 가동이 연장되었다. 운전 개시 이래 600회 이상의 크고 작은 사고가 발생했고, 애초 정해진 설계 수명(30년)보다 6년이 지난 고리원전 1호기의 재가동을 원자력안전위원회가 승인해 준 것이 대표적인 예이다. 원전 사고는 인간이 완전하게 대응할 수 없는데도, 최신 기준을 적용한 보완도 없이 가동 연장을 결정한 것이다. 체르노빌 원전과 후쿠시마 원전 모두 30~35년의 노후 원전이었다. 고리원전 1호기와 월성원전 1호기 역시 각각 37년, 32년째 가동되면서 자주 고장이 나고 있어서 폐쇄 요구가 강하게 제기되고 있다.

9　이에 따라 부산교통공사는 2012년 내구연한이 25년 넘은 차량도 15년간 더 사용하기로 했다. 현재 전체 차량의 60퍼센트를 차지하는 노후 차량 216대가 운행 중이다. 25년 경과 차량이 부산지하철 1호선에서 낸 사고로는 2009년 초량역과 좌천역, 2010년 좌천역과 서면역 등 4개 역, 2011년 남포동역·중앙역·범내골역, 2012년 대티역, 2013년 정전 사고, 2014년 토성역, 범일역, 동래역 사고 등이 있다.

기 위해서 일부 점검을 아예 삭제하거나 검수 주기를 늘리는 형태로 검사 방식을 완화시켜 왔다. 차량 노후화가 진행되는 추세에서 검사 주기의 완화는 정비 품질에 부정적 영향을 미칠 수밖에 없다(이승우, 2014). 인력 감축으로 최저가 입찰제를 통한 외주 용역 범위가 확대되었으며, 충분한 대체 인력이 없어서 교육훈련조차 제대로 실시하기 어려운 실정이다.

하청·외주·파견의 사용 기준 완화 등 노동시장 규제 완화는 안전 문제를 악화시키는 결정적인 역할을 하였다. 감사원이 "외주 업체가 전문성을 갖추기 어려운 상황이어서, 고속철도차량 관련 경정비 업무를 위탁할 때에는 차량 고장과 직접 관련된 핵심 정비 업무는 철도공사가 직접 수행하는 것이 바람직하다"고 지적할 정도이다.

셋째, 과거에는 차량 부품 검사를 할 때 재료를 전부 전수검사하던 것을 이제는 한 제품만 기준을 통과하면 나머지 동일 제품이 모두 검사를 통과한 것으로 간주하도록 안전기준이 대폭 완화되었다. 이런 규제 완화가 안전과 직결된 브레이크 부품 등에 적용된다면 안전에 대한 우려가 더욱 커질 수밖에 없다.

넷째, 철도차량 운전면허의 갱신 기간을 연장하였다. 철도차량 운전 시스템의 자동화율이 높아지고 면허 갱신 과정에서 행정력 낭비 및 면허 갱신 대상자의 불편이 초래된다는 이유로, 5년마다 갱신해야 하던 것을 10년으로 연장하였다.

다섯째, 공공 부문이 담당해야 할 안전인증 업무를 업계 이익과 관련된 민간이 담당할 수 있게 하였다. 일종의 부분민영화로서 이는 '경쟁 체제 도입'으로 포장되었다. 2014년 철도차량의 내구연한 삭제와 정밀진단 폐지에 대한 대체안으로 제시된 것이 철피아가 포함된 민간 전문기관의 기대수명 평가로 노후 차량 계속사용 여부를 결정하는 것이다.[10]

철도 안전규제 완화와 같은 효과를 가져오는 현장 관련 정책의 변화에도 주목할 필요가 있다.[11] 여기서도 정부의 정책은 이중적이다. 현장 안전을 강화하라고 하면서, 다른 한편으로 안전 약화를 초래할 경영합리화 정책을 강력히 추진하는 모순을 보이는 것이다. 안전 강화와 경영합리화가 대척점에 놓인 지점이 바로 인력 감축이며, 이로 인해 안전(관리)은 위험에 처하게 되었다. 철도 인력 감축의 구체적인 양상들은 다음과 같다.

첫째, 정원 확대가 용인된 철도에서조차 지속적으로 정원이 축소되었으며, 그나마 정원보다 현원이 적게 운영되고 있다. 특히 현장 인력 중심으로 인원이 축소되어 현장의 안전관리가 더 미흡해졌다. 시설과 역사가 증가하고 업무량이 증가하는 데도 노동 강도와 노동생산성 강화만 외칠 뿐 인력을 보강하지 않았다. 이 대목에서 인건비가 사업비로 전환되는 '마법의' 민간위탁/아웃소싱의 약진이 두드러진다.

둘째, 정비/검수 주기를 연장하였다. 노후 시설과 원활치 않은 부품 공급

· · · · · · · · · · · · · · · · · ·

10　새누리당이 2014년 9월 개최한 〈국민 눈높이' 공기업 개혁 어떻게 할 것인가?〉 공청회에서 공공 기관이 시장에서 민간과 경합하는 사업을 보유하는 것 자체가 문제라며, 한국건설관리공사의 건설공사 감리, 교통안전공단의 차량 검사 등이 공정경쟁 위반 사례로 지적되었다. 하지만 이 사업들은 안전점검 관련 사업으로서, 공공에 의한 엄격한 관리가 필요한 사업이다. 그런데도 오히려 민간에 넘겨야 한다고 주장하는 걸 보면, 정부·여당이 세월호 참사에서 아무런 교훈을 얻지 못하고 있음이 분명하다. 이 공청회에서 새누리당은 민영화를 은밀하고 우회적으로 추진할 것이 아니라 노골적으로 강행할 것임을 분명히 했다.

11　철도 분야 현장의 안전관리 실태와 문제점에 대해서는 이승우(2014; 2015)를 참고할 것.

으로 검수 주기가 오히려 단축되어야 마땅하지만, 시설 현대화를 명분으로 기계적으로 검수 주기를 늘리고 있다.

국토교통부가 2015년 상반기에 제시한 '철도안전 혁신대책'은 실질적 안전대책이 없어 보이고, 철도공사는 차량 정비 주기 연장과 잇따른 외주 위탁으로 비상 대응과 일상 점검능력을 약화시키는 등 철도 안전과는 정반대로 가고 있다. 심지어 승무 전 100시간의 안전교육을 받아야 한다는 규정까지 어기며 대체 승무로 내몰고 있다. 인건비 절감과 부족 인력으로 인한 업무 공백을 메우기 위해서이다.

이렇듯 지속적으로 추진된 철도 안전과 관련한 법제도적 그리고 현장의 규제 완화는 승객 안전을 약화시키고 있다.[12]

… 민영화 기로에 선 KTX   ……

한국 철도는 정부의 공공 소유 상태였으므로,[13] 신자유주의적 정부가 추진

....

12 공신력 있는 통계가 없어 타당한 실태 및 원인 분석이 곤란한 실정이다. 따라서 공시적 분석보다는 통시적 분석을 통해, 그리고 안전정책/안전관리의 변화 추이 등을 분석하는 것이 더 바람직하다. 유일하지만 공신력 있는 통계라고 할 수 없는 정부의 공식적 집계를 살펴보면, 한국 (도시)철도산업에서 발생한 중대 사고accident 건수는 국제적으로 높은 편은 아니다. 그러나 하인리히의 1:29:300법칙(300번의 징후와 29번의 가벼운 사고 뒤 1번의 중대 사고가 발생한다)을 고려할 때, 정부의 공식적 집계 수치가 낮다고 하여 그 자체로 안전하다고 볼 수는 없다.

13 철도 민영화는 1960년대 후반부터 외국 자본이 한국 철도에 눈독을 들여 세계은행 등이 한국에 차관을 제공할 때마다 요구한 사항이다. 정부는 수용하지 않았는데, 수출입 산업용 운송에 대한

한 철도정책의 기본 방향은 당연히 민영화였다.[14]

김영삼 정부는 철도공사화 추진 방향을 마련했다가 백지화하고, 국유철도 체제에서 시설과 운영 부문의 분리를 전제로 한 운영상업화 민영화를 추진했다. 그리하여 민자투자사업을 철도 분야에 도입, 1996년 인천국제공항철도에서 최초로 철도산업의 민자사업화 추진을 결정했다. 공기업이 담당하던 사업을 사기업으로 시작하여 계속 운영하는 민자사업화는 공기업을 사기업으로 전환하여 계속 운영하는 민영화와 다른 것이나, 공공부문을 사기업으로 운영한다는 공통점을 갖고 있는데, 이후 많이 추진되었다.

본격적인 민영화는 김대중 정부 때 처음 시도되었다. 철도를 시설과 운영으로 분리하여 망소유권은 국가에 남기고 운영 부문을 철도주식회사에 담당시키되, 단계적으로 철도주식회사의 주식을 민간 자본에 매각하고 분할하여 민간위탁하겠다는 구상이었다. 이는 영국의 철도 민영화 모델(오건호, 2006)을 그대로 모방한 것으로, 망network산업의 전형적인 민영화 방식이다.

....

운임 감면 등의 조치로 사기업의 자본축적을 보장해 줄 필요가 있었기 때문이다. 이후 정부가 민영화를 적극 수용·추진한 배경에는 재벌이 독점 위상을 이용해 충분한 자본축적을 이룬 점도 있다.

14 한국 정부는 과거부터 자동차산업과 토건업의 큰 파급효과를 이용한 경제성장과 이 산업들에서 나온 독점자본의 국내 수요 확장 등을 위해 도로 위주의 교통정책을 편 결과로서 철도에 대한 저투자정책을 고수해 왔다. 특히 '독립채산제'라는 왜곡된 재정제도 하에서 정부가 담당해야 할 철도 시설 건설비용을 철도사업 기관의 차입금으로 충당했고, 공공적 목적으로 발생한 필수불가결한 운영 비용을 정부가 거의 지원하지 않았다. 이로 인해 철도청은 정부로부터 구조화된 적자 운영을 강제받았으며, 철도 시설의 개선 및 확대를 위한 투자를 할 수 없어서 1990년대 중반 들어 급격히 확대되어 가는 국민들의 철도 수요와 자본 물류비용 증가에 적절히 대응할 수 없게 되었다. 신자유주의적인 정부 하에서도 지속되어 온 이러한 점으로 인해 철도정책의 변화, 특히 철도 구조 개편의 이름으로 민영화 논의가 계속 제기되어 왔다. 이러한 현상은 신자유주의적인 자본주의 체제 국가들의 철도 부문에서 공통으로 나타나는 것이기도 하다.

운영 부문의 분할 경쟁은 경부선·호남선 같은 노선별 혹은 화물·여객 등 수송 대상별 분할 방식이 검토되었다. 그러나 노선별로 분할할 경우 경부선을 제외하고는 모든 구간이 적자 노선이었기 때문에 분할에 따른 경쟁력이 높지 않으며, 화물·여객 운송의 분할 역시 분할에 따른 경쟁 체제 구축이 원활하지 않다는 논란이 일어나, 2005년부터 철도청에서 철도공사와 철도시설관리공단으로 조직을 분할하되 분할매각식 민영화는 백지화되었다.[15]

이후에는 최소 수입 보장 등의 특혜를 제공하는 민간 개방을 적극 추진하였다. 결국 2003년부터 서울지하철 9호선과 인천공항철도 등의 건설과 운영에 민간이 참여하였다. 정부는 또한 상업적 공사공단 체제를 구축하려고 하는 한편, 일부 노선과 부문에 대한 민영화와 사실상의 민영화라고 할 수 있는 외주화 추진을 합법화하려고 했다. (외국인)민간사업자가 철도사업에 참여할 수 있게 하는 이 법안은 철도노조의 반대에 부딪혀 수정되었다. 하지만 신규 사업자 면허 요건을 「철도산업발전기본법」상 철도 운영사업의 경영 주체인 철도공사의 사업 범위와 관련하여 특정하지 않고, 민간(외국) 부문을 제한하지 않음으로써 제3의 민간(외국)철도 사업자가 한국철도공사

....

15 노무현 정부는 철도 구조 개혁에서 조직 분할만 하고 철도 민영화를 폐기했다고 볼 수 있지만, 내부 구조조정 기조를 그대로 유지하고 「철도사업법」을 새로 입안하면서 철도 운영 부문에 대한 민간위탁과 외주 하청화를 허용했다. 이처럼 민간 사업자들이 철도 운영에 접근할 수 있게 하는 운영상업화 방식의 민영화를 추진하는 상업적 공사 체제를 지향하면서 사실상 철도의 공공성을 침식시킨 것이다. 한편, 노무현 정부에서는 철도노조와의 4.20 합의에 따라 조직 분할까지 중단하기로 하였으나, 정부가 4.20 합의를 무시하고 조직분할입법을 강행하였다. 철도노조와 법안 합의가 어려운 힘든 조건에서 철도노조가 4.20 투쟁 이후 연이어 파업투쟁을 조직하기 힘든 시기에 입법하는 것이 유리할 것이라는 정치적 판단으로 보인다. 이와 같이 정책의 추진은 세력의 상태를 감안하여 이루어진다.

와 경쟁 체제를 구축할 수 있는 길을 열어 놓았다. 이는 2007년 체결한 한 미 FTA협정에서 더 강화되었다.[16] 2005년에는 그동안 철도가 대상으로 포함되어 있던 민자 사업에 (민간이 공공시설을 짓고 정부가 이를 임대해서 쓰는 민간투자사업 방식인) BTL(Build-Transfer-Lease) 방식을 도입하였다.

이후 FTA 반대 여론과 촛불집회 등으로 민영화를 추진하기 어려운 정세에도 정부는 철도 민간투자사업 활성화에 주력했다. 2008년 이명박 정부는 '철도선진화계획'과 '경영개선종합대책'에서 철도 정원 축소와 운영 시스템 (연봉제, 임금피크제 등) 개편 등 기존에 수립한 운영상업화 정책들에 더 강화된 내용을 강제하여 철도 민영화를 위한 사전 기반 조성작업을 지속적으로 추진하였다.[17]

박근혜 정부로 넘어와서는 '수서발 KTX 주식회사'라는 자회사를 활용한 방식으로 철도 민영화가 관철되고 있다. 박근혜 정부는 철도 민영화에 대한 부정적 여론을 의식해서 민영화라는 이름을 뺀 채 경쟁 체제 도입, 비효율성 제거, 서비스의 질 제고 등의 명목으로 단계적이며 우회적인 민영화를 추진하고 있다. 그 구체적인 방안이 유일하게 흑자를 내고 있는 고속철도 KTX에서 알짜배기 구간인 수서—부산, 수서—목포 간 운영을 30년간 민간

··················

16 한미 FTA 협정 체결로 '왜곡된' 민영화 시도는 돌이킬 수 없는 재앙을 초래할 것이다. 한미 FTA의 역진방지 조항은 시장화된 영역을 공공 영역으로 되돌릴 수 없도록 제도화해 버렸다. 명목상 한미투자협정이지만, 미국 투자자만이 아니라 모든 해외 투자자에게 막강한 힘을 부여한 것이 한미 FTA 협정이다. 한미 FTA 협정의 철도 부문에 관한 내용에 대해서는 송유나(2012), 윤영삼(2007), 이해영(2014)을 볼 것.

17 철도 분야에서 운영상업화 정책의 구체적 흐름에 대해서는 윤영삼(2009)을 참고할 것.

에 맡기는 것이다.[18] 그러나 이에 대해서도 비판 여론이 일자, 정부는 자회사 주식회사의 한국철도공사 지분을 30퍼센트에서 41퍼센트로 늘리고, 국민연금기금 이외 민간 자본의 지분 참여를 금지했다. 정관에도 매각 금지 조항을 포함시키고, 수서발 KTX 주식회사를 공공 기관으로 지정하겠다며 목소리를 높이고 있으나, 수서발 KTX주식회사는 명백한 민영화이다.

수서발 KTX주식회사는 시설 건설은 정부(철도시설공단)가 맡고 운영에 정부 지분(한국철도공사)과 시장 자본(국민연금기금)이 함께 들어오는 변형된 형태의 이윤추구형 회사이다. 정부는 민간 자본이 참여하지 않는 자회사이니 민영화가 결코 아니라고 강조하지만 이는 30년 전 이야기다. 1980년 이후 신자유주의적 정책이 등장하며 민영화에도 여러 '파생상품'이 개발되어 왔다. 일단 주식회사가 되는 순간, 회사는 수익률에 민감해질 수밖에 없다. 연기금은 수익률이 낮으면 언제든 빠져나가고, 이사회는 국회의 동의 없이 자회사를 매각할 수 있다.

통상 공기업이 주식회사 형태로 전환하거나 설립되는 것은 민영화의 사전 조치로 해석된다. 1997년 「공기업경영개선 및 민영화에 관한 법률」이 제정되어 담배인삼공사, 한국통신, 한국가스공사, 한국중공업, 인천국제공항, 한국공항공사가 향후 민영화 대상 기업으로 정해졌다. 이후 일부는 주식회

....

18 정부의 민영화 세력은 2002년 철도노조의 파업 등에 막히고 노무현 정부가 출범하자 철도 민영화를 추진할 수 없다고 판단하고 가장 핵심 부분인 KTX를 분리 독립해 차후를 모색하자는 취지에서 KTX만 따로 고속철도공사로 독립시키자고 제안했다. 2013년 이들은 민영화 비판을 피해 보자는 계산에서 신종 파생상품을 개발했는데, 바로 자회사 주식회사를 통한 민영화이다. 정부는 화물 자회사도 추진하였지만, 철도 파업과 국민의 반대로 물류사업부제를 도입하기로 하고 2013년 12월 화물 자회사 추진을 연기하였다.

사로 전환되며 민영화 방향으로 나아갔고, 일부는 민영화가 완료되었다. 국민연금기금이 투자한다는 것은 「국민연금법」과 국민연금기금운용지침에 따른 의무 조치에 의거해 시장 이윤을 추구하는 시장 자본이 참여한다는 말이다. 결국 철도공사가 운영하면 발생하지 않을 이윤 추구의 길을 터 주어 국민에게 '민영화 비용'을 전가하는 격이다.

수서발 KTX주식회사는 박근혜 정부가 철도 관련법을 왜곡 해석하면서 추진하고 있는 회사이다. 「철도산업발전기본법」과 「철도사업법」의 제정 취지는 철도공사가 철도를 독점적으로 운영하되, 철도공사가 폐지한 노선과 민간투자사업 노선에 한해 제3자 운영을 허용하는 것이기 때문이다. 그런데 열차 운행이 선로에 종속되는 철도산업의 기본 특성상 수서발 KTX주식회사로 인한 경쟁효과는 거의 전무하고 오히려 중복 비용만 초래된다. 수서발 KTX주식회사 설립은 동일한 성격의 회사 설립으로 인한 중복 비용과 시장 자본에게 제공해야 하는 수익을 국민에게 부담시키는 비합리적이고 비효율적인 조치이다(오건호, 2014).

전 세계적으로 신자유주의적 기조가 반성과 전환을 요구받고 있는 현 시점에서 박근혜 정부가 민영화를 계속 시도하는 것은 한미 FTA를 의식해서라고 추정된다. 즉, 국내 민간 업자에게 철도시장을 개방해야 이후의 해외 자본에 대한 철도 개방이 용이하다고 보는 것은 아닌지 의구심이 드는 것이다. 수서발 KTX주식회사 지분에 미국 자본이라도 들어오는 날이면 현재의 KTX 노선도 한미 FTA 조항을 적용받을 위험이 크다.

2005년 6월 이전에 건설된 현행 KTX 노선은 현재 유보 적용을 받고 있다. 하지만 그 이후 건설된 노선은 한미 FTA 유보 조항 보호를 받지 못하기에 미국 자본이 참여할 수 있다. 이 경우 평택—부산, 평택—목포 간 노선까지 운행하는 수서발 KTX주식회사의 투자자는 자신의 영업권을 내세우며 현행 KTX 노선에 대한 권리까지 주장할 가능성이 있다. 정부는 철도 민영화 금지를 입법화하라는 주장에 대해 한미 FTA 조항과 충돌해 어렵다고 말하는데, 이는 한미 FTA로 인해 철도가 미국 자본에 개방될 위험이 있음을 정부 스스로 인정하는 것이다. 이런 상황에서 이를 촉진할 별도의 법인 설립은 잘못된 것이다.

더욱이 자회사는 모기업의 사업 영역에서 주변 업무를 맡는 것이 일반적인데 반해, 수서발 KTX주식회사는 모기업을 능가할 수 있는 독특한 자회사이다. 수서발 KTX가 이후 한국 철도의 중추 간선이 될 수 있기 때문이다. 앞으로 수도권광역급행철도(GTX)가 개통되면 수서역은 수도권 광역교통망의 허브로 자리 잡을 전망이다. 수서발 KTX는 당연히 급성장하겠지만, 철도공사가 운영하는 일반 철도는 KTX 승객의 감소와 경영 수지 악화로 고사될 위험이 있다. 더 나아가, 이 사례는 향후 경부선과 호남선 KTX 전 노선의 민영화 가능성을 내포하고 있다. 철도공사 운영 노선 중 유일하게 수익이 나는 KTX를 민영화하게 되면, 철도공사는 그야말로 '적자공사'로 전락하게 되어 안전의 확보마저 어려워질 것이다. 결국 적자가 나는 노선은 폐지하고, 새마을호·무궁화호·전동 열차 등의 요금 인상을 통해 근근이 연명하게 되고, 수익이 나지 않는 역의 폐쇄와 운행 축소, 교통 약자에 대한 할인제도도 없앨 수밖에 없을 것이다.

종합적으로 볼 때, 수서발 KTX주식회사의 설립은 심각한 문제를 안고 있는 자회사 방식이다. 그렇다면 이에 대한 대안은 무엇일까? 세월호 참사의 원인에 상응하여 현재 한국 철도의 안전 관련 실태와 그 대안을 제시하면 〈표 1〉로 요약할 수 있다.

〈표 1〉 세월호 참사 원인에 상응하는 철도의 안전 관련 실태와 대안

구분		세월호 참사의 원인	철도 안전 약화의 실태/원인	철도 안전 강화를 위한 대안
규제 완화		◆ 선령 제한 30년 연장 ◆ 선박 개조와 「해사안전법」의 규제 미비	◆ 내구연한 완화 ◆ 정밀 진단 폐지	◆ 내구연한 명문화 ◆ 차량 검수 주기의 정상화와 검수 인력 확보 ◆ 안전 관련 법들의 규제 강화
민영화	위험관리의 외주화	◆ 안전관리 업무의 민영화 (한국선급 등) ◆ 수난 구조 업무의 방기와 민간(해양안전구조협회)에 의존하는 구조	◆ 민간 업체의 진단 후 안전 관리 체계 승인제로 변화 ◆ 수서발 KTX의 분리 민영화, 서울지하철 9호선 등 민자 철도 도입·확산	◆ 재공영화 − 수서발 KTX주식회사 설립 취소 후 철도공사가 운영 − 민간위탁·외주화된 분야 직영화
	비정규직 의존	◆ 선원 52퍼센트(선장 포함)가 6개월~1년의 비정규직과 아르바이트생 ◆ 선박직 70퍼센트 계약직	◆ 외주화를 통한 간접고용과 비정규직 의존 구조 심화 ◆ 안전 관련 차량 검수 및 시설 유지의 외주화 확산	◆ 안전 관련 업무 외주 용역화 추진 금지와 직접고용 및 정규직화
극단적 이윤 추구		◆ 무리한 운항, 과적, 선박개조, 정원 초과	◆ 상업적 효율 우선 경영 확산(역사 무인화와 민간위탁, 1인 승무 확대, 안전시설 투자 저하 등)	◆ 안전 역사를 위한 최소 인원 규정 ◆ 2인 승무 입법화 ◆ 시설 현대화 계획 마련과 시설 개선 우선순위를 안전 중심으로 설정 ◆ 산업안전 위해 행위 처벌하는 '기업살인법'(영국) 제정
불합리한 운영정책			◆ 인건비를 사업비로 둔갑시키고 이를 '경영 효율화'라고 주장 ◆ 경영 효율화를 조장하는 공공 기관 경영평가제	◆ 사회적 편익을 경제적 가치로 환산하여 고려하는 사회경제회계 적용 ◆ 안전 예산 확대 ◆ 공공 기관 경영평가제 개선 ◆ 시민사회 대표 참여 보장

출처: 김성희(2014)를 필자가 수정.

… 규제의 사회화, 규제의 민주화 ……

세월호 참사는 전 국민의 안전의식을 높였지만, 이후 전개된 양상은 정부의 규제 완화와 민영화 정책에 맞서 안전, 더 나아가 공공성을 강화시켜야 할 과제가 우리에게 있음을 보여 준다. 정부의 공공 부문 정책 및 관리 방식의 변화는 세력 관계를 반영하는 속성도 있다. 다시 말해서, 공공안전을 확보하려는 우리의 대응이 정부의 정책을 바꿀 수도 있는 것이다. 지금까지 살펴본 철도를 중심으로 한 공공 부문 안전정책의 흐름을 고려할 때, 우리가 주력해야 할 대응 방향은 다음과 같다.

첫째, 공공 부문 경영 목표/혁신 방향을 수정시켜야 한다. 안전한 (도시)철도는 공공 부문의 경영 효율화라는 이름으로 방치되고 있다. 이를 되돌리려면 경영 효율화를 우선시하는 현재의 목표를 수정해야 한다. 여기서 주목해야 할 것은 경영 혁신의 방향이다. 안전을 중시하는 경영 혁신은 좋지만 돈이 많이 든다는 주장에 대응해야 한다. 따라서 공공 부문의 경우에는 사회 경제적 가치/편익이 높다는 점에서 보통의 회계 방식이 아니라, 공공 부문에서는 비용이 증가하더라도 대형 사고를 미연에 방지한다는 편익을 감안하여 계산하는 사회경제회계를 적용해야 한다. 동시에 안전 인건비와 시설안전 투자비를 늘리기 위해 안전 예산의 확대를 요구해야 한다. 더 나아가, 정부가 공공 부문의 운영상업화를 강제하는 기제로서 가장 포괄적으로 제시하는 정부투자기관 관리통제 시스템에 대한 대응을 강화해야 한다.

둘째, 안전에 대한 민주적 지배 구조를 구축해야 한다. 나름의 전문적인 지식을 가진 방대한 관료층이 장악한 국가는 언제나 자본주의국가가 내포하는 자본축적 촉진 기능을 과도하게 수행할 수 있다. 그래서 국가가 자기 이익을 독자적으로 추구할 수 있고, 잘못을 저질러도 책임을 지지 않는다. 이를 통제하지 않으면 체제는 민주주의인데 정책 내용은 권위주의적으로 운영될 수 있다. 그 보완책으로 관료를 민간 전문가로 바꾸고, 민간의 경쟁 체제를 도입하는 것은 관료제를 시장으로 대체하는 '인적 민영화'인 셈이므로, 관료에 대한 시민사회의 민주적 통제가 필요하다. 공권력에 대한 민주적 통제를 달성하려면 민중의 참여와 분권分權, 공개 등을 통하여 통제력을 향상시켜야 한다. 이제는 방대한 관료 체제와 강력한 국가기구를 어떻게 민주적으로 통제하는지가 매우 중요한 문제이다

안전의 강화를 주도하고 관리할 주체는 국가가 아니라 시민사회이다. 세월호 참사를 통해 '기업 권력이 만드는 안전', '행정 관료가 만드는 안전', '국가권력이 만드는 안전'을 통한 박근혜 대통령의 '안전한 대한민국'의 실체가 낱낱이 드러났다. 규제를 규제답게 만드는 새로운 틀을 만드는 게 필요한데, 그 방안이 규제를 사회화·민주화하는 것이다. 공공 부문에서 안전에 관한 종합 계획을 심의받도록 되어 있으나, 정부 관계자 외의 사람이 심의위원회에 참여하여 실질적으로 심의하기 어려운 구조이다. 현장에서 직접 업무를 담당하고 구조적인 위험 요인까지 잘 아는 노동자와 이용자 입장에서는 안전 문제를 제기할 수 없는 실정이다. 노동조합과 이용자 대표 등이 정책 역량을 갖추고 참여하여 전문가를 활용 및 통제하며, 공공안전 시스템을 점검하고 개선을 제안하고 추진할 수 있는 위원회가 있어야 한다.

그 구체적인 방안은, 우선 규제개혁위원회의 구성원으로 안전과 관련된 시민사회의 대표를 참여시켜 이들의 입장을 대변할 수 있도록 해야 한다.

이들에게는 무소불위의 권한이 아닌 합리적이고 독립적이며 제한적인 권한이 부여되어야 한다(최명선, 2014). 또한, 「재난및안전관리 기본법」에 규정된 '안전관리 민관협력위원회'에 안전과 관련된 시민사회 대표가 참여하도록 구성 및 운영되어야 한다. 노광표 외(2015)가 제시했듯이, 지자체 단위에서도 이러한 참여를 보장하도록 조례를 제·개정해야 한다.

셋째, 이데올로기 차원에서도 안전 확보를 위한 노력을 강화해야 한다. 이는 단순히 수익성 담론에서 벗어나는 차원의 문제가 아니다. 신자유주의적 세계화 속에서 고전적 민영화 방식인 매각 외에 민간위탁과 민간투자 등 다양한 종류의 교묘한 운영상업화 민영화 방식이 개발되어 왔다. 운영상업화는 민영화를 쉽게 진행하기 위한 사전 기반 조성작업의 일환이라고 볼 수밖에 없다는 점에서, 공공성론은 이러한 변화를 반영하여 더 현대화되어야 한다.

현 시기에는 재정 적자의 증가 등을 배경으로 '재정 긴축과 재정 건전화가 요구된다'는 이데올로기가 공공 부문과 민간 부문 모두에서 안전에 대한 과감한 투자를 힘들게 하고 안전 위해 요소를 방치하는 변명으로 사용되고 있다. 이제 자본과 국가 모두 '안전을 도모하는 게 결국엔 비용 절감이자 이익이 된다'는 논리에 순순히 동의하지는 않을 것이며, 동의하더라도 위장이거나 역관계상 불가피해서일 것이다. 그래서 "이게 국가냐"라는 근본적인 문제 제기가 필요하다. 이윤과 효율이라는 명분으로 사람을 수단시하는 이익집단을 정부라고 부를 순 없다. 그것은 기업들 간의 카르텔일 뿐이다. 문제는 호소력은 있으나 구체적 요구나 지향이 빠져 있다는 점이다. 따라서 구체적 대안으로 공공성 강화를 함께 제기할 필요가 있다.

넷째, 공공안전에 대한 의무 및 책임 체계를 구축해야 한다. 이를 위한 법적 노력으로서 '기업살인법'(가칭)을 제정해야 한다. 기업의 고의나 과실로 인한 시민 피해를 줄이기 위해 안전관리 책임을 소홀히 하여 안전 문제가 발생한 기업의 이윤을 압박하는 징벌적 손해배상 등 책임을 지게 하는 것이다. 대형 재난에 대한 과실치사(사실상 살인)의 책임을 최고경영자 및 실소유주(법률상 이사가 아니면서도 회사를 지배하는 자 포함)에게 물을 수 있어야 한다. 이는 단지 기업에'만' 책임을 묻기 위함이 아니다. 재난 사고를 일으킨 기업에 대한 강력한 처벌을 통해 돈을 생명보다 더 중요하게 여기는 행위는 결코 용서할 수 없다는 것과, 이후 정부의 정책 방향이 기업에 대한 규제로 전환해야 한다는 점을 경고하기 위함이다. 또한 기업이 돈을 벌기 위해서 하는 모든 행위는 반드시 규제되어야 하며, 그로 인해서 많은 이들이 죽게 된다면 그것이 산업재해이든 사회적 재난이든 반드시 그 기업에 책임을 묻고 그것이 '살인 행위'라는 인식을 사회적으로 확장시키는 데 의미가 있다.[19]

다섯째, 안전 관련 법들을 개정해야 한다. 안전에 직결되는 업무는 인력

....

19 '기업살인법'이 효과적인가는 논란의 여지가 있을 수 있지만, 영국에서는 효과적이었다. 영국에서는 여객선과 철도의 대형사고 이후 유가족들이 나서서 기업과 기관의 조직적 책임을 물을 수 있는 법률의 입법운동을 전개하였다. 당연히 기업 측은 많은 안전 비용이 소요된다며 격렬하게 반대하였지만, 2007년 '기업과실치사 및 기업살인법Corporate Manslaughter and Corporate Homicide Act 2007'으로 입법화되었다. 기업이 근로자 또는 공공에 대한 안전조치를 제대로 하지 않아 사고가 발생한 경우에 기업에도 형사책임을 물을 수 있도록 했고, 사망 사고를 일으킨 기업에는 상한선 없이 벌금을 부과할 수 있도록 했다. 이 법이 시행되고 난 후 일반 기업의 사고는 20퍼센트, 교통 관련 기업의 사고는 30퍼센트가 감소된 것으로 보고되고 있다.

을 확충하여 공공 부문에서 직접 맡아서 수행해야 한다는 점에서 외주화 금지와 정규직화를 추진해야 한다. 이를 위해 「기간제법」과 「파견법」을 개정하고, 위험 작업 중지권을 보장하기 위해 「산업안전보건법」도 개정해야 한다. 원전 사고를 막기 위한 최소한의 조치로는, 수명이 다한 노후 원전을 폐쇄하면서 수명이 다한 원전의 가동을 금지시키도록 「원자력안전법」을 개정해야 한다. 그러나 규제 완화를 중단하라는 요구만으로는 한계가 있으므로 규제 완화를 되돌릴 근본적 조치가 필요하다. 이런 점에서 현재 자본의 무제한 이윤 추구를 위한 구조적 장치로 작동하고 있는 「기업활동 규제완화에 관한 특별조치법」을 폐지해야 한다. 이 법은 기업 활동의 편의만을 고려할 뿐 안전은 안중에도 없어, 「산업안전보건법」을 비롯한 각종 안전 관련 법의 안전관리 시스템 구축을 위한 법제도를 무력화시켜 사업장의 일상적 안전관리 시스템을 사실상 붕괴시켰다고 해도 과언이 아니기 때문이다(최명선, 2014).

규제 관련 행정을 총괄적으로 규정한 「행정규제기본법」도 폐지해야 한다. 1997년 제정된 이 법의 목적 조항인 제1조를 보면, 이 법은 신자유주의 기조에 따른 규제 완화를 전제로 제정되어(김철, 2014), 이 법에 기반하여 생긴 규제개혁위원회와 중앙 행정기관의 장들은 매년 정비가 필요한 기존 규제를 선정하여 완화 또는 폐지해 왔다. 그 결과 중 하나가 세월호 참사였다. 더 나아가, 정부의 「행정규제기본법」 개정안과 새누리당의 '「규제개혁특별법」 제정안도 폐기시켜야 한다. 그 대신에 안전 관련 공익 제보를 활성화하고, 공익 제보자를 제대로 보호할 수 있도록 「공익신고자보호법」을 개

정해야 한다.[20]

여섯째, 재공영화[21]를 요구하고 그 기반을 구축해야 한다. 그동안 공공 부문 민영화정책과 관련하여, 정부가 민영화하겠다고 나서면 시민사회는 방어하기에 급급했다. 민영화의 압력과 논리를 막는 데 급급한 정책이 아니라 그와 다른 차원의 '준비된' 구상과 전략을 개발해야 한다. 이러한 문제의식 하에 민영화를 원천적으로 방지하는 제도를 설계하고, 동시에 사회 공공서비스 영역의 재공영화를 꾀할 수 있는 사회적 기반을 구축해야 한다. 특정 재벌이나 주주들이 잠식한 공공 영역을 환수해야 함은 물론이다. 민영화를 원천적으로 방지하고 민영화된 공공 영역을 회복시킬 규제와 제도의 설계가 필요하다.[22]

이처럼 국가적으로 신자유주의 물결이 거센 상황에서 안전한 사회를 만드는 것은 결코 쉬운 것이 아니다. 대형 사고가 나야 비로소 공공안전에 대

······················

20 기업은 물론 정부도 사고가 발생하면 책임 추궁과 징계를 위주로 하는 조직문화를 갖고 있어서 경미한 사고가 발생해도 징계를 우려해 이를 숨기는 경우가 발생한다. 이래서는, 하인리히법칙을 고려할 때 안전을 담보하기 어렵다. 징계 추궁보다는 원인 규명이 우선되는 문화로 개선해야 한다.

21 송유나 외(2012)는 민영화가 사유화뿐만 아니라 사영화를 포함하는 것이라면서, 공공의 것을 회복하고 공공성을 구축·강화하기 위해 공공적 통제가 필요하다는 점을 강조한다. 그리고 이를 위해 재공영화 방안을 제안하고, 사회 기반 시설 공공서비스 전반의 재공영화 추진을 위한 법적·제도적 대안을 제시하고 있다.

22 이러한 재공영화가 연안 여객선의 안전관리 혁신 대책으로 제시되기도 하였다. 2014년 9월 해양수산부 장관은 "안전 문제의 근본적 해결을 위해 적자가 발행함에도 도서민들의 편의를 제공하기 위해 필요한 보조 항로들에는 국가나 지방자치단체가 모두 책임지고 선박 운영을 하는 연안 여객선 공영제를 검토하겠다"며 "지원 예산 규모는 110억에 조금만 더 보태면 되는 수준"이라고 말했다. 그러나 해양수산부는 2015년 업무계획에서 '보조 항로(도서) 공공성 강화'라는 유보적 표현을 사용하고 있다.

한 사회적 관심이 높아지고, 그때만 반짝 관심을 가졌다가 언제 그랬냐는 듯이 일상으로 되돌아가서는 안전한 사회를 만들 수 없다. 우리가 지금까지 그래 왔기 때문에 대형 사고가 반복되고 있는 것이다. 무엇보다 큰 국가의 책임 외에도 국민들 각자의 주체적 행위가 공공안전을 담보하는 데 결정적임을 잊지 말아야 한다.

참고문헌

권영숙, 〈철도파업사태를 둘러싼 정치사회적 쟁점〉, '철도민영화 방지해법 마련' 토론회 자료
집, 2013.

권영숙, 〈세월호, 노동문제 그리고 신자유주의〉, 교수단체 긴급 공동토론회 '생명의 위기, 생
활의 위기: 불안정사회, 무책임사회, 대한민국을 다시 생각한다' 자료집, 2014.

김성희, 〈철도와 지하철의 안전을 위한 법개정 과제〉, 정성호 의원·공공운수노조연맹·공공
교통네트워크(준) 주최, '철도·지하철 안전운행을 위한 철도안전법, 도시철도법 개정안'
공청회 발제문, 2014.

김철, 〈박근혜 정부의 안전규제 완화 및 민영화 정책, 그 쟁점과 대안〉, '민영화와 위험사회,
국민의 안전과 생명을 말한다' 토론회 발제문, 2014a.

김철, 〈세월호 참사의 구조적 원인과 한국사회에 던진 과제들〉, 민주노총·세월호참사국민대
책회의·416세월호참사가족대책위원회 주최, '안전한 일터 안전한 사회 만들기 국제심
포지움' 자료집, 2014b.

노광표 외, 〈지자체 투자출연기관 노사민정 안전거버넌스 구축방안 연구〉, 서울특별시 노사
정 서울모델협의회, 2015.

박상은, 〈참사의 구조적 원인, 반드시 밝혀야 한다〉, '세월호참사 진상규명 중간평가와 앞으
로의 과제' 토론회 자료집, 2014.

박흥수, 《철도의 눈물》, 후마니타스, 2013.

벡, 울리히, 홍성태 옮김, 《위험사회》,

송유나, 〈가스산업 안전관리 규제완화의 문제점과 공공성 구축방안〉, 사회공공연구소,
2013.

송유나 외, 〈공공 부문 재공영화를 위한 법적·제도적 대안〉, 사회공공연구원, 2012.

오건호, 《영국 철도산업 민영화와 철도 노사관계 변화》, 한국학술정보, 2006.

오건호, 〈수서발 KTX 주식회사의 문제점과 한국철도 개혁 방향〉, '철도민영화 방지해법 마

련' 토론회 자료집, 2013.

우석훈,《내릴 수 없는 배》, 웅진지식하우스, 2014.

윤영삼, 〈한미FTA 잠정합의안과 운수산업〉,《운수노동》 통권 6호, 2007.

윤영삼, 〈철도구조조정정책과 철도노조의 대응방향〉,《운수노동》 통권 15호, 2009.

윤영삼, 〈부산지하철 안전대책의 핵심과제〉, '부산대중교통 정책토론회3 : 부산지하철, 선로 위의 세월호가 될 것인가?' 자료집, 2014.

윤영삼, 〈부산지역 교통분야 안전과 규제완화: 여객선을 중심으로〉, 부산참여자치시민연대 부설 시민정책공방 주최, '350만 도시, 부산은 안전한가?' 토론회 자료집, 2014.

윤영삼, 〈한국운수노동자운동의 안전활동방향: 공공운수노조 운수협의회의 경우를 중심으로〉, 사회공공연구원 외 주최, '신자유주의의 안전 위협과 운수노동자의 대안' 국제심포지움 자료집, 2015.

윤영삼 외, 〈철도산업 재편전략 마련을 위한 연구〉, 운수노동정책연구소, 2009.

이승우,《궤도산업에서의 안전패러다임 전환》, 사회공공연구소, 2012.

이승우, 〈궤도교통의 안전 위협요인 분석과 개선방향〉, 이영수·이승우, 〈육상 교통·물류분야의 안전위협요인과 개선방향 연구〉, 사회공공연구원·전국공공운수노동조합, 2014.

이승우,《공공안전을 위협하는 국가: 궤도안전의 상품화와 관료화》, 사회공공연구원, 2015.

이해영, 〈KTX 민영화와 한미FTA〉, '철도민영화 방지해법 마련' 토론회 자료집, 2013.

참여연대,《제2의 세월호 참사 예방 위해 반드시 개선해야 할 법률들》, 2014.

최명선, 〈박근혜 정부의 계속되는 안전규제완화, 무엇이 문제인가〉, 세월호 참사 국민대책회의·전국민주노동조합총연맹 주최, '세월호 참사 이후… 정부의 안전대책과 문제점' 토론회 자료집, 2014.

Beck, U., *Risikogesellschaft*, 1985(홍성태 옮김,《위험사회》).

Perrow, C.(1984), *Normal Accidents*, 1984(김태훈 옮김,《무엇이 재앙을 만드는가?》)

Powell, J., D. Hall and J. Lesbridge, 〈자유화가 운수, 수도, 의료부문의 공공안전에 미치는 영향〉, 민주노총·세월호참사국민대책회의·416세월호참사가족대책위원회 주최, '안전한 일터 안전한 사회 만들기' 국제심포지움 자료집, 2014.

Swan, P., "Neoliberal rail policies and their impacts on public safety", Public Policy Institute for People et al. organizing, 〈An international Symposium: Neoliberalism's threat to safety and transport workers' response〉, 2015.

변종 위험사회와
인간다운 삶

서영표 제주대학교 사회학과

자기 가족을 지켜 내려면 전직 CIA 요원 정도는 되어야 하는 할리우드 영화의 주인공들처럼, 우리들은 국가와 제도의 도움 없이 스스로 생존하거나 '의롭게' 죽어야 한다.

··· '위험 예방 시스템'이라는 신화 ······

2015년 1월 고인이 된 독일의 사회학자 울리히 벡Ulrich Beck이 말한 것처럼, 우리는 위험사회risk society에 살고 있다. '위험사회'란 산업문명과 첨단기술의 발전이 오히려 재난의 가능성을 증가시키는 사회이다.

과학과 기술로 이러한 재난을 관리하고 통제할 수 있다고 생각하지만, 실제로는 그렇지 않을 가능성이 높아지는 사회이기도 하다. 더 정확하게 말하면, 우리가 겪고 있는 재난(예를 들어 기후변화, 테러, 핵 사고, 빈곤 등)은 현대 문명의 직접적 산물인 것이다. 그러나 현대사회를 지배하는 경제적 논리는 이러한 위험을 심각하게 고려하지 않는다. 자본주의의 시장 원리는 위험을 외부적인 것으로 취급하고 회계장부에 표시하지 않기 때문이다. 그 결과, 공적인 이해에 개입해야 하는 정부의 역할은 축소되고 국가의 정책 결정은 경제 논리를 따르게 된다. 그리하여 재난의 위험성은 커지고, 현실로 드러나는 재난의 강도와 규모 역시 확대되고 잦아진다.

이론적으로 대형 사고를 설명하는 입장은 크게 두 가지로 나뉜다. 하나는 고신뢰조직론high reliability organizations theory(HRT)이고, 다른 하나는 정상사고론normal accidents theory(NAT)이다. 고신뢰조직론은 안전과 신뢰성을 우선과제로 설정하고 실패를 대비하는 중첩되는 안전망의 구축과 함께 책임성 높은 조직문화를 만들어 낸다면 재난을 예방할 수 있다고 주장한다. 이에 반해 정상사고론은 아무리 철저하게 대비한다고 해도 피할 수 없는 불확실성을 강조한다. 사고와 재난은 언제나 있을 수밖에 없다는 생각이 오히려 그것을 예방할 수 있게 한다는 것이다.

우리가 살고 있는 세계의 사회적·자연적·기술적 환경은 모두 복합적인 관계망으로 구성되어 있는데, 현실적으로 이를 완벽하게 통제하는 것은 불가능하다. 이러한 복합적 관계의 일부분인 기술적 관계를 맹신하면서 위험관리 시스템을 '팽팽하게' 만드는 것은 위험을 방지하기보다 오히려 위험이 재난으로 연결될 가능성을 높이는 방향으로 작동할 수 있다. 아주 작은 시스템의 오작동이나 오류가 촘촘하게 연결되어 있는 체계에 영향을 미쳐 걷잡을 수 없는 재난으로 발전할 수 있는 것이다.

정상사고론의 주된 관심은 원자력발전소의 사고 발생 가능성이다. 원자력발전소의 사고를 예방하기 위해 기술적으로 중첩된 사고 방지 시스템이 구축된다. 고신뢰조직론은 이러한 중첩된 시스템이 안전도를 높일 수 있다고 주장하지만, 정상사고론은 이에 대해 회의적이다. 후쿠시마 원전 사고는 정상사고론의 설명에 더 설득력을 부여했다. 일단 국지적인 시스템의 문제로 사고가 발생하면 불확실성이 급격히 증가하고, 이에 따라 사고 규모도 확대될 수밖에 없는 것이다. 이렇듯 과잉연결된 사회에서 사람들은 기술의 힘을 믿고 안심하지만, 정상적인 상태에서 있을 수밖에 없는 사고는 거대한 재난으로 우리에게 다가올 수 있다. 완벽해 보이지만, 그래서 방심하지만 바로 그 완벽함의 이면에 도사리고 있는 재난의 가능성은 더욱 커지게 되는 것이다.

사태를 더욱 위험스럽게 하는 것은, 기술적으로 고도화된 위험 예방 시스템에 대한 과도한 신뢰와 수량적 통계에 대한 '맹신'의 결합이다. 위험은 항상적인데 수량적 통계는 위험이 존재하지 않는다고 말할 때 잠재된 위험의 깊이는 커질 수밖에 없다. 객관적 지식에 대한 집착이 상황 이해를 방해하는 것이다. 여기에 소통이 부재한 관료적 체제가 덧붙여지면, 그리고 결과적으로 위험을 예방할 최후의 보루인 사람을 기계처럼 다루고 안전교육도 제대로 시키지 않는 소모품으로 생각한다면, 그 결과는 최악의 재난으로 이어질 것이다. 한국 사회는 바로 이러한 재난사회에 근접하고 있다.

우리가 목격하는 대형 사고와 일상의 경험은 고신뢰조직론보다는 정상사고론의 주장에 더 끌리게 한다. 사고의 위험은 언제나 존재하며, 복잡하고 중첩된 기술적 시스템이 과잉된 복잡성으로 위험을 줄이기보다 증폭시키는 현실은 우리의 일상에서 경험적으로 증명되기 때문이다. 여기서 우리는 정상사고론의 통찰 위에 고신뢰조직론의 주장을 수용할 수 있다.

고신뢰조직론의 핵심 주장은, 위험 관리를 위한 중첩된 망을 만들고 위험 관리 시스템 내 구성원들 사이의 신뢰 정도를 높임으로써 위험을 예방할 수 있다는 것이다. 이를 다르게 표현하면 위험을 체험하고 느끼는 당사자들, 즉 시민과 노동자 모두의 경험적 지식이 위험 관리 체계의 핵심이라는 것이다. 경험적 지식의 소통과 토의는 항상적으로 경험할 수밖에 없는 작은 사고들을 매개로 이루어진다. 경미한 사고는 자칫 큰 재난으로 전화할 수도 있는 체계의 문제가 드러나는 경로이며, 이에 대해 축적된 현장 경험과 지식이 체계 안에 형성된 공론장에서 이야기되고 소통될 때 중대한 사고의 발생 가능성을 결정적으로 감소시킬 수 있다는 것이다. 불가항력적인 실수와 사고에 맞서 오류가 없는 것보다 오류를 통해 학습 기회를 갖는 것이 재난 예방 가능성을 높인다는 주장이다.

이렇게 볼 때 불가능한 '객관성'과 '완벽한 기술적 통제'라는 환상에 사로잡혀 다양한 현장 노동자들과 시민들의 경험을 주관적이고 비과학적이라고 무시할 것이 아니라, 그들의 실천적 지식을 민주적 방식으로 모아 내는 것이 현대적 위험을 줄이는 길이다. 이를 위해선 이와 같은 내용을 인정하고 받아들이는 것이 중요하다. 이것이 정상사고론을 기본으로, 고신뢰조직론이 제기하는 위험 방지를 위한 고신뢰 조직 창출을 적극적으로 사고하는 길이다.

… 전문가 집단과 과학적 지식의 허구   ……

세월호 참사 이전에도 한국 사회는 무수히 많은 재난을 경험했다. 인간과 자연의 가치보다 성과만을 중시하는 관행이 위험도를 높이는 경향은, 사회적 공공성보다 비용과 효율성을 우선시하는 시장자본주의적 논리가 우리 사회를 지배하고 있기 때문에 나타나는 현상이다. 사회적 공공성보다 효율성을 우선시한다는 것은 무엇보다 인간의 가치를 존중하지 않고 사람을 도구로 본다는 의미다. 사람의 필요와 욕구 충족이 우선이 아니라 끝없는 확대 성장을 위한 이윤 확보가 사회의 목적이 되어 버린 것이다. 노동자의 생존과 건강, 안전, 그리고 시민들의 안전보다는 기업과 시장경제 그 자체가 더 중요해져 버린 것이다.

경제는 인간이 지속 가능한 방식으로 스스로의 욕구와 필요를 충족하는 제도와 절차의 총체이다. 하지만 이제는 본말이 전도되어 인간의 욕구와 필요가 경제를 위해 무시되는 상황에 이르렀다. 인간은 경제체제를 유지하는 데 투입되는 상품일 뿐이고, 이 상품을 구입하는 데 쓰이는 비용(임금)은 가능한 한 축소되어야 하는 것이 되었다.

이 같은 시장 원리는 '과학적 합리성'과 '전문가주의'로 강화된다. 과학은 객관성의 외피를 쓰고 있지만, 과학이 주장하는 객관성은 고도로 추상적인 그래서 내용이 텅 비어 있는 지식(숫자와 기호로 구성된 공허한 지식)을 생산해 낼 뿐이다. 또한, 과학의 대상은 구체적 삶에서 유리된 추상적 대상에 불과하다. 소위 전문가들은 구체적 삶으로 내려가는 것을 과학성과 객관성의 훼손이라고 생각하며, 그래서 그들의 지식과 그 지식에 기초한 정책에는 '인간'이 빠져 있는 경우가 많다. 신체를 통해, 의식으로, 그리고 집합적 주체로 사회를 경험하는 인간이 빠진 지식은 곧 세분화된 하위 체계 안에 갇힌 지식을 만들 뿐이다. 그래서 전문가들은 자신들이 '전공한' 영역을 넘어서는 것에는 관심이 없다.

여기에 객관적 지식이 아닌 사적 이해관계를 전문가적 지식으로 포장하는 '지식시장'이 더해지면 사태는 걷잡을 수 없이 악화된다. 전문가의 지식은 상품이고, 과학성과 객관성은 그 상품의 가치를 높이는 포장지가 된다. 끊임없이 일어나는 원자력발전소 사고에 대한 대응은 '타락한' 전문가주의의 모습을 적나라하게 보여 준다. 핵 사고와 관련해 정부가 발표하는 전문가들의 조사 결과는 대부분 '문제없음'이다. 사람들은 구체적 삶에서 위험을 경험하고 있지만 전문가들은 안전하다고 말한다. 그리고 안전하다는 결론을 뒷받침하는 구체적인 증거는 제시되지 않는다. 그 증거를 제시해 봤자 비전문가들은 이해할 수 없다는 엘리트주의가 팽배해 있기 때문이다. 하지만 그들의 전문적 지식조차 이해관계에 좌우된다는 수많은 증거들이 존재한다.

여기서 우리는 민주주의의 실종을 목격한다. 소수의 전문가들이 다수의 생존이 걸린 문제를 독단적으로 판단하고 결정한다. 이처럼 전문적 지식 자체가 불완전하며 불확실하다는 것을 인정하지 않는 전문가들의 독단이 위험을 증폭시킬 수 있다. 이것은 시민과 현장 노동자의 실천적 지식을 철저하게 무시하는, 소수에 의한 다수의 배제이다. 몇몇 주식 거래인의 전문적 지식에 의존해 단기적인 이익만을 추구하는 주식시장의 논리가 사회 전체로 확대되고 있는 것이다.

… '변종' 위험사회를 지탱하는 것   ……

세월호와 이전 무수히 많은 세월호들을 만들어 낸 한국 사회는 과학과 기술에 대한 맹신, 전문가주의의 독단을 넘어 사회 체제 자체의 총체적 부패와 무능을 드러냈다. 국가기구는 너무 '팽팽해서'가 아니라 너무 '느슨해서' 작동하지 않았다. 국가기구를 움직이는 관료들은 고위직에서 말단에 이르기까지 우왕좌왕하며 책임을 회피하기에 급급했다. 그러나 더 중요한 것은 우리들 자신이, 지배집단의 타락에 공분하면서도 이러한 타락을 지탱하고 있다는 것이다.

자식을 군대에 보낸 부모들은 군대 폭력으로 죽어 가는 젊은이들을 보고 분노하면서 정부에 재발 방지 대책을 요구하지만, 이러한 폭력을 만들어 내는 것이 자신들이 가르친 약육강식과 우승열패의 논리였다는 것을 알지 못한다. 세월호 참사를 낳은 불합리에 분노하지만, 사회 곳곳에 스며들어 있는 사적 연줄망에 기댄 부패의 사슬 속에 살아가고 있다는 것은 자각하지 못한다. 우리는 나의 경험을 '우리'의 것으로 해석할 수 있는 공감 능력을 상실해 가고 있다. 국가에 대해 분노하지만 국가를 부정하지 못하는 의식은, 이렇게 매일매일의 삶 속에서 생존이라는 실존적인 핑계 아래 뿌리 내린 자기변명을 먹고 자라는 것이다.

이것은 무서운 현실이다. 자본주의적 경쟁의 정글에서 가족을 위해, 자식들을 위해 생존하려고 발버둥칠수록 사회를 비합리적으로 만들고 삶을 황폐화시키는 '저들'의 논리를 강화시키고 있는 것이다. 우리를 분노하게 하는 질서와 그것을 뒷받침하는 논리가 바로 우리들의 손에 의해 지속된다는 이 결정적인 자각이 없는 한, 불합리와 부정의로 가득 찬 세상은 바뀌지 않는다. 집합적으로 실존하는 사람들을 개인으로 고립시키고, 체제의 희생자인 이들을 굴종시키는 동시에 이들의 손으로 체제를 지탱하게 하는 것, 결코 정당성을 확보할 수 없을 것 같지만 동의와 합의를 도출해 내는 것, 이것이 '변종' 위험사회가 유지되는 비밀이다.

세월호 참사의 책임을 져야 할 사람(집단)은 많다. 세월호의 선원들, 청해진해운, 진도 해상교통관제센터(VTS) 근무자, 해경, 정부와 청와대, 의회까지. 종편이 앞장서고 지상파 방송사들이 동조한 '여론몰이'에서 모든 책임은 청해진해운의 실소유자이자 '구원파'라 불리는 종교집단의 우두머리인 유병언에게 있는 것처럼 보였다. 이것이 단순한 여론몰이가 아니라면, 언론사들이 최소한의 논리적 추론 능력이 있다면, 그리고 유병언이 저지른 온갖 탈법과 불법이 사실이라면, 대한민국 정부는 더 이상 존재 이유가 없다는 점을 지적했어야 한다. 정부는 도대체 무엇을 했단 말인가? 국세청은 무엇을 했고, 경찰과 검찰은 무엇을 했단 말인가? 유병언이 언론이 생중계하듯 떠들었던 그 모든 범죄를 저지를 수 있었다면 대한민국은 더 이상 법치국가일 수 없다. 유병언의 죽음을 둘러싸고 온갖 음모가 난무한 것은 우연이 아니다. 그래서 유병언과 청해진해운의 문제를 왜 정부 비판으로 끌고 가냐는 질문은 어리석기 짝이 없다. 우리 모두가 짐작한 (영화와 드라마에서 자주 묘사되는 것처럼) 구조화된 부정부패 연결망의 꼬리가 확실하게 드러났는데, 그로부터 실체를 밝혀내야 한다는 요구를 불순한 의도로 낙인찍는 것을 용인하고 침묵으로 이에 동조하는 것은 더더욱 어리석은 짓이다.

유병언만큼이나 악마화된 대상이 세월호의 선원들이다. 물론 4월 16일 세월호 선원들이 한 짓은 공분을 불러일으키기에 충분하다. 하지만 비상훈련 한 번 제대로 받지 못한 선원들이 사고 당시에 무엇을 할 수 있었을까? 스스로 목숨을 내던져 남을 구한 사람들은 의인으로 칭송받아 마땅하지만, 위험에 대비할 수 있는 제도를 만들고 그것을 실행할 수 있는 다양한 견제와 감시의 망을 만들지 않고서 '의인'을 영웅으로 떠받드는 것은 우리가 일상에서 직면하는 수많은 위험을 오로지 개인의 결단과 의로움에 전가하는 것에 다름 아니다. 자기 가족을 지켜 내려면 전직 CIA 요원 정도는 되어야 하는 할리우드 영화의 주인공들처럼, 우리들은 국가와 제도의 도움 없이 스스로 생존하거나 '의롭게' 죽어야 한다.

… 박탈당한 권리, 충족되지 않는 필요 ……

위험을 키우는 재난, 그것에 무의식적으로 공모하는 사회는 어떤 모습인지 우리의 일상을 찬찬히 들여다보자. 경쟁은 초등학교 때부터 이미 시작된다. 우리 아이들에게, 놀이를 통해 인성을 형성하고 타자를 배려하고 더불어 사는 공동체의 규범을 습득할 기회는 주어지지 않는다. 아이들은 가장 중요한 '놀 권리'를 누리기는커녕, 초등학생 때부터 성적 스트레스에 시달리며 중학교·고등학교로 갈수록 그 정도가 심해진다. 그리고 그 과정은 수많은 패배자를 양산한다. '공부'는 여러 선택지들 중 하나일 뿐인데도, 오직 그 기준 하나로 승자와 패자를 나눈다. 패자들은 갈 곳이 없다. 학교는 정글의 법칙이 지배한다. 타자에 대한 배려는 사라지고, 오히려 승리의 장애물로 여겨진다. 타인의 감정을 이해하지 못하고 고통을 공감하지 못하도록 교육하는 학교에서 학생들은 괴로워하며 점점 더 '사이코패스'가 되어 간다. 스스로 정글의 법칙의 희생자이면서 누군가를 괴롭힘으로써 위안을 얻는 괴물이 되어 가고 있는 것이다.

대학은 어떠한가? 학문 연구의 장이며 한 사회를 지탱하는 정신적 기초를 형성하는 곳, 그래서 '진리의 상아탑'이라고 불렸던 대학은 취업 학원이 된 지 오래다. 학생들은 한 번의 결석에도 진단서와 사유서를 제출한다. 전공 공부보다 취업을 위한 학점 관리가 더 중요하기 때문이다. 초등학교부터 12년 동안 입시 스트레스를 견뎌 온 학생들은, 이제 학점과 스펙 관리 그리고 비싼 등록금의 압박에 시달린다. 아무리 열심히 공부해도 취업은 불안하기만 한데, 학비 부담에 스마트폰, 명품 의류와 신발, 심지어 자동차 등의 상품 소비를 위한 경제적 부담까지. 상품 소비는 학생들에게 학업만큼이나 중요한 것이다. 사회가 학생들을 그렇게 길렀고 소비하는 기계로 훈육했기 때문이다. 그래서 학생들은 아르바이트에 나선다.

아르바이트도 녹록치 않다. 프랜차이즈 식당과 편의점은 학생들에게 철저한 '갑'으로서 최저임금조차 지급하지 않고, 열악한 노동조건에 성희롱까지 일삼는다. 그런 학생들에게 시대의 멘토라고 불리는 한 유명 교수는 '아프니까 청춘이다'라고 말한다. 이 조언은 위안일까? 격려일까? 치유일까? 그 세련되고 달콤한 말들 뒤에 숨겨진 논리는, 개발독재 시대의 동원 논리와 매우 닮았다. 힘들지만 참아라. 곧 보상을 받을 날이 올 테니. 이 교수의 조언과 개발독재의 논리는 모두 보상의 순간은 도래하지 않는다는 것을 숨긴다. 차이가 있다면 개발독재가 약속한 보상이 집단적인 것이었다면 우리들의 멘토들이 약속하는 보상은 지극히 개인주의적이라는 점이다. 지금의 노골적인 시장사회는 젊은 세대의 착취 없이는 지탱하기 어렵다. 그렇다면 우리 청년들에게 '아프지만 참아라'라고 말하기보다는 '왜 아픈지 생각해 보라, 그리고 저항하라!'고 말해야 하지 않을까?

청춘의 아픔을 견디고 난 후 달콤한 성취를 맛보는 이들은 소수일 뿐이다. 이미 가진 자와 못 가진 자의 경계선이 고착된 한국 사회에서 아픔을 겪을 수밖에 없는 청춘들에게 그 달콤함은 애초부터 봉쇄되어 있는지도 모를 일이다. 청춘의 아픔은 취업 경쟁에서 깊은 상처로 남는다. 끝없는 비교와 그에 따른 좌절, 경쟁은 상처에 소금을 뿌리는 격이다. 취업 면접에서조차 소위 '공격적 면접'의 모욕을 견뎌 내야 하고, 그나마 허용된 일자리의 대부분은 인턴과 비정규직이다. 미래를 설계할 수 없으니 모두 불안하다. 운 좋게 정규직이 된다 하더라도 언제 떨려날지 모른다. 조기퇴직은 언제든 닥칠 수 있다. 다시 경쟁이다. 원치 않는 퇴직을 강요받은 40~50대는 자영업에 뛰어들지만 그 역시 포화상태다. 독특하고 창의적인 아이디어 없이 살아남기 어렵다. 그래서 또 경쟁이다. 많은 이들이 이 경쟁에서 살아남지 못한다. 적자에 허덕이다가 빚을 진다. 이들에게는 책임져야 할 아이들이 있다. 학교라는 정글에서 고통받는, 하지만 소비의 노예가 되어 버린 아이들.

우리의 삶은 아침부터 밤늦게까지 긴장과 스트레스의 연속이다. 어른이고 아이들이고 피곤에 절어 겨우 눈을 뜨고 잠이 덜 깬 채로 아침밥조차 제대로 먹지 못한 채 뛰어나간다. '식구食口'라는 말이 상징하듯, 가족 구성원들의 유대를 만들어 내는 일종의 의례인 식사 시간에조차 얼굴을 마주하고 대화하기 힘들다. 집 밖을 나서도 자가용을 이용하든 대중교통을 이용하든 피곤하기는 매한가지다. 이리저리 사람들에 치이고 버스와 지하철에 짐짝처럼 실려 출근을 하고 등교를 한다. 주차장을 방불케 하는 차로 가득 찬 도로 위는 짜증으로 넘쳐난다.

직장에서는 상사의 눈치를 보고 동료를 경계한다. 매순간이 승진을 위한, 아니 해고되지 않기 위한 전투에 다름 아니다. 그 전투에서는 자신의 감정마저 통제해야 한다. 사회학자 앨리 러셀 혹쉴드Arlie Russell Hochshild의 '감정노동emotional labor' 개념은 자신의 노여움과 슬픔을 감추고 항상 부드러운 목소리와 웃는 얼굴로 고객을 대하도록 강요받는 전화상담원이나 항공기 승무원들의 고통을 잘 드러낸다. 정도의 차이는 있지만 대부분의 노동자들이 이런 감정노동을 경험한다. 물론 서비스 공급자는 고객에게 친절해야 하지만, 우리 사회의 노동자들은 그저 기계처럼, 물건을 진열하는 가판대나 물건을 실어 나르는 카트와 다를 바 없이 행동하기를 강요받는다. 그(녀)는 노동자이기 이전에 인간이다. 기계처럼 대우받고 행동하도록 강요받지만 그(녀)는 인간이기에 '감정부조화'를 겪을 수밖에 없다. 우울증, 자기비하, 폭력성 등이 나타나고 정신적 긴장에서 비롯된 스트레스로 몸마저 망가진다. 더 심각한 문제는 감정노동으로 쌓인 스트레스가 다른 시간 다른 장소에서 또 다른 노동자를 향해 폭력적 행동으로 드러날 수 있다는 점이다. 우리 모두는 다양한 장소에서 서로에게 괴물이 되어 가고 있는 것은 아닐까?

학교 선생님들은 체벌 대신 벌점이라는 편리하지만 '무식한' 방법을 활용하여 학생들을 감시한다. 지각을 해도, 교과서를 가져오지 않아도, 욕설을 해도, 복장이 불량해도, 머리카락 길이가 길어도 모두 벌점이다. 심지어는 선생님에게 비판적인 이야기를 해도 벌점을 받는다. 언뜻 합리적으로 보이지만 우리 학교의 감시망은 자의적이고 비합리적이며 권위주의적인 문화로 유지되고 있다. 학교 수업이 상위권 학생 몇 명만을 대상으로 이루어지니

나머지 학생들은 잠을 자고, 학생들의 질문에 학원 가서 배우라는 답이 돌아온다. 어른들의 세계를 보고 자라는 아이들은 교실을 힘의 논리가 지배하는 그들만의 정글로 만든다. 최첨단 기술문명으로 무장했지만 우리 아이들이 보여 주는 폭력은 무자비할 정도로 비합리적이다. 무리 짓기와 따돌리기. 아이들은 어른들을 닮아 가고, 어른들은 이런 아이들을 비난한다. 다시 문제는 개인의 탓으로 돌려진다.

'힐링healing'이라는 말이 범람하고 건강에 대한 관심이 폭발적으로 증가하는 것은, 우리의 마음이 병들고 있으며 사회와 개인 모두 이것을 스스로 치유할 능력을 잃어 가고 있다는 현실의 반영일 것이다. 그런데 병들어 가는 것은 마음만이 아니다. 의학 기술은 눈부시게 발전하는데, 사람들은 온갖 질병에 시달린다. 건강과 질병에 대한 사회학적 접근을 시도하고 있는 영국 학자 리처드 윌킨슨Richard Wilkinson에 따르면, 불평등하고 경쟁적인 사회일수록 사람들이 질병에 시달린다고 한다. 윌킨슨은 대규모 통계 자료를 기초로 한 연구에서, 현대인이 겪는 질병의 가장 큰 원인은 스트레스이며 이러한 스트레스가 경쟁적인 사회의 '비교'에서 비롯된다고 주장한다. 뒤처지면 '끝'이기에 쉬고 싶어도 쉬지 못하는, 우리 삶의 주기 전체에 도사리고 있는 스트레스의 원인들을 살펴 보라.

현대인은 아픈 것이 두렵다. 병을 예방하기보다는 조장하고, 병을 치료하는 것이 돈벌이가 되어 버린 사회에서 아프다는 것은 환자와 가족에게 또 다른 스트레스를 가져다주기 때문이다. 텔레비전에 등장하는 암보험 광고는 질병에 대비해야 한다면서 '협박'에 가까운 말들을 쏟아낸다. 암에 걸린다는 것을 전제로, 그리고 암에 걸리면 죽는다는 것을 전제로 보험을 들지 않으면 큰 낭패를 볼 것이라고 협박한다.

스트레스를 양산하는 사회에서 사람들의 몸과 마음은 병들어 간다. 이러한 스트레스에서 벗어날 수 있는 여가와 한가함마저 상품화되어 화폐소득이 없는 사람들은 누릴 수 없는 '특권'이 되어 가고 있다. 의료산업은 질병을 먹고 배를 불리고, 그 비용을 충당하기 어려운 민초들은 위험에 대비하기 위해 보험을 든다. 그렇지 않으면 더 큰 고통을 겪을 거라는 '협박'이 온갖 매체를 가득 채운다. 우리는 어떻게 해야 할까? 또 다른 협박이 들려온다. 여가를 즐기고, 병을 치료받고 싶으면 돈을 벌어라! 돈을 벌기 위해서는 좋은 학교에 가야 하고 '미친 듯이' 공부해야 한다. 절대 옆을 돌아보지 마라. 모두가 너의 적이다!

우리의 몸과 마음을 병들게 하는 근본적 원인이, 그것을 벗어날 수 있는 유일한 탈출구가 되어 돌아온다.

⋯ 어떻게 하면 행복해질 수 있을까?　　⋯⋯

행복한 삶과 몸과 마음의 치유는 멀리 있는 것이 아니다. 아주 평범한 소망, 이미 교과서와 법조문에 '기본적 권리'로 명문화되어 있는 것의 실현일 뿐이다. 학교는 출세를 위해 경쟁하는 정글이 아니라 서로를 배려할 줄 아는 '시민'을 길러 내는 곳이어야 한다. 국어, 영어, 수학 성적만을 기준으로 어린 학생들의 장래와 희망을 짓밟아서는 안 된다. 아이들은 각자 소질을 발전시킬 수 있는 기회를 갖고 자신들의 미래를 만들어 갈 수 있어야 하며,

과거의 세대들이 그랬던 것처럼 놀 수 있는 시간과 공간을 누릴 수 있어야 한다.

또한 소수만이 특권을 누리는 것이 아니라 모두가 기본적인 생존권과 문화적 삶을 향유할 수 있는 권리를 보장받아야 한다. 이는 육체노동을 경시하고 저평가하는 문화를 바꾸는 것이기도 하다. 서구의 어느 나라처럼 대학교수보다 배관공에 대한 경제적 보상이 더 크다면 모든 학생들이 대학 졸업장을 따기 위해 경쟁하는 비정상적인 상태에서 벗어날 수 있지 않을까? 우리가 원하는 것은 아주 기본적인 여가와 쉼이다. 노동은 생존을 위한 수단이며, 경제적 행위는 이윤이 목적이 아니라 우리를 생존하게 하는 기본적 필요와 욕구를 충족하는 것이어야 한다는 당연한 사실의 실현일 뿐이다. 우리는 이미 모두가 조금씩 일하고 더 많은 휴식을 취할 수 있을 만큼의 기술적 토대를 갖추고 있지 않은가?

우리의 소박한 소망을 구체적으로 그려 보자. 자동차에 위협받지 않고 거리를 걷는 것, CCTV에 감시당하지 않으면서 동네를 걸을 권리를 누리는 것, 차를 타고 엄청난 에너지를 소비하는 백화점에 가는 대신 장바구니를 들고 아이의 손을 잡고 걷거나 자전거를 타고 동네 상점에 들러 사람들과 인사하고 대화를 나누면서 장을 보는 것, 상점 주인들과 거리에서 마주치는 낯익은 모든 사람들이 나와 우리의 아이들을 지켜 주는 공적 안전망인 그런 동네에 사는 것, 투자의 대상이 아닌 주거의 장소로서의 집에 사는 것, 이것이 그렇게 어려운 일인가? 상위 10퍼센트를 향해 온 국민이 돌진하는 것은 낭비적이고 불가능한 목표를 향해 가는 것이지만, 사회의 분배구조를 민주적으로 바꾸어 동물의 왕국과 같은 경쟁사회를 인간이 인간답게 대접

받는 사회로 바꾸는 것은 실현 가능하다.

다시 생각해 보자. '만족스러운 삶'이란 어떤 것일까? 좋은 학교를 나와 안정적인 직장에 다니는 것일까? 안정적인 직장에서 얻을 수 있는 높은 소득과 그것이 보장하는 높은 수준의 소비일까? 모두 좋은 학교의 졸업장을 향해 돌진하고 안정적인 일자리를 얻고자 경쟁하는 걸 보면 그런 듯도 하다. 텔레비전 광고 속의 성공한 삶도 고급 승용차를 타고 전망 좋은 고급의 주택에 사는 모습으로 그려진다. 그런데 정말 그럴까? 부모들이 원하는 자식들의 삶이 공부에 찌들어 정신과 육체가 병드는 것은 아닐 테니까. 노동자들이 원하는 것이 연장근무와 야근, 그로부터 생겨나는 엄청난 스트레스는 아닐 테니까. 차와 집을 마련하느라 은행에서 돈을 빌리고 그것을 갚느라 모든 것을 바치는 삶을 만족스럽다고 할 수 있을까?

이러한 우리의 현실을 한 마디로 표현하면, 삶과 노동, 삶과 소비의 '분열'이라고 할 수 있다. 행복하고 만족스러운 삶의 수단이어야 하는 노동이 전혀 그렇지 않은 결과를 초래하고, 삶을 풍요롭게 하기 위한 소비가 결코 만족될 수 없는, 그래서 좌절할 수밖에 없는 욕망의 사슬을 만들고 있는 현실, 이 '분열'이 우리들을 사람의 무리와 분리하여 고독한 개인으로 만든다. 노동과 소비는 다른 사람들과 공유될 수 없다. 그것 자체가 타인과의 경쟁을 동반하기 때문이다. 이것이 또 다른 불안의 원천이다. 누구에게도 기댈 수 없는 원자화된 개인으로서의 존재가 우리를 불안하게 만들고, 그런 우리에게 '소비'가 그 불안을 치유할 수 있을 것처럼 손짓한다.

'소비'는 중독성이 강하다. 애초에 삶, 그리고 노동과 분리된 소비란 소득을 훨씬 넘어서는 끝없는 욕망일 뿐이다. 소비를 통해 욕망을 충족시키기 위해 빚에 의존하게 되고, 돈에 저당 잡힌 소비는 더 큰 불안을 조장할 수밖에 없다. 빚에 허덕이다 파산하는 이들을 목격하면서 그렇게 되지 않기 위해 이를 악물고 더욱 경쟁적인 인간이 되어야 한다고 결심하지만, 문득문득 깨닫게 되는 불가항력의 현실에 괴로워한다. 불안이 극대화되는 순간 스스로 목숨을 끊는 극단적 선택을 하기도 한다. 어차피 자연 상태의 경쟁에서 도와줄 동료 시민을 찾는 것은 불가능하고 국가는 시민에게 최소한의 안전망을 갖추는 공적 임무를 포기한 지 오래되었으니, 현실과 유토피아의 괴리의 자각이 더 이상 소비라는 약물로 감추어질 수 없을 때(종종 파산으로 드러난다) 철저히 고립된 개인이 죽음을 선택하는 것은 예상 가능한 일이다.

이러한 소비주의 사회에서 우리는 행복할까? 육류 소비를 위해 저 많은 소와 돼지를 생매장하고, 지구상 어딘가에서 어린아이들을 착취하여 만든 값싼 상품을 소비하는 우리는 행복할까? 휴대전화에 사용되는 티탄을 얻기 위해 수많은 어린 소년병들이 총을 들고 어린 소녀들이 성적 학대를 당하고 있다는 사실을 알고서도 우리는 행복할 수 있을까? 그렇게 멀리 갈 필요도 없다. 끝없는 경쟁과 비교의 스트레스 속에서 우리는 행복할 수 있을까?

소비 행위라는 일상의 경험 속에는 이미 불만과 저항이 잠재되어 있다. 자본주의적 소비는 결코 우리의 필요와 욕구를 충족시키지 못하며 오히려 행복한 삶의 기본을 허물고 있기 때문이다. 대부분의 사람들은 그 사실을 본능적으로 알고 있다.

소비를 통한 욕망의 충족은 사회적 유대와 도덕적 통합을 붕괴시키고 생태적 조건을 파괴한다. 그러나 소비자로서 우리는 모두 시장에 의해 인식될 수 없고 표현될 수 없는 다양한 필요와 욕구를 가지고 있다. 승용차를 이용한 빠른 이동이 소비문화의 쾌락이라면 아이들의 안전, 소음과 대기오염으로부터의 자유, 걷기와 자전거 타기로 일구는 건강한 생활 등은 그것을 통해 실현될 수 없는 억압된 욕구다. 승용차 이용이 가져다주는 쾌락은 안전의 위협, 오염, 운동 부족에 따른 비만 등 각종 질병의 발생을 초래한다. 여기서 걷기와 자전거 타기로 이룰 수 있는 안전한 공간의 확보와 쾌적한 생활조건, 건강한 신체의 연관은 인식되지 않는다. 이처럼 비록 억압되어 있지만 우리 모두가 느끼고 있는 다른 방식의 즐거움을 향한 열망에 저항의 계기가 있다.

물론 소비주의적 쾌락 속에 잊혀진 대안적 삶을 자각하는 길은 결코 쉽지 않으며, 실현 불가능한 유토피아적인 목표라고 비판받을 수도 있다. 그러나 이미 많은 사람들이 일상에서 이러한 대안적 삶의 중요성을 잘 알고 있다. 다만 그것을 표현할 적절한 언어를 가지고 있지 못할 뿐이다. 이러한 자각을 '실천적 지식'이라 불러 보자. 실천적 지식은 비록 그것이 시장의 힘에 의해, 그리고 이기적이고 경쟁적인 문화에 의해 억압됨에도 불구하고 맹아적 형태의 대안적 행위 양식을 보여 준다. 행위자들은 자본주의적 소비를 통해 충족할 수 없는 필요들에 대한 정식화되지 않는 어렴풋한 생각을 이미 가지고 있다. 우리가 추구해야 할 정치란 이러한 어렴풋한 지식(암묵적 지식)을 모아 힘으로 발전시키는 것이 아닐까?

사람들은 화폐소득의 증가에 따른 소비를 통해 행복을 추구하면서도 늘 경쟁적인 일상에서 피로감을 느낀다. 대형 할인마트에서 판매되는 플라스틱 용기에 포장된 식재료에 의존하고 값싼 외식과 정크 푸드를 먹을 수밖에 없는 현실이지만, 텔레비전에서는 일상에서 도저히 실현되기 어려운 전원적인 삶, 생태적인 삶, 느린 삶을 끊임없이 보여 주고 유기농으로 재배되는 싱그러운 먹거리들이 등장한다. 사람들은 요리할 시간조차 없이 쫓기는 삶을 살고 있지만 텔레비전·신문·잡지에는 요리 관련 프로그램과 기사들이 넘쳐난다. 재개발에 동반되는 이익과 보상금에 목을 매면서도 다들 아련한 기억 너머 속의 시골 풍경이 사라져 감을 한탄한다.

이러한 현상은 사람들이 자신의 일상이 행복하지 않다는 것을, 끝없는 일과 그에 대한 보상으로 얻어지는 소비를 통해 스스로 느끼는 인간적 필요들이 충족될 수 없음을 알고 있다는 것을 말해 준다. 우리가 주목해야 하는 것은, 이렇듯 이미 존재하는 삶의 경험에서 얻어진 맹아적 저항의 계기들이다.

대안적 삶에 대한 열망은 상품-소비사회의 구조적 조건의 무게에 짓눌려 체계적인 저항의식으로 발전하지 못하고 있다. 대안적 삶의 추구마저도 텔레비전 프로그램으로 소비해야 하는, 돈을 주고 상품으로 구매해야 하는 조건은 화폐소득-소비의 악순환으로 사람들을 되돌려놓는다. 자본주의적 시장관계를 벗어나지 못하는 한, 불만과 저항 또한 자본주의적 방식으로 표현될 가능성이 높다. 물론 자본주의적 논리가 아무리 지배적이라고 하더라도 그것이 모든 사회적 관계를 완벽하게 자본주의화 또는 상품화할 수는 없다. 가족공동체와 지역공동체를 자본의 논리로 완전하게 설명할 수는 없다. 이러한 공동체들에서 가장 중요한 도덕적 원리는 경쟁의 논리가 아니라 상호 이해와 존중 그리고 협동이다.

이미 우리 사회 곳곳에는 자본의 힘에 잠식되어 가고 있는 기존의 공동체뿐만 아니라 생활공동체, 생활협동조합 같은 적극적인 대안적 공동체들이 존재한다. 노동조합 활동이 조합원의 이해를 대변하는 것을 넘어 지역공동체의 다양한 사회적 쟁점을 제기하고 그것들을 민주적으로 해결하는 데 앞장설 수 있다면, 노동조합 또한 이러한 대안적(비시장적) 사회관계의 역할을 수행할 수 있다. 우리의 과제는 대안적 생활과 실천의 공간을 지키고 만들고 확장시키는 것이다. 그 속에서 대안적 인간관계, 타자를 배려하는 공동체적 윤리와 더불어 개인의 자율성을 존중하는 인간관계가 만들어질 수 있을 것이다. 이렇게 만들어진 힘들이 서로 모른 체하고 경쟁하는 것이 아니라 함께 힘을 모으고, 그 힘으로 국가와 제도를 변화시키는 '거대한' 운동을 시작해야 한다.

국가와 정부는 소수의 기득권을 방어하는 것세위이 아니라, 공공의 이익을 확대하고 협동과 신뢰가 사회의 주류가 될 수 있게 돕는 역할을 하도록 변화되어야 한다. 그 힘을 통해 사적 이익을 맹목적으로 추구하는 기업의 논리가 판을 치도록 만드는 '시장의 힘'을 제어해야 한다. 결정 과정에 직접 참여하고 자신의 삶을 직접 꾸려 나가는 것, 그 속에서 '나'를 인정받고 '남'을 인정하는 것, 그 과정에서 신뢰와 협동의 망을 굳건하게 하는 것, 이 것이야말로 상처를 예방하는 진정한 의미의 '힐링'이다.

참고문헌

강윤재, 〈원전사고와 민주적 위험 거버넌스의 필요성〉, 《경제와 사회》 91호, 2012.

김성일, 〈고위험사회가 초래한 한국형 재난의 발생과 기원〉, 《문화과학》 72호, 2012.

김학성, 〈산업사회와 위험사회〉, 《황해문화》 vol. 3 no. 2 통권 7호, 1995.

김환석, 〈과학기술 민주화의 이론과 실천─시민참여를 중심으로〉, 《경제와 사회》 85호, 2010.

문강형준, 〈왜 재난인가?〉, 《문화과학》 72호, 2012.

박진희 외, 《탈핵: 포스트후쿠시마와 에너지 전환시대의 논리》, 이매진, 2011.

서영표. 소비주의 비판과 대안적 쾌락주의─비자본주의적 주체성 구성을 위해〉, 《공간과 사회》 32권, 2009.

서영표, 〈도시적인 것, 그리고 인권? : "도시에 대한 권리" 논의에 대한 비판적 개입〉, 《마르크스주의연구》 9권 4호, 2012.

서영표, 〈상품화된 일상과 충족되지 않는 필요 : 자본주의의 틈새와 저항적 지역정치〉, 《로컬리티 인문학》 11권, 2014.

서영표, 〈포퓰리즘의 두 가지 해석 ─대중영합주의와 민중 민주주의〉, 《민족문화연구》 63권, 2014.

이광석, 〈'정보재난'과 빅데이터 위험 정보사회〉, 《문화과학》 72호, 2012.

이영희, 〈참여적 위험거버넌스의 논리와 실천〉, 《동향과 전망》 79호, 2010.

Clarke, David M., "Human Redundancy in Complex, Hazardous Systems: A Theoretical Framework", *Safety Science*, vol. 43 no. 9, 2005.

Cooke, David. L. & Thomas R. Rohleder. "Learning from Incidents: From Normal Accidents to High Reliability", *System Dynamics Review* vol. 22 no. 3, 2006.

Funtowicz, Silvio O. Joan Martinez-Allier, Giuseppe Munda, Jerome R. Ravetz.

Information Tools for Environmental Policy under Conditions of Complexity, Copenhagen: European Environment Agency, 1999

Funtowicz, Silvio & Jerome Ravetz., "Post-Normal Science." *Internet Encyclopedia of Ecological Economics,* 2003.

Gallopin, Gilberto C., Silvio Funtowicz, Martin O'Connor, & Jerry Ravetz, "Science for the Twenty-First Century: From Social Contract to the Scientific Core", *International Social Science Journal* vol. 168, 2001.

Hofmann, David A., Rick Jacobs, & Frank Landy, "High Reliability Process Industries: Individual, Micro, and Macro Organizational Influences on Safety Performance", *Journal of Safety Research* vol. 26. no. 3, 1995.

Marchi De Brunda & Jerome R. Ravetz, *Participatory Approaches to Environmental Policy,* Cambridge: Cambridge Research for the Environment, 2001.

Martinez-Alier, Joan, Giuseppe Munda & John O'Neill, "Weak Comparability of Values as a Foundation for Ecological Economics", *Ecological Economics,* vol. 26 no. 3, 1998.

Özkaynak, Begüm, Pat Devine & Dan Rigby, "Operationalising Strong Sustainability: Definitions, Methodologies and Outcomes", *Environmental Values* vol. 13, 2004.

Ravetz, Jerome & Silvio Funtowicz, "Post-Normal Science-An Insight Now Maturing", *Futures* vol. 31, 1999.

7

위기의 한국 교육, 5·31체제에서 4·16체제로

성열관 경희대학교 교육대학원

세월호 참사를 계기로 한국 사회는 마음속에 내재화된 물질만
능주의에 대한 깊은 성찰을 시작하게 되었다. 교육 분야에서도
이러한 성찰과 한국 교육의 재설계에 대한 논의가 시작되었다.
이러한 담론은 '4·16 교육체제'라는 화두로 수렴되었다.

… 세월호 참사가 왜 교육 문제인가?   ……

세월호 참사는 한국인들에게 치유할 수 없는 상흔을 남겼다. 동시에 이 사건은 '세월호 이후'를 성찰할 수 있는 기회를 주었다. 이 기회는 희생자·유가족 등 수많은 사람들의 아픔을 대가로 얻은 것이기에, '기회'란 용어를 쓰는 것조차 잘못인 것만 같다. 그렇지만 이 기회를 통해 세월호 이후, 새로운 사회에 대한 상像과 과제를 제시하지 못한다면 더 큰 잘못을 저지르는 것일지도 모른다. 세월호 이후 한국인들은 같이 슬퍼하고 같이 애탔고, 서로를 염려하면서 연대의 공동체 속에서 다시 만났고 이 공동체가 어떻게 달라져야 할지 상상하고 다짐하였기 때문이다.

교육 문제도 마찬가지다. 세월호 이후, 학교는 어떻게 달라져야 하는가? 세월호는 우리에게 이 중대한 질문을 유산으로 남겼다. 물론 세월호 참사의 원인이 직접적으로 교육에 있다거나, 교육으로 향후 이와 같은 위험을 방지할 수 있다고 말해서는 안 될 것이다. 왜냐하면 이 같은 교육만능주의 발상은 모든 것을 교육의 책임으로 전가하거나 모든 것을 '교육이 할 수 있다'는 환상에 빠져들게 하기 때문이다. 그러나 세월호 참사 그리고 '세월호 이후'는 총체적으로 볼 때 교육과 깊이 관련된 문제임이 분명하다.

왜 그러한가? 우리는 여객선뿐만 아니라 지하철이나 고속버스를 탄다. 의사의 진찰과 처방을 받고 약사에게 약을 받아 복용한다. 전기 기술자가 배선을 하고, 배관 기술자가 수돗물과 가스를 쓸 수 있도록 만들어 놓은 집에서 산다. 등산을 가서는 용접사가 녹여 붙인 철계단을 오르내린다. 그런데 우리가 이들의 면허나 자격, 윤리성과 성실성을 일일이 점검하지는 않는다. 위험불감증일 수도 있지만, 이는 그 사람에 대한 최소한의 신뢰이다. 위험불감증은 실제로 위험한 것이나 위험할 수 있는 상황에 대해 스스로 안전 수칙을 지키는 않는 것으로, 이것은 개인이 주의할 문제다. 신뢰감은 교육받은 다른 시민에 대한 기본적인 신뢰에서 발생한다. 이 지점에서 위험 문제는 교육의 문제가 된다. 즉, 나의 삶에 직·간접적으로 영향을 주는 사람들이 모두 '교육을 잘 받아야' 따뜻한 품성과 이성적인 판단력, 윤리적 책임감을 가질 수 있다. 그래야 우리가 모두 안전하다.

우리는 시시각각 다른 시민들과의 상호작용 속에서 살아가고 있으므로 시민들이 어떤 교육을 어떤 식으로 받았는지가 우리 삶에 중대한 영향을 준다. 동시에 나의 의식과 시민성 수준이 타인의 삶과 복지에 영향을 미친다. 세월호 참사는 단지 불행한 사건이라고 보기에는 그 원인과 이후 대처가 한국 사회의 총체적 부실을 보여 준다는 점에서 문제적이다. 그 부실은 결국 '잘 교육받지 못한' 사람들의 단면과 속물주의 사회의 민낯으로 드러 났다. 여기서 말하는 교육은 학력이 아니다. 윤리의식과 책임감이 없어 다른 시민들을 죽음에 몰아넣은, 비극적인 사태에 윤리적으로 대처할 능력과 태도를 길러 주지 못한 실패한 교육을 말한다.

이 글에서는 세월호 이전과 이후를 하나의 시대사적 분기점으로 설정하고, 현재 한국 교육이 어떤 위험에 놓여 있는지를 살펴볼 것이다. 그런 다음에 세월호 이후 우리가 지향해야 할 교육의 방향을 이야기하고자 한다.

··· 위기에 처한 한국 교육 ······

학교교육의 위기에 대해 저마다 목청을 높이고 있지만, 이를 어떻게 극복하고 새로운 공동체를 만들어 나갈 것인지에 대한 사회적 합의는 쉽지 않다. 그러는 동안 1995년 5·31 교육개혁이 있었다. 이후 공교육에 시장 원리를 도입하여 교육 기회에 대한 접근 자체를 계층화하고, 학교를 경쟁의 장으로 만들어 놓은 지 오래다.

우리의 학교교육이 위기 상황임을 알리는 징후들은 여전히 사라지지 않고 있다. 청소년 자살, 학교폭력, 수업 시간에 자는 아이들, 학교 이탈 등을 어떻게 해소할 것인가? 교육 패러다임의 근본적 변화는 더 이상 늦출 수 없는 시대적 과제가 되었다.

2000년부터 발표된 PISA(Program for International Student Assessment)와 같은 국제 비교조사에 따르면, 한국 학생들은 '학교는 나를 위한 곳'이라는 느낌이 가장 낮은 편에 속할 뿐만 아니라 많은 스트레스에 노출되어 있다. 정신적 스트레스를 느끼는 제1원인은 성적이다. 특히 청소년 사망 원인 1위가 사고나 질병이 아니라 자살이라는 사실이 큰 충격을 준다. 학교폭력 문제도 이와 관련이 있다. '사회적 폭력'의 피해자가 더 약한 학생을 찾아 분노를 전이시키는 연결 고리에 바로 학교폭력이 자리하고 있다. 이러한 현실은 학교교육의 위기가 학교 자체의 위기를 넘어 한국 사회의 총체적인 위기와 관련이 있음을 말해 준다.

경쟁을 위한 경쟁과 시장 효율성 논리가 파고든 오늘날의 교육 현실에서 교사도 고통스럽기는 마찬가지다. 많은 교사들은 자신의 계층적 현실과 다양한 상황에 놓인 아이들의 현실이 달라 혼란스러워하고 있다. 그런 가운데 수업이나 생활지도를 통해 교사로서의 보람을 찾기가 점점 더 힘들어지고 있다. 또한, 변화된 아이들 또는 사회화 세대가 다른 학생들과 인간적인 유대를 맺지 못하고, 교육적 권위를 찾지 못해 깊은 좌절감을 느끼는 경우도 많다.

사회의 위기는 학부모들에게도 전가되고 있다. 학부모들 역시 지나친 경쟁 체제의 피해자로서 항상 자녀의 성적에 스트레스를 받고 있으며, 그 결과 과도한 교육비 부담에 허덕이고 있다. 자녀의 성적은 그 비용을 부담할 수 있는 부모의 경제적 능력에 상당 부분 달려 있다. 그러므로 경제적으로 낮은 계층의 학부모들도 어쩔 수 없이 이 경쟁에 뛰어들어 엄청난 교육비 희생을 감수하고 있다. 그러나 그 경쟁을 거친 아이들을 기다리는 것은 청년실업과 불안정한 일자리다.

이렇듯 한국 사회는 지난 수십 년 동안 왜곡된 경쟁교육으로 학생들의 삶을 피폐하게 만들었지만, 이 같은 현실을 막거나 바꾸지 못했다. 그 결과, 이제는 교육 문제가 이념이나 개인이 처한 다양한 상황에 상관없이 모든 사람을 고통스럽게 하는 국민적 문제가 되었다. 시민들과 학생들이 승자 독식의 사회에서 모두 승자가 되기 위해 경쟁하는 동안, 사회 부정의와 부조리를 바로 볼 수 있는 능력도 잃어 가고 있다. 반성과 성찰이 사라진 사회는 패자에게는 고통을, 승자에게도 불안을 안겨 준다.

세월호 참사를 계기로 한국 사회는 마음속에 내재화된 물질만능주의를 깊이 성찰하기 시작했다. 이러한 성찰을 발판으로 한국 사회를 어떻게 재설계할 것인가에 대한 논의의 장들이 여기저기서 열리고 있다. 교육 분야에서도 이러한 성찰과 한국 교육의 재설계에 대한 논의가 시작되었다. 이러한 담론은 2014년 경기도교육청을 중심으로 '4·16 교육체제'라는 화두로 수렴되었다.

지난 20여 년 동안 한국 교육을 지배해 온 5·31 교육체제에서 4·16 체제로의 전환이 모색되는 이 시점에서, 5·31 교육개혁안과 그것이 해결하지 못하고 오히려 더 심화시킨 교육 위기를 다시 한 번 살펴볼 필요가 있다.

··· 5·31 교육개혁과 교육 위기의 심화 ······

1995년 5·31 교육개혁안 이후 문민정부, 국민의 정부, 참여정부, 이명박 정부를 거쳐 현재의 정부로 넘어오는 동안 정권의 성격에 따라 교육정책의 주안점도 다양하게 변화해 왔다. 그러나 기본적으로는 5·31 교육개혁안의 기조가 지속되어 왔다고 볼 수 있는데, 정부의 전환에도 불구하고 그 기조가 원점에서 재검토된 적은 없으며 후속 정부에 의해 전반적으로 수용되었다. 1995년 5·31 교육개혁안이 발표된 지 20년이 지났으나, 여전히 많은 교육정책이 그 영향 하에 놓여 있다. 교육 부문에 관철되어 온 '강력한 힘'(김용일, 2006)으로서 5·31 교육개혁안의 규정력은 매우 큰 것이었다.

5·31 교육개혁은 교육의 전 영역을 다루고 있어서 그 특징을 한 마디로 요약하기는 어렵다. 다만, 전반적으로 교육의 관료주의를 지양하고 민간 부문의 선택과 다양성을 촉진시킨다는 기조가 내재되어 있다. 김용일(2006)에 따르면, 5·31 교육개혁안의 특징은 공교육의 시장화marketization와 학교 민영화privatization 전략 속에 내재되어 있다.

그에 따르면 첫째, 시장화 전략은 학교와 교사를 교육의 공급자로, 학생과 학부모를 소비자로 보고, 교육에서 비용—편익의 효율성을 극대화하려는 것이다. 둘째, 민영화 전략은 교육재정의 국가 책임을 줄이고 민간의 부담을 늘리되, 그만큼 학교 운영권을 이양하는 구상이었다. 5·31 교육개혁안은 학교정책 외에도 다양한 분야의 교육정책을 망라하고 있어 그 특징을 한두 가지로 정리하기는 어렵지만, 대체로 시장화와 민영화를 주요 특징으로 하는 신자유주의 개혁으로 볼 수 있다.

5·31 교육개혁은 교육의 강조점도 변화시켰다. 이와 관련하여, 김정원(2005)은 5·31 교육개혁 이후 학교교육정책의 대표적 특징을 '다양화'로 보았다. 그리고 이 다양화 정책에 신자유주의적 관점과 다원화의 관점이 모두 내재되어 있는 것으로 분석하였다. 즉, 5·31 교육개혁안에는 기존의 교육문화 내에서 자유경쟁을 강조하는 신자유주의적 관점과 획일적 기존

질서의 해체와 이에 따른 가치의 다원화가 병존해 왔다는 것이다. 김정원(2005)은 특히 5·31 교육개혁안 초기에는 가치의 다원화가 중시되다가 후기에는 표준화된 시험에 기초한 학력 경쟁으로 방향이 선회되었다고 주장하였는데, 그 계기는 1997년 이후 IMF 경제 위기다.

5·31 교육개혁이 이중적 특성을 내포한다고 보는 견해에서, 김종엽(2009)은 5·31 교육개혁안을 '민주화 프로젝트와 신자유주의 프로젝트의 아말감'으로 표현하였다. 대표적인 예로 고교 유형의 다양화·특성화 정책이 신자유주의적 측면에서 자율형사립고 등 학교의 특권화를 조장하는 한편, 특성화고등학교나 대안학교가 등장할 수 있는 제도적 기반을 제공하기도 했음을 들고 있다.

이렇게 5·31 교육개혁안은 신자유주의와 다원화 모두 내포한 것으로 볼 수 있으나, 교육적으로나 사회적으로 파급력이 높은 교육정책은 결국 거의 시장 위주의 외적 책무성 정책과 학교 서열화(즉, 수직적 다양화)로 귀결되었다. 그 대표적인 정책들은 다음과 같다.

① 일제고사(국가 수준 학업성취도 검사)
② 교원평가제(교원성과급제)
③ 학교평가제
④ 자율형사립고 정책(고교 계층화)

위험사회 이론의 주창자인 울리히 벡을 참고한다면, 이러한 정책들은 '위기에 처한 교육'을 '위기관리 전문가'를 통해 해결하려는 과정에서 나왔다고도 볼 수 있다. 위기관리는 종종 신자유주의적 책무성 정책과 연계되어 시험을 통한 측정, 그 결과의 공시, 통제를 중심으로 이루어진다. 일제고사, 교원평가제, 교원성과급제, 학교평가제, 성적 공시제도 등(주로 ①~③)이 이러한 예에 속한다고 볼 수 있다. 그리고 '④ 자율형사립고 정책'은 국제중학교나 외국어고등학교와 같은 특권적 지위를 가진 학교를 창출하는 것으로서, 이는 위험 관리의 계급화와 연관된다. 이는 배제와 분리를 통한 교육접근권을 계급적으로 분할하는 것인데, 중상 계층 부모들이 자녀들을 모종의 위험으로부터 안전하게 지키려는 욕망이 정치를 통해 실현된 사례라 볼 수 있다.

이와 같이 5·31 교육개혁과 그것이 초래한 문제들은 분절적인 것이 아니라 총체적인 것이다. 이에 대응하기 위해서는 4·16 교육체제도 총체적인 측면에서 그 방향과 내용이 도출되어야 한다. 4·16 교육'체제'라는 용어가 나온 것도 바로 광범위하고 포괄적인 수준에서의 변화를 지향하고 있기 때문으로 볼 수 있다.

··· 세월호 이후, 4·16 교육체제 ······

경기도교육청에서는 2014년 하반기부터 4·16 교육체제의 방향과 내용에 대한 담론화를 시작했으나 아직 구체적인 것을 확정하지는 않았다. 다만 2014년 10월 '4·16교육체제의 기본이념과 구조'라는 제목의 박부권(2014)의 발제문과 이에 대한 이수광, 유성상 등의 토론문이 '4·16 교육체제'의 대안 담론화에 시동을 걸었다고 볼 수 있다.

이러한 담론화는 2014년 경기도교육감 취임 100일 시점에서 발표한 전격적인 선언으로 가능해졌다. 이 선언에서 경기도교육청은 세월호 참사 이후 한국 사회에서 나타난 근본적인 변화 요구를 고려하여, 교육 분야에서 5·31 교육체제를 극복하는 새로운 교육 이념과 교육체제가 필요하다고 보았다. 그리고 이러한 변화가 지향하는 교육의 총체적 상을 '4·16 교육체제'로 규정하였다. 이 변화의 핵심은 '경쟁에서 협력으로, 소수의 수월성 교육에서 모두를 위한 교육으로, 획일적 교육에서 다양하고 역동적인 교육으로의 전환'이다.

박부권(2014)은 '4·16 교육체제'의 기본 이념과 구조를 사회통합과 '모두를 위한 교육'(만인의 탁월성)으로 상정하였다. 특히 그는 극복해야 할 5·31 교육체제의 문제점으로 자율형사립고의 대대적인 확대와 같이 고교를 서열화하고 계층화함으로써 사회통합을 저해하게 된 결과를 들었다. 한편 유성상(2014)은 1995년 이후 지난 20여 년 동안 5·31 교육체제가 정권의 변화와 상관없이 한국 교육을 규정해 온 만큼 더 다양한 문제들이 지적되어야 한다고 보았다. 다양한 문제들이란 "학교선택제 도입, 학교 간 교육격차, 교육과정 개편에 따른 학교교육의 혼동, 교육시장의 확대, 3천여 개에 이르게 된 입시전형과 일제고사의 재등장, 학교 통폐합, 교원평가 전면 실시, 학교평가와 예산 배분 연계, 학교 내 폭력 문제(자살, 왕따 등), 수요자 중심 교육을 표방한 무한경쟁 분위기, 학교교육의 계급적 재생산 심화 등"이다.

이와 관련하여 이수광(2014)은 더 근본적인 성찰에서 4·16 교육체제 논의를 시작하였다. 그는 '4·16 세월호 참사'는 어느 한 영역의 파탄이 아니라 '체제적 사고'의 성격을 갖는다고 보았으며, 교육도 예외일 수 없다고 주장하였다. '4·16 참사'의 배후에는 오랜 시간 누적돼 온 교육적 왜곡이 있는데, 이수광은 이를 '허욕, 맹목, 몰주체의 교육 패러다임'이라고 규정하였다.

이수광(2014)에 따르면, 첫째, 허욕虛慾의 교육은 교육이 '배움을 통한 인간 형성'으로 이해되지 않고 세속적 욕망의 충족 기제로 기능하고 있음을 지적한 것이다. 둘째, 맹목의 교육은 "타자와의 비교를 통해 자신의 능력을 입증하는 것에 초점이 맞추어진 교육"으로, 그 결과 학생들이 승자 독식의 마음 또는 낙오 불안을 갖게 되는 문제를 초래한다. 셋째, 몰주체의 교육은 침묵, 복종, 순응 등과 같이 통제되고 관리된 주체를 만들어 내는 왜곡된 교육을 말한다. 이러한 세 가지 교육의 주요 문제를 극복하는 방편이자 '4·16 교육체제'로의 전환을 위해서, 이수광은 다음과 같이 6개의 주요 과제를 제안하였다.

- ◆ 학교 '의미'의 재구성
- ◆ 학생 이해 관점으로의 전환
- ◆ 학교교육과정의 성격 전환
- ◆ 자치학교로의 전환 및 학교 구성원의 지위 재설정
- ◆ 학생자치 문화 활성화
- ◆ 성찰적 교사문화 구축

그리고 다음과 같이 '학교교육과정의 특징과 교사의 역할'을 제시하였다.

◆ 학교교육과정에서 가치교육과 지식교육, 실제 삶과의 연관성을 강조한다.

◆ 다양한 사고실험과 상상을 지지·격려한다.

◆ 배움이 무엇인지, 왜 배워야 하는지에 대한 설명 체계를 중시한다.

◆ 학생 개개인의 자기 이론망 형성을 교육 목표로 설정한다.

◆ 학생 개개인의 진로 희망에 적합한 '선택권'을 확대한다.

◆ 교사는 삶의 문제와 학습 문제를 중심으로 학습자들과 '전면적 관계'를 맺는다.

◆ 교사는 '좋은 삶'을 안내하는 적극적 역할자다.

◆ 교사는 학생들끼리 대화하고 지지 격려할 수 있도록 평등한 공간을 만들어 주는 역할자다.

이수광(2014)은 한국 사회에서 그 누구보다도 세월호 참사와 관련된 교육적 책임을 통감하고, 세월호 이후 교육적 과제에 대해 깊이 있는 문제의식을 던져 주었다. 세월호 참사가 재난을 통한 공동체의 연대감을 불러일으키고, 그 결과 교육에 대한 근본적 성찰의 계기를 만들어 준 것이다.

이러한 논의 선상에서 나는 4·16 교육체제의 주안점이 "우리가 원하는 사회를 만들어 나가기 위해 어떤 교육을 해야 할까?"에 맞추어져야 한다고 본다. 이 질문은 그동안 경제를 발전시키기 위해 인적 자원을 개발해야 한다는 질문과 대답의 논리 구조를 답습하는 것이 아니며, 개인을 사회의 필요를 충족시키기 위한 대상으로 수단시하는 것과도 근본적으로 다르다. 오히려 인간이 돈과 권력 추구 수단으로 전락한 사회에서 '자신들이 원하는 사회'를 스스로 알아 나가고 개척하는 주체적 삶을 영위하기 위한 교육이 필요하다는 것이다.

교육은 일종의 사회화이기 때문에, 해당 공동체가 어떤 공동체를 지향하는가에 따라 학생들에게 무엇을 가르쳐야 하는지가 결정된다. 그러므로 한 사회는 그 공동체가 어떤 미래를 원하는지, 즉 더 나은 사회는 어떤 사회라고 생각하는지에 따라 교육의 방향과 내용이 달라질 수 있다. 그런데 우리가 원하는 사회가 어떤 사회인지 정의하는 것은 쉬운 일이 아니다. 왜냐하면 해당 사회의 성원들이 각자 원하는 사회상이 서로 다르기 때문이다. 그러므로 우리가 원하는 사회는 적어도 우리 사회 대부분의 성원이 동의할 수 있는 상이어야 한다. 이러한 현실적 필요를 만족시키기 위해서는 보편적 인본주의 관점에서 우리가 원하는 사회상을 제시할 필요가 있다. 우리는 인간의 존엄성, 자유와 개성, 평등, 공감과 공동체 등 인본주의적 가치를 중심으로 우리가 원하는 사회의 모습을 제시할 수 있을 것이다.

우리가 원하는 사회

- 모두가 행복한 삶을 영위할 수 있는 사회
- 어떤 사람도 인간의 존엄성이 훼손되지 않는 인본주의 사회
- 부모의 가난이 자식의 삶에 불리하게 대물림되지 않는 사회
- 모든 이의 개성이 발휘되고 차이와 다양성을 인정받는 사회
- 누구나 열심히 일한다면 인간다운 삶을 영위할 수 있는 기본적 소득을 보장받는 사회
- 누구나 예술적 삶을 누릴 수 있으며, 문화를 향유할 수 있는 사회

- 타인의 어려운 처지에 공감하고 서로 도와주려는 사람들로 구성된 사회
- 인간의 삶을 소외시키는 사회문제를 협력적으로 해결하는 책임감 있는 시민으로 이루어진 사회

이제 우리는 세월호 이후, 교육에서 무엇을 해야 할 것인가? 한국에도 번역 소개된 《이 폐허를 응시하라A Paradise built in Hell》(2012)의 저자 레베카 솔닛Rebecca Solnit은, 대참사에서 많은 평범한 사람들이 강렬한 이타주의와 연대의식을 경험한다고 말했다. 물론 그의 경험적 연구와 진술은 미국과 그 밖의 지역에서 일어난 것을 대상으로 한다. 하지만 놀랍게도 세월호 이후 한국 사회에서 일어난 연대감, 성찰, 다른 사회에 대한 적극적 상상 등의 현상은 레베카 솔닛의 이야기와 매우 흡사하다.

더 이상의 세월호를 만나지 않더라도 이미 우리의 일상은 충분히 위험하다. 최근 뉴스에서 볼 수 있는 불안정, 불안, 위험, 1인가구, 혼자 밥 먹기, 쓸쓸한 노후, 미세먼지, 화재, 폭발 사고 등의 기사는 모두 위험사회의 단면을 보여 준다. 이미 일상이 재난 수준은 아니어도 상당히 위험한 상태이며, 교육 또한 예외가 아니다. 아니 오히려 교육이 가장 핵심적인 위기의 징후를 보이고 있다. 그러므로 시민 스스로 각성하고 주체적인 참여자가 되어 다양한 형식으로 자신들이 원하는 사회를 만들기 위해 노력해야 한다.

이제 교육 위기를 해결하지 않고는 한국 사회의 희망을 말할 수 없는 상황에 이르렀다. 교실은 사회의 세포이다. 교육 문제는 사회문제의 한 단면이다. 이에 이 문제는 교육자들만의 문제일 수 없다. 교육자는 물론 학부모, 학생, 시민사회, 정부 등 모두가 협력해서 해결해야 할 긴급한 과제인 것

이다. 이를 위해 각 주체별로 다음과 같은 노력이 필요하다. 이러한 노력이 4·16 교육체제를 통해 이루어질 수 있기를 바라며, 이 글의 결론으로 대신하려고 한다.

첫째, 정부는 작금의 교육 위기를 극복하고, 미래 사회를 살아가게 될 아이들이 닥쳐 올 위기와 난관을 스스로 극복하고 훌륭한 미래 시민으로 성장할 수 있도록 새로운 학력관을 마련해야 한다. 또한 교육의 계층 재생산 고리를 끊을 수 있도록 다양한 기회 보장 및 평등화 정책을 마련하여야 한다. 이러한 노력은 누구에게나 안전한 삶을 보장하는 복지국가적 기획 하에 진행해야 할 것이다.

둘째, 학교는 선별 기관이 아니라 성장을 조력하는 기관으로서 교육철학적 가치를 회복해야 한다. 그렇게 되면 학교는 자연스럽게 학교 운영의 민주화와 민주적 일상생활의 장이 될 것이다. 그 속에서 학교는 단 한 명의 아이도 소외시키지 않는 협력과 참여의 교육을 실현해야 한다.

셋째, 교사는 성찰적 존재로서 '잘 교육받은 인간상'에 대해 끊임없이 반성하면서 지성적 사유를 멈추지 말아야 한다. 이러한 노력은 함께 연구하고 소통하는 동료 교사들과 집단 지성의 장에서 수행되어야 할 것이다. 그렇게 되면 오늘날 심각한 교육 위기의 징후인 수업 탈주가 사라지고, 수업이 참여의 학습 공동체로 회복될 것이 분명하다.

넷째, 학부모는 내 자녀만을 위한 배타적 교육을 고집하지 않으며 타인의 자녀가 내 자녀와 동반 성장하는 교육적 공동체로서 학교를 바라보아야 한다. 학부모들은 교사의 교육권과 대척점에 서서 대결하는 정체성을 탈피해야 한다. 학부모들은 자녀의 교육권을 공교육에 의탁한 주체로서, 학교가 공교육의 이념을 잘 실현하고 있는지 그리고 그 속에서 자녀의 성장에 방해되는 요소가 없는지를 살피는 관여의 역할을 담당해야 한다. 학부모들은 자녀의 시험 점수에 상관없이 모두가 인간다운 삶을 보장받고, 품위를 누릴 수 있는 사회를 만드는 데 동참하는 것이 진정 자녀를 위한 길임을 깨달아야 할 것이다.

참고문헌

김용일, 〈5·31 교육개혁의 현황과 전망〉,《교육문제연구》 24: 127-145, 2006.

김정원, 〈학교교육 '다양화' 정책의 성격과 그 효과〉,《한국교육》 32(2): 109-135, 2005.

김종엽, 〈교육에서의 87체제: 민주화와 신자유주의 사이에서〉,《경제와사회》 84: 40-64, 2009.

박부권, 〈4·16교육체제의 기본이념과 구조〉, '경기도교육청 정책포럼' 자료집, 2014.

유성상, 〈'4.16 교육체제의 기본 이념과 구조에 관한 토론문〉, '경기도교육청 정책포럼' 자료집, 2014.

이수광, 〈'4·16'의 교육적 함의와 학교체제 전환의 상상력〉, '경기도교육청 정책포럼' 자료집, 2014.

제 3 부

부재不在와 부전不全

8

헌법, 국가 책임을 묻다

오동석 아주대학교 법학전문대학원

헌법은 무엇보다 불법의 권력자를 단죄하는 '국가범죄처벌법'이다. … 국가범죄는 대량학살, 고문, 도청 등 형법상 범죄행위만을 의미하지 않는다. 법망을 교묘하게 피해 간 권력 악용의 부정부패와 회복 불가능의 중대한 정책범죄(예컨대 4대강 사업)를 포함한다. 작금의 국가권력 담당자들은 사회적 약자들을 '사회적 타살'로서 '자살'로 몰아갔다. 세월호 참사와 같은 대형 재해에 대한 무책임과 무대응, 자본의 편에 선 노동자 압살, 평화적 생존을 바라는 강정과 밀양에서의 폭압…. 이 모든 것이 '반헌법적 체제범죄'이다. 이러한 권력범죄에 대한 처벌 없이 대한민국은 민주공화국이 될 수 없다.

… 무엇이 국가인가　　　　　　……

세월호 참사 이후 한국 사회는 '이것이 국가인가'라는 질문을 던졌다(오창룡, 2014: 37). 세월호 참사는 국가의 존재 이유를 찾을 수 없을 정도로 국가 시스템이 붕괴한 결과이자 그 과정이며 그것을 확인한 사건이었다.

　대한민국 「헌법」을 제정한 인민은 「헌법」 전문에서 "우리들과 우리들의 자손의 안전…을 영원히 확보할 것"을 다짐했다. 국가는 마땅히 그 책무를 져야 한다. 인민의 명령이자 헌법의 명령이다. 그 방법은 "안으로는 국민생활의 균등한 향상을 기하"는 것이고, "밖으로는 항구적인 세계평화와 인류 공영에 이바지"하는 것이다. 균등한 삶과 세계평화 그리고 인류의 공영이 안전을 확보하기 위한 헌법 원칙이다.

　더 구체적으로 「헌법」 제34조 제1항은 모든 국민에게 인간다운 생활을 할 권리를 보장하면서, 동조 제6항에서 "국가는 재해를 예방하고 그 위험으로부터 국민을 보호하기 위하여 노력하여야 한다"고 구체적으로 명령하고 있다.

국민의 안전을 보장하는 것이야말로 국가의 존재 목적이다. 그러나 세월호 참사는 국민의 안전을 보장하는 국가 시스템의 붕괴를 적나라하게 보여줬다. 정부는 세월호 참사에 대해 유병언, 해경, 선장과 선원들에게만 책임을 돌렸다. 정부와 검찰은 세월호의 실제 소유주인 유병언과 그 일가의 탐욕이 세월호 참극의 침몰 원인이라고 보고 대대적인 추격 검거전을 펼쳤고, 급기야 '죽은 유병언'을 찾아냈다(권영숙, 2014).

··· 행정부의 무능력과 무책임 ······

2014년 4월 16일, 진도 해상교통관제센터는 오전 9시 6분경 목포 해경으로부터 사고 소식을 들을 때까지 약 20분 동안 세월호에 대해 전혀 관제하지 않았다. 최초 사고 신고를 접수한 목포해경 및 서해지방해경도 초기 대응을 태만히 하고 보고를 누락했다. 서해지방해양경찰청장은 퇴선 명령 등 적절한 조치를 취하지 않았다(대한변협, 2015a: 7).

해경은 사고 당일 구조를 돕기 위해 세월호 주변으로 왔던 어선을 막으면서 정작 구조 활동을 하지 않았다. 해군과 민간 잠수사의 구조 활동도 막았다. 자체 계약한 민간 업체인 언딘을 투입해서 시신을 인양하려 했기 때문이다(권창규, 2014: 24). 검경 합동수사본부의 공식 발표를 보더라도, 이른바 '골든타임'에 제대로 구조를 했다면 세월호 승객 전원을 구조할 수 있었다(고민택, 2014: 92). 이는 지금의 정권은 물론 지난 정권에서 유래한 '적폐'의 문제를 제기한다.

정부가 져야 할 구조적 책임은 승객의 안전을 확보해야 할 적극적 규제 책무를 다하지 않은 것이다. 정부는 기업의 경쟁력을 확보한다는 명목으로 무분별하게 안전과 관련한 규제를 완화했다. 이명박 정권은 5천억 원의 경제효과라는 미명 하에 해상 안전 규제를 완화했으며, 폐기해야 할 선박의 사용 연수를 늘렸다(오창룡, 2014: 42). 많은 사람의 안전과 직결된 사업을 하는 기업이 선장과 선원을 비정규직으로, 심지어는 아르바이트직으로 고용함으로써 이윤 추구에만 골몰하는 것을 국가는 방치했다. '참살'(고민택, 2014: 93)의 국가범죄다. 국가는 기업이 안전 문제는 제쳐두고 오로지 이윤을 추구할 수 있도록 방치했다. 모든 관계 국가기관을 조사해서라도 참사의 원인을 다각적으로 규명하는 일이 중요한 까닭이다.

한편 세월호 참사에 국정원이 개입한 증거는 검찰과 경찰이 아니라 세월호가족대책위원회가 증거 보전을 신청하여 밝혔다. 국정원이 세월호의 증개축을 비롯해 시설물 관리와 운영, 직원들 관리까지 일일이 개입한 정황이 세월호에서 건져 올린 업무용 노트북에서 나왔다(권창규, 2014: 25). 기존의 국가기관이 아니라 특별법에 근거한 진상조사기구를 요청한 까닭이 여기에 있다. '4·16세월호참사 특별조사위원회'(이하 '조사위원회')는 마땅히 스스로의 판단에 따라 수사권과 기소권을 행사할 수 있어야 했으나, 「4·16세월호참사 진상규명 및 안전사회 건설 등을 위한 특별법」(이하 「세월호 특별법」)은 조사위원회에게 고발 및 수사 요청할 수 있는 권한을 부여하는 것에 그쳤다.

그런데도 박근혜 정부는 해양수산부를 해체하겠다는 등 정부조직법을 개편하고자 하는 눈속임으로만 일관했다. 마치 기존의 범죄행위를 은폐하기 위해 또 다른 범죄를 저지르는 것과 다를 바 없는 행동이었다. 세월호 참사의 배경에 있는 '규제 완화, 사영화(민영화) 정책'은 아직도 확장 중이다. 국민의 안전을 위협하는 국가의 무책임한 정책은 멈출 줄을 모르고 있다.

··· 국회의 무능력과 무책임 ······

세월호 참사에 대처하는 국회 역시 너무 무능했다. 양대 정당인 새누리당과 더불어민주당(구 새정치민주연합)은 헌법이 명령한 기본 의무조차 이행하지 않았다. 더불어민주당은 대학특례입학이나 보상 문제를 먼저 꺼낼 정도로 한심했다(권창규, 2014: 32-33 참조). 「세월호 특별법」 제정과 그 이후에도 국회의 무능력과 무책임은 계속되었다.

2014년 11월 7일 국회는 세월호 참사의 사실관계와 책임 소재에 관한 진상을 규명하고, 피해자를 지원하며, 재해·재난의 예방과 대응 방안을 수립하기 위해 「세월호 특별법」을 제정했다. 그 핵심은 '조사위원회' 구성에 관한 사항이다.

그런데 「세월호 특별법」은 집권당의 청와대 종속성과 야당의 무능 때문에 태생적인 한계를 갖게 되었다. 무엇보다 조사위원회의 임기가 1년으로 너무 짧다. 물론 조사위원회 활동 기간을 연장할 수 있지만, 그것도 한 차례만 6개월 이내로 제한했다. 조사위원회의 방대한 업무를 고려한다면, 활동 기간을 길게 잡고 위원회 판단에 따라 활동을 종료할 수 있도록 하는 것이 적절했다. 진상 조사 활동에 소극적인 국가의 의도가 고스란히 드러난 것이다. 여당 측 위원의 사퇴 또는 청문회 불참과 파견 공무원 철수 등을 되풀이하면서 박근혜 정부는 조사위원회의 활동을 조직적으로 방해했다. 조사 활동이 충분하지 않았다면 조사위원회의 활동 기한을 연장하는 것이 마땅할 텐데, 오히려 조사위원회 활동 기간을 축소하기에 급급했다. 정부가 조사위원회 출범 초기에 이런저런 핑계로 늑장을 부린 까닭이 드러났다. 애초에 진상 및 책임 규명 그리고 재발 방지는 정부의 안중에 없었다.

더욱이 법률은 위원회 사무를 처리하기 위해 필요한 내부 조직의 정원 및 조직 구성을 대통령령에 대폭 위임했다. 헌법재판소도 인정하듯 "오늘날 법률유보원칙은 단순히 행정작용이 법률에 근거를 두기만 하면 충분한 것이 아니라, 국가공동체와 그 구성원에게 기본적이고도 중요한 의미를 갖는 영역, 특히 국민의 기본권 실현과 관련된 영역에 있어서는 국민의 대표자인 입법자가 그 본질적 사항에 대해서 스스로 결정하여야 한다는 요구까지 내포하고 있다."(의회유보원칙)[1] 그런데 국회가 조사위원회에 대해 피조사 대상인 행정부에 거의 백지위임을 한 결과, 세월호진상규명법시행령(이하 '시행령')은 조사위원회의 활동을 방해할 수 있는 요소를 안게 되었다. 조사위원회는 정치적으로 독립하여 구성 및 운영해야 하며, 무엇보다 조사 대상인

----

1 헌재 1999. 5. 27. 98헌바70.

정부와 여당에게서 독립해야 한다. 즉, 위원들이 자유롭게 논의하여 합의할 수 있고, 그 합의를 제대로 집행하는 것을 핵심으로 한다.

그러나 세월호진상규명법시행령안(이하 '안')은 그렇지 않았다. 정부는 정치적 독립성이 생명인 조사위원회를 유명무실하게 만드는 데에 초점을 맞췄다. 실제 위원회 운용 과정에서도 각종 방해를 일삼았다. 과거 군주의 면책특권에 버금갈 정도로 국가의 무책임을 추궁할 수 없도록 자기사면을 행한 것이다. 이것은 독재자 대통령의 명령이 국회의 입법권을 압도하던 독재시대의 잔재이다. 이는 다른 한편으로 국회가 국민의 대의기관으로서 제자리를 잡지 못한 채 집행부에 사실상 종속된 지위에 있음을 보여 주는 것이다. 집행부를 견제할 유력한 국가기관이 국회임을 고려한다면, 이러한 상황은 헌법상 견제와 균형 원리가 작동하고 있지 않음을 증명한다. 대의가 작동하지 않는 경우, 국민이 직접 행동에 나설 수밖에 없는 주권적 상황을 보여 주는 것이기도 하다.

⋯ 국가의 책임을 묻는 법　　　　　⋯⋯⋯

우리나라만이 아니라 많은 나라에서 일어나는 반복되는 위기에 대한 일관성 없는 대응과 근시안적 전략 그리고 주먹구구식 대책 수립은 신자유주의 국가의 본질이다(오창룡, 2014: 48). 세월호 참사에 대해 정부는 세월호 유가족의 대통령 면담조차 무시하면서 국무총리 사퇴로써 국가의 책임을 바꿔치기했다. 아무것도 하지 않는 것, 그것이 국가가 유일하게 할 수 있는 것이었다(최원, 2014: 68). 설령 박근혜 대통령이 사퇴한다고 해서 국가가 책임을 다한 것으로 볼 수 없다(오창룡, 2014: 49). 진상 규명과 책임자 처벌 그리고 국가 시스템 개혁이 국가가 해야 할 최소한의 헌법적 책무이다.

세월호 참사는 국가의 안전 운항 규제, 사고 예방 조치, 사고 발생시 구조 활동 등에 이르기까지 국가의 존재 의의를 묻게 된 사건이다. 헌법이 이끄는 길은 대강 다음과 같다.

먼저 모든 관련 기관은 사건의 진상을 규명하는 일부터 시작해야 한다. 특히 국회의 역할은 막중하다. 헌법이 국회에 국정조사 권한을 부여한 까닭은 제대로 입법적인 대응을 하라는 의미다. 성역이 있을 수 없다. 대통령을 수반으로 하는 정부 또한 법치의 한계 내에서 행정 체계를 점검해야 한다. 수사기관은 형사책임을 져야 할 사람을 찾아 공정하게 누구라도 수사를 해야 한다. 사법 체계가 존재하는 이유는 인권과 민주주의의 보호를 위해서이다. 다른 국가기관의 권한을 박탈하는 것이 아니라면, 국회는 국민의 뜻을 좇아 입법권을 행사하여야 한다. 사법 체계의 껍데기를 유지하는 것은 국회의 존재 이유가 아니다.

권영숙(2014)은 사회적인 사실을 사회적인 방식으로 조사하는 '사회적인 진상조사'를 주장했다. 특검과 달리, 법률적 검토나 제도적 차원의 기소 가능성으로 진실의 범위를 한정하지 않고 조사하자는 것이다. 사회적 법과 제도 그리고 국가 자체까지 조사하는 것이 사회적인 진상조사이다.

사실 국회는 특별법과 무관하게 국정조사를 통해 '정치적인 진상 조사'를 수행했어야 했다. 헌법이 명령한 권력분립 원칙에 근거하여 대통령을 비롯한 행정권력 전체를 조사 대상으로 해야 한다. 필요하면 관련 전문가와 참사의 당사자 그리고 시민사회단체 대표와 함께 진상 조사를 해야 한다. 그런 방식으로 국민을 대의할 자신이 없다면 특별법 제정을 통해 국민에게 권력을 돌려주어야 한다. 헌법이 명령한 방식대로 수행하지 못한다면 국회의원에게 면책 특권과 불체포 특권 같은 것을 인정할 까닭이 없다.

국회의 무능력은 결국 국회까지 포함한 국가권력 자체의 무능력과 불필요 그에 따른 교체 불가피성을 자인할 꼴이다. 국가권력이 헌법의 명령을 수행하지 못하는 경우, 우리가 해야 할 일은 국가권력의 회수와 새로운 헌법 질서의 수립 같은 마지막 수단밖에 없다. 헌법이 예시한 3·1 혁명과 4·19 혁명 그리고 묵시한 80년 광주민주항쟁과 87년 민주화운동이 남긴 미완의 과제를 수행해야 한다.

헌법은 무엇보다 불법의 권력자를 단죄하는 '국가범죄 처벌법'이다. 기존 헌법이 새로운 헌법의 심판을 받아야 한다면 불법권력자에 대한 심판은 당연하다. '실패한 쿠데타'는 내란 등의 죄로 형법에 따라 처벌받는다. 그런데 '성공한 쿠데타'는 어떠한가. 쿠데타 세력이 집권하는 동안 형법은 침묵한다. 그러나 주권자는 인권과 민주주의를 기준 삼아 심판을 벼른다. 그러다가 일정한 시점에 주권자는 새로운 헌법을 만들어 성공한 쿠데타 세력에 대한 심판권을 발동한다. 역사적 평가란 헌법적 심판이다. 전두환과 노태우는 헌법의 법정, 그러나 미완의 법정에서 처벌받았다. 헌정사는 과거의 헌법 침해 및 현재의 헌법 현실에 대한 반성의 의미에서 과거청산의 역사적 기록이다(오동석, 2013: 136-137).

국가범죄는 대량학살, 고문, 도청 등 형법상 범죄행위만을 의미하지 않는다. 법망을 교묘하게 피해 간 권력 악용의 부정부패와 회복 불가능의 중대한 정책범죄(예컨대 4대강 사업)를 포함한다. 작금의 국가권력 담당자들은 사회적 약자들을 '사회적 타살'로서 '자살'로 몰아갔다. 세월호 참사와 같은 대형 재해에 대한 무책임과 무대응, 자본의 편에 선 노동자 압살, 평화적 생존을 바라는 강정과 밀양에서의 폭압…. 이 모든 것이 '반헌법적 체제범죄'이다. 이러한 권력범죄에 대한 처벌 없이 대한민국은 민주공화국이 될 수 없다.

유엔총회가 채택한 〈인권피해자 권리장전〉[2]은 대량의 인권침해를 겪은 사회가 구현해야 할 이행기 정의 원칙들을 제시했다. 인권침해 사건의 진실 규명, 가해자의 처벌과 징계, 피해자에 대한 배상과 원상 회복, 치유와 재활 조치, 악법의 개폐 및 재심, 재발 방지를 위한 제도 개혁과 군경 공직자·미디어 종사자·의료인 등에 대한 인권법 및 인도법 교육, 시민에 대한 일반적인 인권교육을 포함한 만족과 사죄 등을 담고 있다(이재승, 2014: 220).

국가폭력에 대한 보편적 시민의 응답 의무는, 부정의한 집단 구조를 형성하는 종래의 가치관과 믿음, 태도를 바꾸고, 국가폭력을 야기한 종래의 정치사회 구조를 혁신하는 것이다(이재승, 2014: 269). 〈권리장전〉 역시 사회의 정치 구조, 제도, 이데올로기, 사람들의 의식을 바꾸는 것을 만족과 재발 방지 보증으로 보고 이를 제공하는 것이 국가의 의무라고 규정했다.

그러나 시민이 아무것도 요구하지 않는데 국가가 정의를 실현할 리 만무하다. 국가가 이러한 의무를 이행하도록 정치를 변혁시켜야 하는 것이 바로

....

2   General Assembly resolution 60/147 of 16, 2005. 12.

보통 사람들의 정치적 책무인 것이다. 보편적 시민은 항구적인 불침번으로서 폭력을 야기한 정치와 국가 구조를 영구적으로 혁신함으로써 과거청산을 정치의 일상적 과정으로 만들어야만 한다(이재승, 2014: 270).

참고문헌

권영숙, 〈우리가 진실을 규명하는 방식: '사회적 진상조사위원회'와 '특별검사'의 차이〉, 프레
시안 2014. 8. 15. 〈http://www.pressian.com/news/article.html?no=119530〉. 최근검색일:
2016. 4. 16.

권창규, 〈어떤 죽음을 어떻게 슬퍼할 것인가: 세월호에 대해, 세월호로부터〉, 《진보평론》 61,
2014, 22~36쪽.

대한변호사협회 세월호참사피해자지원및진상조사특별위원회(2015a), 《4·16 세월호 참사 백
서》, 대한변호사협회, 2015. 2.

대한변호사협회 세월호참사피해자지원및진상조사특별위원회(2015b), 《4·16 세월호 참사 백
서》 참고자료, 대한변호사협회, 2015. 2.

서영재, 〈세월호 특별법 시행령안의 주요 내용 및 쟁점〉, 《이슈와 논점》 973, 국회입법조사처,
1~4쪽, 2015.

오동석, 〈유신헌법의 불법성. 학술단체협의회 기획〉, 배성인 외 공저, 《유신을 말하다》, 나름
북스, 133~164쪽, 2013.

오창룡, 〈세월호 참사와 책임회피 정치: 신자유주의 국가권력의 무능 전략〉, 《진보평론》 61,
2014, 37~52쪽, 2014.

이재승, 〈한국어판 부록: 국가범죄와 야스퍼스의 책임론〉, 야스퍼스, 칼, 《죄의 문제: 시민의
정치적 책임》, 앨피, 218~270쪽, 2014.

최원, 〈멈춰진 세월, 멈춰선 국가: 신자유주의적 통치성과 폭력의 새로운 형상〉, 《진보평론》
61, 53~70쪽, 2014.

9

언론권력의 탄생과
정권의 언론 장악

김서중　성공회대학교 신문방송학과

아무리 재난 보도에 대한 준칙이 만들어져도, 기자들의 저널리즘 교육을 강화해도, 권언유착의 구조가 깨지지 않는 한 세월호 보도 참사에서 목격한 왜곡 보도 상황은 나아지지 않을 것이다.

■ 이 글은 김서중, 〈세월호 보도 참사와 근본 원인〉, 《역사비평》(2015년 봄호)을 기본으로 하여 일부 내용을 수정 첨가한 것이다.

··· 세월호 '보도 참사'의 구조적 원인 ······

우리 언론은 세월호 참사 보도 과정에서 그 실체를 역력히 드러냈다. 언론의 보도 행태는 정상적이지 않았다. 결국 '보도 참사'라는 말이 나왔다. 시민들은 기자들을 '기레기'라 비난하였고, 일부 기자들은 자괴감에 자기반성과 함께 원인을 고민하고 저항하기도 했다.[1] KBS 사장이 교체되기도 했다. 하지만 이후 KBS를 비롯한 대다수 언론들의 세월호 참사 보도 행태는 크

....

1   KBS 38~40기 기자들은 사내 게시판에 반성문을 올려 사장 교체를 내세운 KBS의 저항을 촉발했고, 38기 강나루 기자는 집회에서 반성문을 올린 배경과 변화의 필요성을 역설했다(2014. 5. 14. http://www.wikitree.co.kr/main/news_view.php?id=172200). 반면 MBC는 기자들의 반성을 묵살하는 것을 넘어, 자신의 페북에 웹툰을 올려 회사의 명예를 훼손했다는 이유로 2015년 1월 21일 권성민 PD를 해고했다(http://www.mediatoday.co.kr/news/articleView.html?idxno=121379).

게 달라지지 않았다. 오히려 「세월호 특별법」 제정과 세월호 특별조사위원회 구성 그리고 정부의 시행령 제정 파문에 이르기까지 권력 친화적이거나 선정적 보도를 일삼았다.

방송기자연합회는 세월호 보도에 대한 반성을 《세월호 보도… 저널리즘의 침몰》이라는 책에 담아냈다(방송기자연합회, 2014 참조). 이 책은 세월호 보도 참사의 문제점과 유형을 ① 사실 확인 부족과 받아쓰기 보도, ② 비윤리적·자극적·선정적 보도, ③ 권력 편향적 보도, ④ 본질 희석 보도, ⑤ 누락·축소 보도 등으로 구분하였다(김서중, 2015, 39~49쪽 참조; 민주언론시민연합 2014 참조; 이진로, 2014 참조).

사실 확인 부족과 받아쓰기의 대표적 사례인 '전원 구조' 오보나 '총력 구조' 보도를 신속성에 매몰된 언론 행태에서 찾으려는 해석도 있지만, 정권 우호적인 결과를 기대하거나 정부의 보도자료에 의존하는 언론의 행태를 배제하고는 설명할 수 없다. 언론이 정부의 자기방어적 보도를 합리적으로 의심해 보는 저널리즘의 기본자세를 갖추지 않았거나, 정부에 부담이 되는 상황이 일어나지 않기를 바라는 방송사들의 바람이 투사된 결과라고 보는 쪽이 더 합당하다. 실제로 이후 보도된 선체 산소 주입과 진입 성공 오보, 엉켜진 시신 발견 오보 등은 모두 정권에 유리한 오보였다.

비윤리적인 보도는 일상적으로 행해졌다. MBC가 참사 당일 오후 5시 실종자가 수백 명인 상황에서 피해자가 받을 수 있는 보·배상을 계산해 보도한 것이 대표적이다. SBS의 피해 아동 얼굴 공개 인터뷰 보도, 모자이크 없이 세월호 승객이 찍은 세월호 내부 영상을 내보낸 YTN 보도, KBS의 '엉켜 있는 시신' 오보 등도 윤리적으로 옹호하기 어려운 보도들이다. 그러나 비윤리적 보도의 실체를 명확히 보여 준 것은 2014년 5월 7일 MBC 박상후 부장[2]이 잠수사의 사망을 두고 '분노와 슬픔을 넘어서'라는 제목으로 보도한 뉴스이다. 잠수사의 죽음을 빌미로 유가족들의 아픔을 의도적으로 외면한 채 정부에 대한 분노를 진정시키려는 정치적 의도가 다분한 보도였다.

누가 봐도 명백히 권력 편향적인 보도도 있다. 참사 다음 날 유가족과 대통령이 만나는 자리에서 발생한 항의 소음을 고의적으로 누락시키고, 항의 내용을 배제한 채 보도한 KBS나 YTN은 박근혜 대통령 지키기에 나섰다고 비판받아 마땅하다. 언론이 일종의 경호견 역할을 수행한 것이다(이봉수, 2014. 4. 25). 반면에 이 과정에서 공무원들이 한 실수는 아예 보도하지 않거나 그들의 변명을 적극 보도하는 이중적 태도를 보였다.

안타깝게도 정부나 법원의 판단과 달리 세월호 참사의 원인은 아직도 의혹투성이다. 세월호 참사의 원인을 과적으로 보는 정부와 언론의 견해와 달리, 소유 의혹부터 충돌설에 이르기까지 다양한 의혹이 제기됐지만 이에 대한 해명은 사실상 이루어지지 않았다. 그럼에도 언론은 모든 원인을 유병언과 구원파에게 돌리는 보도로 뉴스를 도배했다. 유병언 관련 보도가 넘치는 동안 이득을 얻은 사람은 누구였을까? 이 과정에서 참사부터 구조에 이르도록 제 역할을 하지 못한 공권력의 책임은 희석되고 사라졌다.

김장수 청와대 국가안보실장은 "청와대 국가안보실은 재난 컨트롤 타워가 아니다"라고 주장하여 논란을 야기했고 결국 경질됐다. 그런데 논란 중

....

2 박상후 부장은 유가족의 분노는 보도할 가치도 없다고 발언하고, 일베(일간베스트)의 글을 사내 게시판에 퍼다 나른 사람이기도 하다(김도연, 2015. 1. 28).

에는 제대로 보도하지 않던 지상파들과 YTN은 경질이 결정되자 이를 청와대의 '결단'으로 보도했다. KBS 길환영 사장은 해경에 대한 비판 자체를 자제시켰다. 누락 및 축소 보도가 이루어진 것이다. 그 외 세월호와 관련한 다양한 사건들이 권력에 불리하면 보도되지 않았다.

'세월호 보도 참사' 이후 쏟아진 비판은 대부분 재난 보도 원칙을 지키지 않았다는 점에 모아졌다. 그러나 세월호 보도 참사는 기자 개인의 취재윤리로는 해결할 수 없는 구조적 원인, 즉 직간접적인 정치적 요인들이 작동하여 만들어 낸 결과이다. 앞서 분류한 다섯 가지 보도 참사의 유형도 궁극적으로는 권력 편향적 언론 구조에서 비롯되었다고 할 수 있다. 결국 정치적 억압 요인이 작용하고 있는 한국 언론의 특수한 상황을 들여다보아야 한다.

한편에서는 세월호 보도 참사의 구조적 원인으로 상업성을 지적하기도 한다. 신속성, 선정성 등 경쟁 체제를 부추기는 언론의 상업성이 이 같은 비윤리적이고 무책임한 보도 행태를 양산했다는 것이다. 즉, 재난 보도가 실패하는 이유는 재난 보도준칙이 정립되지 않았거나 기자들의 취재윤리 의식이 부족한 이유도 있겠지만(방문신, 2014; 홍은희, 2014), 그보다는 신속성을 앞세워 시청률과 클릭 수를 높이려는 언론의 상업적 이윤 추구 논리가 기자들의 취재·보도윤리를 억누르고 있기 때문이라는 것이다. 인터넷 언론의 이윤 구조를 의미하는 '클릭 장사'라는 표현이 더 이상 낯설지 않고, 대다수 언론들이 이러한 경향에 지배당하고 있는 것이 현실이다. 그러나 이 상업성 역시 궁극적으로는 정치적 요인들과 무관하지 않다. 우리 언론의 경쟁 상황은 시장에서 자연스럽게 형성된 것이 아니라 정권의 정책에 의해 인위적으로 형성된 측면이 있기 때문이다. 특히 이명박 정권 당시 시장의 경고를 무시하고 네 개의 종합편성채널을 무더기로 승인한 결과, 신규 진입 종편들은 물론 기존의 방송들도 언론으로서의 역할보다는 시장에서의 생존을 우선 고려할 수밖에 없는 상업적 경쟁 상황으로 내몰렸다. 그 결과, 우리나라의 종편들은 시청자들보다는 권력에 취약한 구조, 즉 친권력적인 보도를 할 수밖에 없는 언론 구조와 지나친 상업적 경쟁 속에서 언론으로서의 기본을 지킬 수 없게 되었다.

… 미군정부터 이명박 정부까지,
   언론권력의 탄생   ……

현재 한국의 언론 구조를 정확히 이해하려면 최소한 해방 이후 우리 언론의 변천 과정에 대한 선이해가 필요하다. 미군정 시기 좌익언론의 배제, 제1공화국 초기 혁신언론의 배제 등을 통해 보수우익 언론들만 살아남은 과정, 5·16쿠데타 정권으로 이른바 '지사형志士形' 언론이 무너지고 언론의 상업화가 이루어진 과정, 유신정권에 의해 언론인이 축출되고 언론 경영진이 지배연합에 포섭되어 친권력화하는 과정, 그리고 5공 정권 당시 친권력화한 언론이 급격히 언론산업(산업화)으로 성장하는 과정, 87년 민주화 이후 친권력 언론들이 독자적인 언론권력으로 성장하여 권언유착權言癒着하는 과정이 지금의 언론 구조를 이해하는 중요한 기반이다.

다른 한편으로 현재의 방송 구조를 이해하기 위해서는 국민영방송 체제에서 1972년 형식적 공민영방송 체제로, 1980년 언론통폐합에 따라 공영방송 중심 체제로, 그리고 1990년 공민영 체제로 이행하는 과정 등에 대한 이해가 필요하다. 이러한 경향은 언론에 대한 권력의 직접통제 방식에서 정치권력이 자본의 지배를 확대하고 연합하는 방식으로 이행되었다고 압축 정리할 수 있다. 즉, 국가 후견적 지배연합에서 조합주의적 지배연합으로의 재편이다(김은규2014, 160쪽).

이런 경향성에 대한 저항은 1987년 대통령 선거에서 보수 신문의 왜곡을 경험한 시민들과 87년 민주화 과정에서 노조와 기능별 조직(기자협회, PD협회 등)을 구성한 언론인들이 언론 개혁을 요구하고 나서면서 본격화되었다. 1990년대에 이들은 재벌언론, 언론재벌의 폐해를 시정하고 방송 공공성을 강화할 것을 요구하였다. 이런 시민사회의 요구를 수용한 김대중 정부는 「통합방송법」을 제정해 방송의 독립성과 공공성을 강화하고 언론사 세무조사를 통해 신문시장 정상화를 시도하기도 했다(김은규, 2014, 160쪽). 노무현 정부는 언론(신문)권력과 대립각을 세웠고, 「정기간행물 등의 등록에 관한 법률」을 「신문 등의 자유와 기능보장에 관한 법률」로 개정하여 시장 정상화와 편집권 독립을 시도하였다. 하지만 이명박 정부 이후 권력의 언론 재지배로 환원하면서 친권력적 언론의 확대가 이어졌다.[3] 정부의 방송 장

· · · · · · · · · · · · · · · · · ·

3 그 결과, 심훈(2013)이 방송학자 129명을 대상으로 조사한 바에 따르면, 방송학자들은 노무현 정부와 달리 이명박·박근혜 정부 집권기의 KBS, MBC 뉴스의 공공성이 심각하게 악화되고 있다고 보고 있다. 양 방송사의 뉴스를 대상으로 중립성, 사실성, 사회적 다양성, 사회적 약자 보호, 사회 감시 및 권력 비판 등의 항목에 대해 10점 만점으로 응답하게 한 결과, 노무현 정부 시기는 모두 6점 이상이었지만, 이명박·박근혜 정부 집권기는 둘 다 KBS가 사실성에서 4점대였을 뿐 대부분은 3점 대였고, MBC는 심지어 사회적 다양성이나 권력 비판에서 2점대까지 떨어졌다.

악, 미디어 관련법의 개악, 종편 무더기 승인 등이 대표적인 사례다.

⋯ 이명박 정부의 방송 장악 ⋯⋯⋯

언론의 인적 구성 교체

이명박 정부는 감사원, 검찰, 국세청, 교육, 방송통신위원회, 공영방송 이사회 등 공정하고 중립적이어야 할 국가기구와 공공 기구를 동원해 KBS, MBC, 연합뉴스, YTN 등 공영 미디어들의 경영진을 교체해서 통제했다(신태섭, 2013, 13쪽; 김서중, 2008, 365∼367쪽).

이명박 정부는 「방송통신위원회의 설치 및 운영에 관한 법률」을 통해 방송통신위원회를 구성하고 대통령 후보 언론특보를 지낸 최시중을 위원장으로 임명하였다. 이 법은 정부 여당에 절대적으로 유리한 위원 구성 조항(5조)과 더불어 위원장이 독임제적 권한을 갖도록 하는(6조) 독소 조항을 포함하고 있다. 정부 여당 몫이 되는 위원장은 사무통괄권, 회의소집권, 의안제안권 등에서 다른 상임위원에 우선하는 독임제 장관의 권한을 갖게 되며, 이는 당시까지 당연시되던 '합의제 독립 행정위원회'라는 사회적 합의에 배치되는 것이었다.

특보 출신으로 방송총괄부처의 장이 된 최시중 씨는 KBS 이사장을 압박해서 사퇴시키고, 나머지 이사들은 공권력까지 동원해 해임하거나 압박했다. 여당 성향의 이사 수를 늘린 뒤에는 정연주 사장을 퇴진시켰다. 이 과정에서 정연주 사장을 압박하기 위해 검찰과 감사원까지 동원했다. 「방송법」은 임면권이 아닌 임명권만을 규정하고 있음에도 감사원은 해임 요구를 하고, 대통령은 해임이라는 월권을 행사했다. 결국 2012년 2월 23일, 대법원은 정연주 사장 해임이 부당하다는 판결을 내렸다.

이명박 대통령은 자신의 대통령 후보 시절 방송 담당 상임특보를 지낸 구본홍을 보도전문채널 YTN 사장으로 앉혔고, 이에 저항하는 노조원 33명을 인사명령 거부와 업무방해 등을 이유로 징계했다. 여기에는 노조위원장 출신 노종면, 현덕수 등 6명의 해임이 포함됐다(김도연, 2014. 12. 2). 대법원은 2014년 11월 27일 노종면, 현덕수, 조승호에 대한 해임을 유지한 고법 판결을 확정했다.

이명박 대통령은 후보 시절 자신의 선거운동에 관여했던 인물들을 언론 또는 언론 유관단체에 사장 또는 임원으로 포진시켰다. 그 숫자가 20여 명이 넘는다. 또, MBC의 대주주 방송문화진흥회는 2010년 2월 MBC 엄기영 사장을 사퇴시키고 언론특보 출신은 아니지만 대통령과 친분이 있는 김재철을 사장에 앉힌다. 김재철 사장 역시 청와대의 경영진 인사에 항의한 노조위원장을 해임하고, 방송 민주화의 산물인 국장책임제와 관련된 단체협약을 일방적으로 해지하였다. MBC 노동조합은 2012년 170일간 파업하며 김 사장의 퇴진을 요구했으나, 김 사장은 노조위원장을 비롯한 조합원 해임으로 이에 대응했다. 해임된 조합원 6명은 1심에 이어 2심인 서울고법에서도 방송 공정성 보장이 파업 목적으로서 정당하기 때문에 업무방해를 이유로 해임한 것은 부당하다는 판결을 받아 냈다. 하지만 2014년 2월 임명된 MBC 안광한 사장은 대법원 결과까지 보겠다며 이들을 복직시키지 않았다.

언론의 본질적 기능 침해: 프로그램과 진행자 교체

경영진을 교체한 이명박 정부는 정권에 비판적인 프로그램을 폐지하거나 탈색시키고 진행자를 교체했으며, 사내에서 해결할 수 없는 사안은 방송통신심의위원회나 재판을 이용해 탄압하였다(김서중, 2014, 288~289쪽).

KBS 이병순 사장은 정치풍자 프로그램 〈시사투나잇〉을 종영시키고 〈시사투데이〉로 대체했다. 〈시사기획 쌈〉의 이름을 바꾸고, 탐사보도팀을 사실상 해체시켰다. 또 스타골든벨 프로그램 진행자인 김제동 씨를 하차시켰다. MBC는 인적 교체가 중심이었다. 논란 끝에 〈백분토론〉 진행자인 손석희 씨도 그만두었다. 김미화 씨도 하차 압력을 받고 버텼지만 결국 물러나고 말았다.

방송통신심의위원회가 공정성을 이유로 정부 비판 프로그램에 가한 징계 조치들은 언론의 기본 기능을 본질적으로 침해하는 것들이었다. 그 대표적인 사례가 광우병 의심 미국 소의 수입검역 조건을 다룬 〈PD수첩〉에 대한 탄압이다. 방송통신심의위원회는 사과 조치를 명하였고, 검찰은 명예훼손 혐의로 수사하고 기소했다. 하지만 사법부는 무죄를 선고했다.

이명박 정부는 방송규제기구를 장악하고 그 힘을 이용해 공영방송 경영진의 부당한 교체, 이에 저항하는 언론인 해직 등 징계, 프로그램 폐지 또는 압박 등을 통해 비판적인 목소리를 누르는 직접통제를 관철시켰다.

박근혜 정부에서도 경영진 장악을 통한 방송 통제는 현재 진행형이다. KBS, MBC, YTN의 사장은 여전히 정부의 의사에 따라 결정되고 있으며, 비판적 프로그램들은 사라졌다. 방송통신심의위원회는 정부 비판적인 프로그램에는 중징계를 내리고, 동일한 성격의 정부 우호적인 방송 프로그램에

대해서는 경징계 또는 문제없음으로 처리하는 이중 잣대를 적용하고 있다.[4]

　권력이 언론을 장악하고 있는 지금, 체계적인 조사를 통해 진실이 낱낱이 밝혀지지는 않았지만 권력이 방송사 인사 또는 이를 통해 방송 내용에 깊게 개입했음이 여러 가지 사례에서 드러나고 있다. 길환영 KBS 사장이 청와대의 뜻에 따라 자신의 사퇴를 종용했고, 김인규 사장 시절부터 길환영 사장에 이르기까지 사장이 뉴스 큐시트(프로그램 제작 진행표)를 받아 보고 내용에 간섭했다는 KBS 김시곤 보도국장의 증언(온라인뉴스부, 2014. 5. 17)이나 MBC 김재철 사장이 청와대에 가서 '쪼인트 까이고' 경영진 인사를 했다는 김우룡 방문진 이사의 증언 등에서, 권력이 언론을 장악해 내용과 그 내용에 영향을 미칠 수 있는 인사에 관여하고 있음을 유추해 볼 수 있다. 그 실상은 언론 장악에 영향을 미친 권력이 교체되고 나면 진상 규명을 통해 밝혀져야 할 과제로 남아 있다.

....

4　2013년 11월 5일 통합진보당 해산심판청구 관련 뉴스에 김재연 의원(통진당 대변인)을 출연시켰다는 이유로 JTBC의 해당 프로그램 관련자 징계 및 경고라는 중징계가 내려졌다. 하지만 해당 프로그램은 법무부의 해산청구 내용을 전하면서 반론권 차원에서 김재연 의원에게 발언 기회를 준 것이었다. 반면 2013년 9월 30일 채널A가 〈뉴스 특보〉와 〈뉴스쇼 판〉에서 채동욱 전 검찰총장의 내연녀로 지목된 임모 씨의 가사도우미가 발언한 내용을 전달하면서 채 전 총장 측의 반론 없이 20여 개의 기사를 내보낸 것에 대해서는 '특종이라는 측면에서 문제없다'는 결론을 내렸다.

··· 언론 다양성에 역행한
미디어 관련법 개악 ······

2008년 12월 3일, 당시 한나라당은 「방송법」과 「신문법」 개정안을 제출하고 그해가 가기 전에 개정하려 했다. 그러나 언론운동 단체들과 야당의 강력한 저항에 부딪힌 한나라당은 미디어발전국민위원회를 발족시켜 의견 수렴 절차를 거쳤다. 하지만 이는 형식적 절차에 불과했고, 실질적으로 의견 수렴 기회를 갖지 못한 미디어발전국민위원회는 두 개의 보고서를 제출하는 파행으로 마무리되고 말았다. 한나라당은 이런 절차를 거쳤다는 명분으로 2009년 7월 22일 날치기 처리를 강행했다.

야당은 이를 이유로 헌법재판소에 대리투표, 재투표가 이루어진 표결 절차의 효력정지가처분과 권한쟁의심판을 청구했다. 헌법재판소는 이에 대해 위헌 위법한 절차가 있었다고 판단하면서도 그 법적 해결은 국회에 위임함으로써 사실상 법이 효력을 발생할 길을 열어 주었다. 한나라당이 주도하던 국회는 이를 재논의하지 않았고, 대통령은 공포하여 법 효력을 발생시켰다(김은규, 2014, 162~163쪽).

2009년 미디어 관련법, 즉 「방송법」·「신문법」의 개정을 '개악'이라 비판하는 것은 절차상의 문제 때문만은 아니다. 보도를 하는 방송 영역에 그동안 금지되었던 대기업과 신문사의 진출을 허용했기 때문이다. 이로 인해 「신문법」·「방송법」 개정은 기본적으로 방송의 다양성, 공공성, 독립성, 공정성을 약화시켰다. 미디어 관련법 개악으로 이미 신문업계의 강자들인 '조·중·동·매'(조선일보, 동아일보, 중앙일보, 매일경제)가 각각 종합편성채널

(종편)의 대주주가 됐다. 이는 다양성의 증대가 아니라 신문 영역에 이어 전체 언론의 획일성을 강화시켰다. 또한 미디어 관련법 개정 이후 도입된 종편들은 막말방송[5]과 편파방송으로 방송의 질적 저하까지 초래했다.

한나라당이 주도한 미디어 관련 법안의 핵심은 소유 제한을 완화하는 것이었다(김서중, 2011, 206쪽). 구체적인 내용을 들여다보면, 우선 지상파와 종편 그리고 보도전문채널의 최대주주 지분을 30퍼센트에서 40퍼센트로 상향 조정했다. 대기업과 신문의 지분은 지상파의 경우 애초 법률안인 20퍼센트에서 10퍼센트로 하향 조정했지만 진출은 가능하게 만들었다. 종합편성채널과 보도전문채널은 더욱 심각하다. 대기업과 신문사의 지분 한계를 30퍼센트까지 허용하여, 이를 통해 정권이 매체 자본들과 우호적인 관계를 맺을 수 있게 됐다.

2009년 당시 많은 전문가들은 거대 권력인 대기업과 신문사들이 방송 보도에까지 진출할 경우, 여론 다양성이 무너지고 권력 감시 기능은 무력화될 것이라고 예상했다. 미국의 폭스뉴스나 이탈리아 베를루스코니의 언론권력 장악이 대기업 및 신문사들이 진출한 우리 방송의 미래를 보여 준다. 정부가 직접 장악한 공영방송이나 미디어 관련법 개정의 수혜를 입은 종편들이 세월호 참사와 관련하여 보여 준 권력 편향적 보도는 그 전형적인 예에 불과하다.

....

5 방송통신심의위원회의 '이중 잣대' 비판에도 불구하고, 가장 많은 심의 제재를 당하는 방송은 종편들이다. 그만큼 종편의 방송 내용은 편파적이고 선정적이다.

··· 정권 우호적인 방송의 창출 ······

이명박 정부가 추진한 방송 구조 개편은 공영방송의 직접 통제에 더하여 미디어 관련법 개정을 통해 우호적인 새로운 방송을 창출하는 것으로 일단락됐다. 공영방송은 그 특성상 정권 교체에 따라 우호적인 방송에서 비판적인 방송으로 전환될 가능성을 내포한다. 보수집권 세력은 집권과 무관하게 항구적인 우호 세력을 형성하고자 했고, 이를 위해 무리하게 도입한 것이 바로 종편이었다. 미디어 관련법 개정으로 보수집권 세력에게 우호적인 (보수)신문사와 대기업이 뉴스 방송 영역에 진출할 수 있는 길을 열고, 이들에게 방송 진출을 허용하는 것으로 구조 개편은 마무리되었다. 보수 정권은 보수 언론에게 유리한 정책을 펼치고, 보수 언론은 정권의 은밀한 이데올로그이자 전위대 역할을 자임할 기반을 마련한 것이다.

편파적인 승인 심사

이명박 정부는 조·중·동·매가 주도한 컨소시엄들의 종편사업을 승인했다. 산업 성장이라는 미명 아래 추진했지만, 세간의 예측에 한 치도 어긋남 없이 조·중·동·매가 주도하는 컨소시엄들만을 승인했다. 이 절차 진행도 논란의 대상이었다.

종편의 최초 승인심사위원회에서 유일하게 실명을 공표한 심사위원장은 방송통신위원회 위원 당시 야당 추천 상임위원이었던 이병기 서울대 교수였다. 그런데 심사위원장 공표 직후 이병기 교수가 예비 대선 후보인 정치인 박근혜가 운영하는 '국가미래연구원'에 참여하기로 했다는 사실이 알려졌다(손봉석, 2010. 12. 28). 종편은 뉴스를 하는 방송을 의미하므로 선거에 영향을 미칠 수 있는 언론이다. 하지만 방송통신위원회는 끝내 심사위원장을 교체하지 않았고, 이병기 교수 본인도 사퇴하지 않았다.

심사 과정에서도 몇 가지 문제가 제기됐다. 심사위원의 주관이 개입될 여지가 적은 정량평가, 즉 납입 자본금 규모, 자금 출자 능력에서는 태광이 1위를, 재정적 능력에서는 한국경제가 2위를 했지만, 주관적 평가인 정성평가에서 두 컨소시엄 모두 조·중·동·매에 밀렸다. 출연금을 제외한 18개 항목 중 11개 항목에서 조·중·동이 나란히 1, 2, 3위 안에 들었으며, 이들은 이 대부분의 비계량 항목들에서 계량 항목 1, 2위를 하고도 탈락한 컨소시엄들보다 월등히 높았다.

종편에 대한 특혜

한편 신산업 성장 동력을 명분으로 새로운 방송 사업자를 선정하겠다던 정부·방송통신위원회는 사업자 승인 후 종편 사업자를 위해 별도의 (특혜)정책을 고려하고 있다고 밝혔고, 신문산업 위기를 들먹이며 수익을 낼 수 있는 방송 영역에 진출하게만 해 달라던 사업자들은 선정되자마자 공개적으로 특혜 정책을 요구하였다(김서중, 2014, 293쪽). 사실 제도적으로 보면 종편은 지상파 방송과 플랫폼이 다르지만, 내용상으로 보면 지상파와 동일 편성으로 동일 시장에서 경쟁하는 경쟁 사업자다. 그럼에도 종편은 지상파와 비대칭 규제라는 특혜를 받고 있는 것이다.

최진봉은 초기 종편에 대한 특혜를 황금채널 배정, 미디어렙 미적용, 의무전송 채널 지정, 유료방송(케이블방송이나 IPTV 등)의 수신료 배분, 방송발전기금 납부 유예 등으로 요약했다(최진봉, 2014, 20~25쪽). 황금채널은 수용자가 쉽게 접근할 수 있는 낮은 번호로, 이 번호대의 채널을 배정하는 것은 엄연한 특혜이다. 미디어렙 미적용은 방송광고 판매 대행사를 통하지 않고도 광고 영업을 하게 해 주는 특혜를 의미한다. 현재 종편은 방송광고 판매 대행사를 통해 광고 영업을 하지만, 자사 미디어렙이라서 사실상 직접 영업하는 것과 다를 바 없다. 또한 종편은 지상파와 달리 방송발전기금을 내지 않고 있다. 방송통신위원회는 납부하도록 할 것이라 했지만 2016년 현재 아직도 납부를 유예 받고 있다. 종편은 적자영업을 이유로 방송발전기금 납부 유예 연장을 주장하고 있지만, 경인지역 지상파 방송인 OBS는 만성 적자임에도 기금을 납부하고 있다. 그래서 유예는 차별적 특혜일 수밖에 없다. 의무전송과 유료방송의 수신료 배분은 상충하는 개념이다. 수신료는 유료방송 사업자가 다양한 채널 편성을 위해 채널사용사업자(예를 들어 OCN과 같은)와 계약을 하고 콘텐츠에 대한 사용료를 지불하는 것이다. 하지만 종편은 의무전송 채널로 유료방송 사업자의 의지와 무관하게 편성된 것이기 때문에 유료방송 사업자가 사용료를 지불해야 할 필요가 없다. 그럼에도 사용료를 요구하고 지불하고 있는 것이 현실이다. 뉴스를 포함한 종합편성을 하고 있어 지상파와 차이가 없는 종편에 대한 비대칭 규제는 철폐되어야 한다.

이명박 정부의 방송 장악 과정은 공영방송에 대한 지배 확보, 그리고 우호 세력인 보수 신문의 방송보도 영역 진출 허용, 이들 방송에 대한 각종 특혜 등으로 압축할 수 있다. 따라서 정부와 공영방송, 정부와 종편의 관계는 특별한 관계일 수밖에 없다. 세월호 참사와 같은 국민적 비극이 일어났을 때 방송을 비롯한 언론들이 왜곡 보도를 양산한 배경에는 일반 재난 보도의 원칙을 지키지 않은 취재 방식과 보도윤리 문제가 자리하고 있으나, 그 근간에는 언론들이 권력과 맺고 있는 우호적인 특수 관계가 작동하고 있다고 봐야 할 것이다.

··· 기울어진 언론 환경의 복원 ······

주류 언론들이 권력과 맺고 있는 특수한 관계는 이명박 정권 이전에는 없거나 약화되고 있던 관계였다. 그러나 이명박 정부 들어서 전술한 바와 같이 권언유착의 구조가 강화됐다. 따라서 아무리 재난 보도에 대한 준칙이 만들어져도, 기자들의 저널리즘 교육을 강화해도, 권언유착의 구조가 깨지지 않는 한 세월호 보도 참사에서 목격한 왜곡 보도 상황은 나아지지 않을 것이다.

언론은 특정한 정치 세력에 종속되지 않고 독립적이어야 하며, 거리낌 없이 자유롭게 취재 보도할 수 있어야 한다. 그런 의미에서 지난 이명박·박근혜 정부 아래 특정한 정치 세력에 유리하도록 기울어져 온 언론 환경을 반드시 교정해야 한다. 이 글은 역사 청산 이후 제도적 정비를 통해 교정할 것을 제안한 신태섭의 구상을 소개하는 것으로 마무리하고자 한다(신태섭, 2013 참조).

역사 청산: 국정조사, 청문회 등을 통한 진실 드러내기

김대중·노무현 10년의 민주정권 기간 동안 이룩한 방송의 공공성은 이명박 정권 들어 채 1년도 지나지 않아 무너지고 말았다. 언론인들이 비록 조직(노조 등)적 저항을 펼쳤지만, 편법과 불법으로 방송을 장악하려는 권력에 저항하기 어려웠다. 따라서 권력의 공영 미디어 장악을 막을 수 있는 사회적 보호 장치 마련이 필요하다.

권력의 언론 장악을 허용하지 않겠다는 민주시민 의식은 가장 기본적인 보호 장치다. 즉, 국가권력을 이용해 다른 사람의 표현의 자유를 억압하고, 사상과 의식을 조작·동원하는 일이 사회적으로 용납될 수 없는 심각한 범죄임을 공유하는 작업이 필요하다.

이를 위해 국회 차원의 국정조사와 청문회를 통해 두 보수 정권의 언론 장악에 대한 진상을 철저히 규명해야 한다. 그리하여 언론 탄압 책임자에게 법적 책임을 지우고, 언론 장악에 저항하다가 퇴출당한 피해 언론인을 원상 복구시켜야 한다. 언론 장악에 대한 제재와 저항 행위에 대한 보·배상을 통해 권력의 언론 장악 의지를 약화시키고 언론인의 저항 의지를 사회적으로 배양시켜야 한다.

제도적 보완

첫째, 제도적 보완의 최우선은 내적 자유의 강화이다. 편성위원회의 구성·운영 방식을 법률로 규정하고, 방송의 공적 책임에 관한 규정을 보완하는 한편, 이를 재허가·재승인에 반영하고, 위반시 벌칙을 강화하는 법 개정이 필요하다. 종합편성 또는 보도에 관한 전문 편성을 행하는 방송의 경우, 노사 동수의 비율로 편성위원회를 구성해 '편성 규약'을 제정하도록 하고, 편성규약 안에 '노사 동수로 구성되는 공정보도위원회의 운영'과 '방송 프로그램에 대한 방송사 자율심의의 기준과 절차'에 관한 규정을 포함하도록 해야 한다. 국회는 2014년 여야 합의로 편성 규약 제정과 편성위원회 설치를 강제하는 법 개정을 시도했지만, 이 시도가 보수 신문들과 종편의 공격을 받고 여당이 일방 파기함으로써 무산됐다. 이 사례를 통해 내적 자유를 보장하는 제도들이 언론의 독립성과 공공성을 지키는 데 매우 중요한 장치임을 알 수 있다.

둘째, 정권의 방송 통제 도구로 전락한 방송통신위원회를 방송의 독립성과 민주적 여론 형성 및 통신에 대한 자유롭고 보편적인 이용을 보장하는 민주적이고 효율적인 공공정책 규제기구로 재구축해야 한다. 이를 위해 대통령의 위원회 지배를 보장하는 '위원장을 포함한 2인의 대통령 지명권'을 삭제하고, 위원장과 부위원장은 위원들 간의 자유로운 호선을 통해 결정하게 하는 등 합의제적 성격을 강화하는 것이 필요하다.

셋째, 공영 미디어의 이사회 구성과 사장 선임 방식을 개선해야 한다. 현행 방송법은 정부 여당이 공영 미디어 이사진의 절대다수를 독식하고, 형식적 절차를 통해 낙하산 사장을 선출하는 것을 견제할 장치가 없다. 이사회 구성에서 여야의 균형 혹은 특별다수제[6]의 도입으로 여당의 일방주의를

....

6 사장 선출 등과 같은 주요 사안에 대해서는 과반수 찬성이 아닌 3분의 2 찬성으로 의결하도록 하는 의결 제도. 신태섭은 절대다수제를 제안하고 있지만, 필자는 이사의 수가 편향되어 있는 이사진

차단하고, 공영방송 이사와 사장의 자격 요건을 개선하는 한편 이사와 사장 추천·선임 과정의 투명성을 제고하는 법 개정이 필요하다.

· · · · · · · · · · · · · · · · · · · ·

에서 절대다수제는 사장 선출에 적용할 수 있는 제도가 아니라고 생각하여 특별다수제로 수정하였다.

참고문헌

김도연, 〈공정방송 YTN 6년 싸움, 끝나지 않은 이야기〉, 《미디어오늘》 2014. 12. 2(http://www.mediatoday.co.kr/news/articleView.html?idxno=120384).

김도연, 〈'일베' 퍼나르던 박상후 MBC 부장, 팩트TV '도용' 벌금형〉, 《미디어오늘》 2015. 1. 28(http://www.mediatoday.co.kr/news/articleView.html?idxno=121510).

김서중, 〈정기간행물 관계법의 변천과 그 적용에 관한 연구〉, 서울대학교 박사학위 논문, 1996.

김서중, 〈현실로 드러난 이명박 정부의 언론장악〉, 《황해문화》 2008 가을호.

김서중, 〈시장주의자들의 반시장주의적 언론정책〉, 민주화를 위한 전국교수협의회·전국교수노동조합·학술단체협의회, 《MB 3년 백서》, 2011.

김서중, 〈세월호 참사 보도의 참혹함은 예정된 것〉, 《황해문화》 2014 가을호.

김서중, 〈세월호 보도 참사와 근본 원인〉, 《역사비평》 2015 봄.

김은규, 〈법질서와 언론통제─언론 공론장의 현실과 과제〉, 학술단체협의회 기획, 배성인 외 공저, 《법질서와 안전사회》, 나름북스, 2014.

민주언론시민연합, 〈거짓 방송이 아이들을 죽였다〉, 《시민과 언론》 17호 세월호 특별판, 2014. 5. 28.

방문신, 〈세월호 재난 보도가 남긴 과제와 교훈─방송 특보를 중심으로〉, 《관훈저널》 통권 131호, 2014. 6.

방송기자연합회 저널리즘 특별위원회 재난보도 연구분과, 《세월호 보도… 저널리즘의 침몰: 재난 보도의 문제점과 개선 방안》, 2014.

손봉석, 〈이병기 종편심사위원장, '박근혜 대선 캠프' 참여 구설수〉, 《경향신문》 2010. 12. 28(http://news.khan.co.kr/kh_news/khan_art_view.html?artid=201012281516401&code=910402)

신태섭, 〈이명박 정권의 언론장악 실상과 정상화 방안〉, 민주언론시민연합, 《민주당 언론대책특별위원회 세미나》, 2013.

심훈, 〈박근혜 정부 기간 KBS, MBC 뉴스에 대한 방송학자들의 평가 조사〉, 한국언론학회 가을철 학술대회, 2013.

온라인뉴스부, 〈김시곤 기자회견 '박근혜 대통령 뜻' 눈물 흘리며 길환영 KBS 사장이 사직 종용〉, 《서울신문》 2014. 5. 17(http://www.seoul.co.kr/news/newsView.php?id =20140517500038).

유승관·강경수, 〈세계 뉴스통신사의 재난·재해 뉴스 보도의 실태와 개선방안 연구〉, 《방송통신연구》 2011년 가을호.

이봉수, 〈총체적 국가재난 대통령 책임이다〉, 《경향신문》 2014. 4. 25.

이진로, 〈세월호 침몰사건 언론 보도의 문제점과 개선방안〉, 2014년 한국소통학회 봄철 정기학술대회, 2014.

최진봉, 〈종편 특혜의 문제점과 해소방안〉, "귀태방송' 종편의 막장보도·특혜 해소, 어떻게 할 것인가', 종편 국민감시단 세미나, 2014. 1. 7.

홍은희, 〈한국 재난보도의 과제―세월호 침몰사건 보도를 중심으로〉, 《관훈저널》 통권 131호, 2014.

안전 사회와 공론장의 형성

이종구 성공회대학교 사회과학부

한국 사회의 안전을 확보하는 길은 개인의 이해관계를 초월하여 공공성을 추구할 수 있는 공론장의 형성에서 찾아야 한다. 이를 위해서는 집권 세력만이 아니라 야당과 시민사회를 포함한 사회 운영에 책임이 있는 주체들이 미래 지향적인 사고와 행동을 실천할 수 있어야 한다. 즉, 안전 확보라는 공동의 목표를 가지고 사회 구성원들이 인간을 존중하는 가치관에 입각하여 사회적 연대 의식을 회복하는 길로 나아가야 한다.

··· 진상 규명 실패가 가져올
사회관리 비용 ······

2014년 4월 16일에 발생한 세월호 사건은 한국 사회의 민낯을 숨김없이 드러냈다. 해양경찰부터 청와대까지 정부 조직의 무능과 무책임성을 입증하는 사례는 헤아릴 수 없이 많다. 국회의 난맥상도 정부에 비해 손색이 없다. 간신히 「세월호 특별법」이 통과되고 진상조사위원회가 활동을 시작했지만, 여야가 기 싸움을 하느라고 오락가락하는 동안 유가족과 시민은 진이 빠지고 말았다. 보수를 표방하는 각종 단체와 언론은 느닷없이 사상 논쟁을 끌어들여 진상 규명을 방해하고 유가족을 윽박질렀다.

세월호 사건의 본질은 관료주의적 타성에 찌든 감독 공무원의 직무유기와 선주의 탐욕이 결합된 대형 재난이다. 그러나 책임 있는 당사자들이 숨어 버리는 통에 사회적 갈등이 계속 확대되었고, 혼돈 속에서 유언비어가 확산되면서 의혹이 커져 갔다. 많은 시민들은 국가 운영을 책임지고 있는 당사자들이 세월호 사건에 대해서는 모두 일이 흘러가는 대로 내버려 두고 있으며 집단적인 직무유기를 저지르고 있다는 의심을 품고 있다.

세월호 사건 이후의 혼돈은 책임과 권위를 기반으로 한 공론이 형성되기 어려운 한국 사회의 현실을 반영하고 있다. 공론이 꼭 다수파의 견해를 의미하는 것은 아니다. 이질적인 주장이 서로 부딪치더라도 사회 구성원들이 납득할 수 있는 합리적 견해가 도출되는 마당이 공론장이다. 공론이 형성되려면 주장을 펴는 당사자들이 책임감과 미래 지향적 합리성을 갖추고 있어야 하며, 상대방을 주체로 인정하고 존중해야 한다. 즉, 발언하는 주체들이 서로 입장은 다르더라도 문제의 성격과 해결 방향에 대한 공감대가 있어야 공론이 만들어지고 사회 통합이 이룩된다. 서로 말이 통하지 않으면 공론도 나올 수 없다. 이러한 상황에서는 목청 크고 우격다짐 잘하는 세력이 주도권을 잡고 이긴다. 그러나 패자가 승복을 하지 않거나 논의를 거부하고 장외로 나가 버리면 문제를 해결할 수 있는 틀 자체가 깨지므로 승자도 챙길 것이 없게 된다.

국회 결의로 설치된 세월호 사건 진상조사위원회는 어렵게 마련된 좁은 공론장이라고 할 수 있다. 그런데 진상조사위원회가 출범하자마자 보수 언론은 운전기사 달린 공용차를 요구했다느니, 중앙정부의 어느 부처보다 큰 조직이라느니 하며 갖가지 트집을 잡고 나섰다. 게다가 정부가 제시한 시행령은 시민과 피해자의 조사 활동 참가를 최소화하고 있다. 죽은 사람 챙기는 데 쓰는 돈이 아깝다는 식이다.

진상 규명이라는 형식을 갖춘 해원解冤의 장을 깨 버리면 눈에 보이지 않는 사회적 비용이 발생한다. 가장 큰 비용은 공적 권위의 추락이다. 정부나 공공 부문에 대한 시민의 불신이 고조되므로 사회 관리 비용이 상승할 수밖에 없다. 또한 국회에 대한 불신이 더욱 고조되고, 시민들이 정치적 의사를 관철하기 위해 광장에서 세력 대결을 벌이는 사태가 일상화될 가능성이 높아진다. 시장경제와 의회 민주정치의 가치를 신봉하는 진짜 보수 세력은 이러한 상황을 바라지 않는다. 무엇을 지켜야 하는지를 모르고 사회적 책임감도 없는 '저질' 보수들이 약자를 매도하고 위력을 과시하는 것으로 존재 이유를 증명하려 한다. 엉터리 보수가 길거리에 넘쳐 나면 민주진보 진영도 안이해져 걸핏하면 비난 성명이나 내고 체면 관리를 하는 타성에 빠질 수 있다. 보수 진영과 민주진보 진영이 동반 추락하는 악순환은 정치만이 아니라 사회체제 자체를 황폐화시킨다. 물론 그 최대 피해자는 일반 시민이다. 이 악순환을 선순환으로 전환시켜 모두 같이 안전한 사회를 만들 수 있는 길을 찾아야 한다.

… 공공성 상실한
한국 자본주의의 위기 ……

세월호 사건의 전개 과정을 관통하는 키워드는 '돈'이다. 일본에서 고철로 처리될 배를 수입해 사용한 것부터 선박 개조, 운항 관리 및 감독 부실이 모두 돈 때문에 일어난 일이다. 규제 완화는 사업자의 수익 극대화를 돕는 것이 정부의 역할이라는 억지 논리를 합리화하는 명분이 되었다.

본래 규제 완화는 김대중 정부가 군사정권의 개발독재가 남긴 유산인 관치경제를 청산하고 부정부패의 소지를 원천적으로 없앤다는 명분으로 강조하기 시작한 정책 기조이다. 더구나 국민의 정부가 집권하기 직전인 1997년 연말에 들이닥친 외환위기를 극복하는 과정에서 각종 규제가 시장 원리의 관철을 가로막고 기업의 의욕을 꺾는 사악한 존재로 부각되었다. 정부, 재계, 언론은 해마다 규제의 내용은 상관없이 건수를 기준으로 규제 완화 목표를 세우고 달성을 독려하기 시작했다. 관치경제의 해체라는 명분 앞에서는 기득권층의 담합을 감시하는 시민단체도 무력화되었다. 순식간에 규제 완화 자체가 목표가 되었다. 시민과 소비자의 권익을 보호하려는 취지에서 도입한 좋고 필요한 규제도 이 같은 흐름 앞에서는 속수무책이었다.

세월호 사건의 가장 직접적인 원인인 정부 당국의 감독 소홀을 공무원 개인의 문제로 보기 어렵다. 이미 단속 기준도 느슨해졌지만, 수단 방법을 가리지 말고 이익만 창출하면 된다는 가치관이 지배하는 사회에서 원리 원칙대로 근무하는 공무원은 공공의 적으로 간주되기 일쑤이다. 그 결과, 관료 기구가 공공성의 수호라는 본래의 역할을 수행할 수 없을 정도로 한국 정부의 관리 능력은 저하되었다. 그러나 근본적으로는 관료 기구와 정부를 운영하는 정치권의 무능과 무책임이 세월호 사건 피해자가 겪는 고통에 책임이 있다.

보수를 표방하는 새누리당, 민주화의 기수를 자임하는 더불어민주당, 투쟁 경력만 내세우는 구태를 벗어난 새로운 야당을 지향하는 국민의 당만이 아니다. 유일한 원내 진보정당인 정의당마저 불편한 진실을 외면한 채 보고 싶은 것만 보는 인지장애 증상을 공통적으로 보이고 있다. 과거의 실적은 부풀리고, 현재의 문제는 남의 탓을 하고, 미래의 목표는 얼버무리는 정치공학이 정치권의 공통된 문제점이다. 제도권 정당들이 모두 하루하루를 적당히 넘기고 선거만 무사히 치르려는 타성에 물들어 있으니 중요한 현안이 생길 때마다 국회가 맥을 못 춘다. 물론 국회의원들도 국회가 무력해지고 권위를 상실하면 의회민주주의 정치체제의 근본이 무너진다는 사실을 잘 알고 있다. 그러나 직업 정치인에게는 차기 선거에서 공천을 받아 재당선되는 것이 훨씬 현실적인 사안이다. 정치적 실리 확보에 도움이 되지 않는 거시적 쟁점에 이들이 헌신적으로 끼어들 까닭이 없다.

의회정치의 무력화는 결과적으로 사회적 갈등 조정 기제의 마비, 거대 이익집단의 전횡, 사회적 약자의 극단적 저항, 시민의 정치 혐오라는 악순환을 가져온다. 그러나 지금은 1970~80년대와 같이 군사독재에 대항하는 민주화운동 시대가 아니다. 과거처럼 제도권 정치의 부실화가 시민 주체의 발언권과 영향력을 확대하는 결과로 이어지기 어려워졌다. 절차적 민주화와 함께 적과 동지를 가르는 기준이 희미해졌으며, 시민사회 내부에서도 현실적 이익의 차별화와 정치적 입장의 분화가 진행되었음을 인정해야 한다. 이처럼 다양하게 분화된 시민사회의 입장이 정책으로 실현되려면 매개적 역할을 하는 정당이 제대로 작동해야 한다. 현재처럼 보수, 민주, 진보의 가치를 내세우는 원내정당의 행동들이 각자의 사회적 기반과 괴리되어서는 이 역할을 제대로 할 수 없다.

제도 정치권의 총체적 무력화는 시장 논리에 대항할 수 있는 담론의 부재가 원인이다. 신자유주의가 탄생한 미국이나 영국에서도 통하지 않을 만큼 극단적인 한국판 시장 옹호론에 제동을 걸 담론이 없다. 가장 대표적인 사례가 재벌 기업의 불법행위에 대한 사법부와 언론의 태도이다. 기업의 불법에도 불구하고 언론은 사법부가 "경제에 미치는 영향을 고려하여 정상 참작"을 할 것이라고 예언하고, 실제로 사법부는 가벼운 처벌을 내려 체면치레를 한다.

사실 기업의 대표적인 불법행위인 주가조작이나 기업 실적 허위 공시는 자본주의경제의 기초를 파괴하는 심각한 범법 행위로, 미국이나 영국에서는 엄청난 중형의 대상이다. 그러나 우리나라에서는 그렇지 않다. 정부가 기업 행동을 규제하는 정책을 내놓아도 재계에서 '경제 활성화'를 가로막는 조치라고 논평하고 언론이 맞장구를 치면 대부분 없던 일이 되어 버린다. 기업이 뿌리는 돈의 위력도 문제지만, 정치권과 언론이 자본주의가 존속하기 위해서라도 공공성을 저해하지 않는 범위 내에서 시장의 자유를 보장할 수밖에 없다는 기본 원리를 무시한다는 점이 더 큰 문제이다. 시민의 생활 환경 개선과 직결되는 환경, 노동, 복지 분야를 배려하지 않는 자본주의 체제로는 선진국이 될 수 없다.

세월호 사건에서 극단적인 형태로 노출된, 기업 이익을 위해서는 시민의 안전을 희생해도 좋다는 사고방식은 공공성 개념이 상실된 약육강식 상태의 자본주의 체제를 반영한다. '공공성'은 사회 구성원 전체의 편익을 확대하기 위해 필요한 판단 기준이라고 할 수 있다. 기업이 돈을 벌면 모든 시민에게 이익이라는 말은 일리가 있다. 그러나 이는 시장 환경이 파괴되지 않는 한도에서 성립하는 말이다. 자본주의의 위기를 의미하는 공황은 소비자의 구매력이 부족할 때 발생한다. 1930년대 세계 대공황에서 교훈을 얻어 만들어진 수정자본주의 체제는 소비자의 노동조건과 사회복지 수준을 정책적으로 관리하고 있다. 따라서 시민의 생활 세계를 황폐화시키는 기업의 행동은 자본주의 시장경제 질서 자체를 파괴하는 행위라 할 수 있다.

또한, 개별 이익을 단순 합산한 것이 전체의 이익은 아니다. 기업의 이윤을 위해 희생되어도 괜찮은 사회적 편익이나 가치는 없다. 사회적 책임을 망각한 기업의 행동은 규제와 감독을 받아야 마땅하다. 그래서 자본주의가 제대로 발전하려면 이를 뒷받침하는 문화적 요소인 정신적 가치관이 있어야 한다. 굳이 서양의 고전인 막스 베버의 '청교도 윤리와 자본주의 정신'을 언급할 필요도 없이, 신용을 중시하는 동남아시아의 화교들이나 검약을 생활화한 조선시대 개성상인들을 떠올려 보라.

현재 한국 사회의 최대 위기는, 정치적·경제적으로 거인이 되고 있는 중국이 미국이나 일본과 세력 갈등을 벌이는 국제 정세의 격동이나 북한의 핵 개발이 아니라 내부의 정신적 붕괴라고 할 수 있다. 위기 상황에서 무엇을 먼저 할 것인가를 규정하는 사회적 가치관과 기준이 없으니 개인만 살겠다고 허둥대다 전체를 망치는 사태가 빚어질 수밖에 없다. 승객들에게는 대기하라고 방송하고 자기들만 빠져나온 세월호 선원들, 가라앉는 배를 보고만 있었던 해경, 진상 규명을 요구하는 유족과 시민을 빨갱이라고 모욕하는 보수 단체 회원들의 행동은 전체가 어떻게 되거나 말거나 나의 이익만 챙기려는 가치관을 반영한다.

세월호의 선주와 해경에 대해서는 분노하는 기사를 쏟아 내지만, 언론도 일반 시민의 이기주의에는 무관심하다. 장애 아동을 위한 특수학교 설립을 집값이 떨어진다는 이유로 반대하는 중산층 시민을 언론이 정면으로 비판한 사례는 없다. 남아프리카공화국의 만델라를 존경해야 한다는 특집 기사를 게재한 유력지들도 넓은 평수의 아파트 거주자들이 인근에 들어선 임대아파트 주민들의 접근을 막는 철책을 세우는 사건이 발생하자, 이 부유한 천민들이 아니라 인위적으로 형평성을 추구하는 노무현 정부의 정책을 비판했다. 유력 언론사의 논객들은 노무현 정부가 중산층과 빈민을 섞어놓는 '소셜 믹스social mix'라는 사회통합정책을 펴서 이 사태가 벌어졌다고 집단 이기주의를 옹호하는 논지를 폈다. 임대아파트에 거주하는 서민을 차별하는 의식은, 한국 사회가 마르크스주의자들이 비판한 19세기 중반의 영국과 같은 계급사회로 퇴행하고 있다는 우려를 자아낸다. 계급 격차의 존재 자체를 인정하지 않는 사람은 계급투쟁의 확산을 방지하는 제도적 장치인 사회복지 정책의 필요성도 깨닫지 못한다.

다른 사람에 대한 관심이나 배려가 없는 이기적인 인간에게 사회적 연대 의식은 기대하기 어렵다. 그러나 자기 살 길은 자기가 찾아야 하는 황폐한 사회에서 이들만을 탓할 수도 없다. 무한경쟁을 강조하는 신자유주의가 만연하는 한국에서는 사회 해체의 조짐이 나타나고 있다. 사회를 구성하는 인간과 인간의 상호작용은 일차적으로 언어를 통해 매개된다. 사회 해체를 막으려면 서로 말을 해야 한다. 말이 통하려면 공유하는 기준과 가치관이 있어야 한다. 대립하는 주체들이 대화를 통해 기준과 가치관을 일치시키지는 못해도 서로 존중하며 이해할 수 있는 상태를 만들 수는 있다. 사회가 형성되는 광장이라고 할 수 있는 공론장의 복원이 시급한 이유이다.

··· 공론장을 형성하는 현실적 방안   ······

세월호 사건에서 드러난 한국 사회의 치명적 문제는 국가의 의사 결정을 담당하는 최고위 정치 지도자들까지 최소한의 사회적 책임감과 연대 의식도 갖추고 있지 않으며, 개별 이익의 추구를 절대시하는 저급한 시장 논리에 매몰되어 있다는 사실이다. 공공성의 가치를 의식하지 않고 개별 정파의 이익을 먼저 챙기는 정치권 인사들은 목전의 이익 추구에만 급급한 기업들 못지않게 사회 해체를 촉진하는 암적 존재들이다. 그러나 의회민주주의 체제를 채택하고 있는 한국의 정치권은 선출직이라는 정당성으로 무장을 하고 있다. 정치인들이 아무리 무능하고 한심해도 유권자의 대표이니 다음 선거 때까지 내버려 둘 수밖에 없는 것이 현실이다. 정책 생산성이 낮다고 국회를 매도할 수도 없다. 박정희 정권은 1972년 10월 유신維新을 선포하며 국회가 일하기에도 바쁜 장관을 자꾸 불러내 못살게 굴고 있으니 국정 효율화를 위해 국회를 해산해야 한다는 논리를 내세웠다.

한국의 정치권이 기능 부전 상태에 빠져 있으니 광장에서 시민들이 아무리 목소리를 높여도 분쟁이 해결되는 방향으로 나가지 않는다. 대부분의 유권자들은 다음 대선을 거치더라도 정치권의 상태가 나아질 것이라고 생각하지 않는다. 정치권이 첨예한 쟁점을 제도 내부에서 처리하는 역할을 수행하지 못하므로 합리적 토론이 사라지고 살벌한 진영 논리만 남게 되었다. 보수와 진보 내부에 존재하는 이념적 스펙트럼을 무시하고 종북과 수구라는 낙인만 찍고 있으면 공론이 만들어지는 마당 자체가 형성될 수 없다. 공론장이 복원되지 않으면 미래 지향적인 정치 발전을 기대할 수도 없고, 대형 재난의 재발을 방지할 수 있는 가능성도 줄어든다.

제대로 된 공론장公論場이 만들어지려면 우선 공론이 오고 갈 수 있는 환경이 정비되어야 한다. 무엇보다도 갈등의 당사자들이 각자의 이익에 집착하지 않고 미래 지향적인 자세로 사안에 접근하는 자세를 가져야 소통이 시작될 수 있다. 현재 권력과 자원을 가지고 있는 정치 주도 세력이 합리적인 문제 해결 방안을 제시하고 실천하려는 의지를 보일 때, 시민들도 미래에 대한 밝은 전망을 가질 수 있다. 기득권 집단에 대해 이의를 제기하는 사회운동 세력도 그동안 쌓은 명망이나 세력을 유지하려는 미련을 버리고 사회 전체의 편익과 복리 증진에 도움이 되는 참신한 방안을 제시할 수 있어야 한다. 즉, 현재 한국에서 집권하고 있는 보수 진영과 이에 이의를 제기하고 있는 민주진보 진영이 최소한 무엇이 해결해야 할 과제인지 문제의식이라도 공유해야 공론장이 형성되고, 사회 구성원이 납득할 수 있는 해법을 찾을 수 있다. 결국 대립하는 집단의 대표는 자기 이익을 넘어 공공적 가치를 실현한다는 지향을 가진 리더십을 갖추고 있어야 한다. 정치적 의사 결정에 직접 참여하는 정당만이 아니라, 여론을 주도하는 각 분야의 사회운동 단체도 사회적 책임감을 가지고 전향적으로 행동할 수 있을 때 공론장과 공론이 만들어질 수 있다.

그렇다면 세월호라는 국가적 비극을 해결할 공론장은 어떻게 만들어 가야 할까? 우선 국정 책임자라는 위상과 명분을 가지고 있는 정부, 여당부터 세월호 사건 진상 규명과 안전한 사회를 만들기 위한 제도 개혁을 선도해야 한다. 그러나 지난 2년간의 경과를 돌이켜 보면 사태 해결의 칼자루를 쥔 정부와 여당이 시민의 요구에 밀려 해결하는 시늉만 하고 있으니 공론장이 제대로 만들어질 수 없었다. 입만 열면 조국 근대화와 산업화를 주도 했다고 큰소리치는 현재의 집권 세력이 세월호 사건에서는 믿어지지 않을 정도의 무능력을 노출했다. 이를 단순히 일선에서 행정을 집행하는 관료 집단의 보신주의 탓으로 돌릴 수는 없다.

선거에서 이겨 집권했으므로 합법적 권위를 가지고 있으며 유권자에게 책임을 져야 하는 집권세력은, 이상하게도 1979년에 사망한 박정희의 혈통 적 후계자라는 카리스마를 내세워 대통령의 권위를 부각시키고 있다. 민주 사회 건설을 위해 청산해야 할 과거의 역사를 내세우며 현재 권력의 정당 성을 주장하는 정치 감각을 가진 집권 세력이 미래 지향적 사고를 할 가능 성은 희박하다. 부끄러운 과거사를 억지로 미화할 것이 아니라 인정할 것 은 인정하고 사과할 것은 사과해야 현실 감각이 생기고 미래를 구상할 수 있다. 과거의 실적이 현재의 오류를 합리화하는 것도 아니다. 5·16 '혁명' 공 약 서두에 등장하는 "기아선상에서 허덕이는 민생고를 시급하게 해결"하 는 과제가 종결되었으면, 그보다 높은 수준의 정책 목표를 설정할 수 있는 안목이 있어야 한다. 세계 10대 통상국가에 들어가는 한국에서 개발독재 로 산업화와 경제발전을 이룩했다고 떠들어 봤자 "또 그 얘기냐"라는 소리 만 나온다.

집권 세력이 선도적으로 안전사회 구축을 지향하려면 다소의 시행착오 를 감수하더라도 계획한 목표치를 달성하는 것이 우선이라는 군사정권 시 대의 왜곡된 가치관부터 폐기해야 한다. 서양을 모델로 삼아 급속하게 근 대화를 추진한 한국에서 안전관리에 대한 인식이 소홀한 것도 이상한 일이 다. 이는 사병을 소모품으로 취급하던 폐습이 몸에 밴 일본군 장교 출신들이 주도하던 군사정권의 체질이다. 이미 박정희 대통령 시대에도 와우아파트 붕괴 사건(1970)과 같은 졸속 근대화가 초래한 대형 참사가 발생했다. 세계 최고 수준의 산업재해 발생률이나 장시간 노동은 이미 박정희 유신정권 시대에 달성된 기록이다. 성수대교 붕괴(1994), 삼풍백화점 붕괴(1995)는 겉만 화려하게 꾸미고 내실은 돌보지 않는 고도 경제성장 시대에 형성된 한국 사회의 체질을 상징하는 사건이다.

2011년 일본의 후쿠시마 원자력발전소 사건은 외형적인 성장의 그늘에 감춰진 새로운 종류의 위험을 외면하다가는 결국 수습 불가능한 파국이 도래한다는 교훈을 준다. 한국 정부도 각종 납품 비리 사건이 속출하고 있는 현실을 무시하고 국내 원자력발전소는 안전하다는 강변을 늘어놓으며, 박정희 정권 시대에 건설되어 이미 수명이 다해 가는 낡은 설비의 처리 방향에 대한 논의 자체를 회피하고 있다. 현실을 직시하지 않고 그 순간만 모면하는 타성이 붙은 집권 세력은 사회 전체를 위기에 빠뜨릴 수 있다. 심지어 무상급식 예산을 둘러싼 논쟁마저 '종북' 운운하고 있으니 실사구시 정신에 입각한 합리적인 논의 자체가 성립될 수 없다. 내부의 비난을 감수하면서 해결해야 할 문제의 존재를 솔직하게 인정하고 공론장에 나올 수 있는 여당 정치인이 나타나면 직업적 소신을 가진 관료도 능력을 발휘할 수 있을 것이다.

집권 세력에 대해 이의를 제기하는 주체인 야당이나 재야 민주화운동 세력, 시민단체도 과거에 집착하다가 현재와 미래를 잃어버리는 오류에서 자유롭지 않다. 세월호 참사에 직접적인 책임이 있는 관계 당국자들의 무성의한 태도에 흥분한 야당이나 시민단체들이 "대통령의 잃어버린 7시간"과 같은 사안의 본질에서 벗어나는 공세를 펴며 다짜고짜 정권 퇴진을 외쳤다. 당장 속은 시원할지 몰라도 이 와중에 논의의 초점은 안전사회 구축이라는 궁극적 목표에서 멀어졌다. 또한 일본에서 폐기된 세월호를 수입해 운항할 수 있도록 해당 규제를 완화한 당사자는 이명박 정권이지만, 관료의 기득권을 타파하기 위해 규제를 완화하는 것이 좋다는 담론은 국민의 정부, 참여정부 하에서도 확대 재생산되었으며 민주화의 완성을 추구하는 시민단체들도 규제 완화에 동조했다. 당시에는 필요한 규제와 유해한 규제를 구분할 필요가 있다는 신중론을 펴다가는 개발독재를 그리워하는 보수파로 몰리기 십상이었다.

민주정부가 10년 동안 집권하며 실행한 개혁의 성과와 한계에 대한 자체 평가는 생략한 채 보수 세력과 관료의 저항만 탓하는 일부 민주진보 진영의 퇴행적 의식 구조를 뜯어고치지 않으면, 야당이나 재야가 시민이 공감할 수 있는 새로운 정치적 담론을 생성할 수 없다. 제1야당이 정부를 운영해 본 경험에 입각하여 정책 대안을 제시하지 못하니, 아무리 대형 사건 사고가 일어나도 여당과 대통령의 지지율이 폭락하지 않는다.

야권 인사들이 민주화운동에 기여한 경력을 스스로 과대평가하면 현실 감각이 무뎌진다. 절차적 민주화가 가시적으로 진행된 1990년대 이후로 시민운동만이 아니라 각종 사회운동에 적극적으로 참여하는 젊은 사람들이 줄어들어 활동가의 고령화가 진행되고 있다. 시민단체들은 70~80년대와 같이 헌신적인 학생운동 출신 활동가들이 대량 공급되지 않는 현실을 한탄할 것이 아니라 시민운동의 위상과 과제를 현실적으로 파악해야 한다. 아직 미진한 점은 남아 있지만 국회 기능의 정상화와 함께 사회적 쟁점을 발굴하고 여론을 확산시켜 새로운 정책을 실현하는 시민단체의 역할이 정당으로 넘어가고 있는 현실을 민주진보 진영도 받아들이고 새로운 활동 분야를 개척해야 한다.

세월호 사건은 직업적 간사 중심의 기구 운동으로 변형되고 있던 한국의 시민운동이 다시 한 번 거시적인 쟁점을 중심으로 대중성을 복원할 수 있는 계기가 되었다. 그러나 세월호 진상 규명을 요구하는 시민운동 지도자들이 정치환원론적 사고에 빠져 모든 일을 선거 전략의 유불리를 기준으로 재단하면 스스로 정당성을 파괴하는 최악의 사태가 벌어진다. 시민운동은 단기적인 이해득실에 집착할 수밖에 없는 현실 정치와 거리를 유지하면서 지속 가능하고 안전한 사회를 건설하는 데 필요한 장기적인 개혁 과제와 실현 방법, 이를 뒷받침할 수 있는 가치관과 의식 구조의 변혁에 대한 논의를 공론화하는 작업에 착수해야 한다. 이러한 방향으로 공론화가 이루어질 수 있다면 한국의 시민사회는 획기적으로 외연을 확장하고 내실을 다질 수 있는 기회를 맞이할 수 있다.

일반론적으로 말해, 집권 세력이 현상 유지를 선호하고 시민사회가 개혁을 요구하면 사회변혁의 분위기가 성숙해진다. 한국 시민들도 1987년 여름에 군사정권의 퇴진을 가져온 6·29 선언을 이끌어 내는 감격을 경험했다. 시민사회가 취약한 상태에서 집권 세력이 하향적으로 주도하는 시대착오적 개혁은 현재 가능하지 않다. 5·16 쿠데타 이후 재건국민운동, 제2경제운동, 새마을운동, 새마음운동 등 권위주의적 하향식 근대화를 표방한 관제 대중운동을 지속한 박정희 정권 시대의 오류를 되풀이해서는 안 된다.

현재 상상할 수 있는 최악의 사태는, 집권 세력만이 아니라 야당, 재야, 시민운동이 각자의 기득권 수호에 집착하여 외부 변화에 담을 쌓고 비용이 들어가는 모든 개혁을 거부하며 현상을 유지하는 퇴행적 동맹을 형성하는 일이다. 이와 비슷한 사례가 실제로 대기업의 노사 관계에서 나타난다. 사용자는 고임금을 보장하고 노조는 경영권을 존중하며 양자가 의기투합해 노동운동의 수위를 적당한 선에서 관리하고, 비정규직 종업원과 하청 기업의 곤경은 방치하는 담합 구조가 있다. 이렇게 되면 표면적으로는 산업 평화가 유지되는 것 같지만 기업, 노조, 일반 노동자, 사회가 모두 골병이 든다. 일베와 각종 보수 단체, 보수 언론이 진상 규명을 요구하는 시민과 세월호 유가족을 모욕하는 사태를 정치권이 방치하면 엄청난 사회적 비용이 발생할 수 있다. 뜻있는 사회 인사들이 야권 정치인들에게 제발 적극적으로 세월호 문제에 개입하라고 강청하는 이유도 여기에 있다. 아직까지 군사정권 시대의 참담함을 기억하는 시민들이 보수 회귀에 제동을 걸 수 있는 것이 불행 중 다행이다. 개항 직전, 조선에서는 대원군과 위정척사파가 정치적으로 대립하면서도 왕실과 양반 계급의 기득권에 손상을 줄 수 있는 어떠한 내부 개혁도 구상하지 않았다. 집권층의 무능과 무책임은 망국의 가장 중요한 원인이다.

결국 공론장 형성을 위한 최선의 시나리오는, 사회적 안전 확보를 진지하게 고민하는 정부와 여야 정치권 내부의 개혁 세력이 시민사회와 대화를 거듭하며 쟁점과 해법을 명확하게 규정하고 각자 자기의 역할을 찾는 상호 보완적인 분업 관계를 만들어 가는 것이다. 그래야만 서로 입지는 다르지만 해결해야 할 과제와 이를 수행하는 방법을 공유하며 결과적으로 사회 전체의 편익 증진에 기여하는 협력 관계가 만들어질 수 있다. 외국의 선례에서도 정책을 집행하는 관료와 사회운동이 입장은 다르지만 문제의식을 공유하면서 사회 구성원들이 납득할 수 있는 방법을 찾아낼 때 대형 환경 분쟁이 해결되었다. 한국에서도 소기의 성과는 거두지 못했지만 관계 당사자들이 모여 유전자 조작 농산물의 도입 여부에 대한 사회적 합의를 시도하거나 지방자치단체가 지역의 노동문제를 해결하기 위해 대화의 장을 만들고 당사자들이 합의할 수 있도록 중재한 실험적 사례가 있다.

그러나 집권 세력이 다음 선거에서 완전히 망할 수도 있다는 위기의식을 느낄 수 있을 정도로 대안 정치 세력의 존재감이 뚜렷하지 않으면 기득권 집단이 시민의 주장을 존중하지 않는다. 시민의 안전 확보를 위해서도 정부, 여당, 야당, 재야 민주화운동 세력, 시민사회를 막론하고 장기적으로 추구해야 할 사회상을 구상하고 실현할 수 있는 넓은 안목과 지도력을 갖출 필요가 있다.

··· 시민 의식과 정치의 재건 ······

세월호 사건은 돈보다 인간을 소중하게 여기는 보편적 인권 의식의 부재가 공공성을 파괴하고 엄청난 비극을 초래한다는 교훈을 남겼다. 나태하고 무책임한 기업, 관료, 정치권을 감시하는 것은 결국 시민의 몫이다. 깨어 있는 시민이 공론 형성의 주체가 되어야 한다는 진부한 이야기를 다시 꺼낼 수밖에 없는 현실 속에서 민주화운동이 추구했던 가치도 퇴색하고 있다. 그러나 현실을 조금이라도 개선하려면 시민이 정치의 주인이 되어야 한다는 새삼스러운 결론으로 돌아갈 수밖에 없다.

여당, 야당, 시민사회를 막론하고 1987년 6월의 시민항쟁 이후에 진행된 민주화 과정에 대한 성찰을 기반으로 정치를 재건하려는 노력을 기울일 필요가 있다. 특히 보수 진영은 군사정권 시대를 그리워하며 박정희 시대의 긴급조치도 당시에는 합법이었다고 우기는 퇴행적 의식을 청산해야 한다. 현재의 집권 세력이 보수의 고유한 가치관에 입각한 사회개혁 방향에 대한 소신을 피력할 수 있을 만큼 합리화되어야만 공론장 형성을 향한 사회적 논의가 시작될 수 있다.

이러한 과정이 추진되려면 우선 집권당의 상대자인 제1야당부터 보수 진영의 입맛에 맞는 발언을 하며 중도 노선을 견지하면 유권자의 지지를 획득할 수 있으리라는 헛된 기대를 포기해야 한다. 야당 지도자들은 대안을 가진 정책정당이라는 정체성을 제시해야 한다. 군사정권 피해자들이 연일 대법원 앞에서 민주화운동을 모독하는 엉터리 판결에 항의하며 일인 시위를 계속하는 상황을 방치하며, 김대중—노무현의 후계자라는 것만 내세우는 야당 정치인들은 "누구의 희생 덕분에 10년간 집권할 수 있었는가?"라는 물음에 답변해야 한다.

정책적 소신에 입각한 여야 논쟁을 싫어할 시민은 없다. 시민단체도 현실에 대한 책임감을 가지고 정론을 펼 때 세상을 바꿀 수 있다는 원론적 입장으로 돌아가야 한다. 활동가들이 각급 지자체의 사회단체 보조금이나 대기업의 사회공헌기금을 쫓아다니다 보면 의미 있는 일을 할 수 없다. 명실상부하게 시민이 하는 시민운동이 되도록 시민단체의 체질도 개선되어야 한다. 이러한 자체 혁신을 추진할 수 있을 때 시민사회는 공론장 형성에 주도적으로 참가할 수 있다.

물론 공론장이 형성되려면 주요 사회 세력을 대변하는 주체들의 전향적 노력만으로는 안 된다. 시민의 여론에 막대한 영향력을 행사하는 언론의 건전화도 빼놓을 수 없다. 현재와 같이 주류 언론이 기득권 세력의 대변인을 자처해서는 공론이 만들어지기 어렵다. 반면에 아직 주류 언론의 기능을 대체하지는 못하고 있으나 SNS 및 인터넷 매체의 발달은 새로운 시민민주주의와 공론장의 형성을 촉진할 수 있다. 특히 기득권 세력에 이의를 제기하는 시민운동은 정보통신기술에 기반을 둔 대안적 매체와 사이버 공간을 활용하여 현실 공간의 여론 지형을 바꿀 수 있다.

실제로 보수 진영도 사이버 공간의 중요성을 인지하고, 2012년 대통령 선거 당시 국정원과 군 조직을 동원해 댓글로 선거에 영향을 미치려 했다. 일베를 비롯한 보수 단체도 사이버 공간의 여론을 장악하려는 행동에 나서고 있다. 대국적으로 보면 사이버 공간의 확장으로 개인이 자기의 독립적 견해를 대중에게 직접 전파할 수 있는 길이 열렸다는 사실이 중요하다. 인터넷과 디지털 매체 기술이 등장하기 이전의 시대와 같이 주류 언론을 장악한 기득권 세력이 엉터리 정보를 유포해 대중의 정치의식을 조작할 수 있는 세상은 지나갔다. 사회적으로 이의를 제기하는 시민 세력이 공론장 형성에 기여할 수 있도록 매체 환경이 획기적으로 개선되고 있다.

시장과 경쟁을 최고 가치로 설정한 신자유주의적 정책 기조는 비용이 들어가는 안전에 대한 사회의식과 행정 규제도 이완시키는 결과를 초래했다. 세월호 사건은 단순한 해난 사고가 아니라, 인간의 생명마저 돈을 기준으로 평가하는 철저하게 비인간화된 한국 사회의 자화상이다. 이러한 한국 사회의 안전을 확보하는 길은 개인의 이해관계를 초월하여 공공성을 추구할 수 있는 공론장의 형성에서 찾아야 한다. 이를 위해서는 집권 세력만이 아니라 야당과 시민사회를 포함한 사회 운영에 책임이 있는 주체들이 미래 지향적인 사고와 행동을 실천할 수 있어야 한다. 즉, 안전 확보라는 공동의 목표를 가지고 사회 구성원들이 인간을 존중하는 가치관에 입각하여 사회적 연대 의식을 회복하는 길로 나아가야 한다. 모두가 공공성의 가치를 존중하는 새로운 정치 질서를 확립하기 위해 노력해야 한다.

제 4 부

시민의 책임

새로운 대한민국을 위한
성찰적 대안

이도흠 한양대학교 국어국문학과

우리는 모두 각자 자기 자리에서 이 불량사회를 만드는 데 일조한 것이 무엇인가 처절하게 성찰하고 이를 바꾸는 일상의 실천과 사회운동에 동참하여야 한다. 그렇지 않는다면 이 '짐승들의 불량사회'는 계속될 것이며, 교실에선 학생들이, 공장에선 노동자들이, 거리에선 시민들이 죽어 갈 것이다. 저 차디찬 바다에서 원통하게 죽은 아이들은 말한다. 제발 남아 있는 동무들은 다른 꿈을 꾸게 해 달라고, 다른 학교, 다른 나라, 다른 세상을 보여 주라고.

■ 이 글은 2014년 5월 15일 프란치스코 교육회관에서 발표한 필자의 글(〈세월호 참사의 근본 원인과 성찰적 대안〉, 민주화를위한교수협의회·전국교수노동조합·한국비정규교수노동조합 주최, '세월호 대참사 교수단체 긴급 공동토론회: 생명의 위기, 생활의 위기: 불안정사회, 무책임사회, 대한민국을 다시 생각한다', 1~16쪽)을 이 책의 전체 기획에 맞게 일부 수정하여 민교협에 지난 2015년 2월에 제출한 것이다.

… 불량사회에 희망은 있는가   ……

그 이후로 변한 것은 아무것도 없다. 성수대교 붕괴(1994)나 삼풍백화점 붕괴(1995) 사고처럼, 세월호 대참사 또한 망각의 지평을 넘어서지는 못하였다. 세월호 참사 이후 나라 전체가 충격에 빠져 애도하며 "대한민국 현대사가 세월호 이전과 이후로 갈라질 것이다, 대한민국을 새로 구성해야 한다"는 말이 온 나라를 지배했지만, 결국 수사修辭로 그치고 말았다. 정치는 물론, 재난 극복 시스템, 국가의 제도와 법, 부패의 카르텔, 국민의 안전 불감증에 이르기까지 전혀 변동이 없다. 박근혜 정권은 참사 직후에는 성역 없는 진상 규명과 재발 방지를 약속하였으나, 총선이 끝난 후에는 모르쇠로 일관하더니 이제 특별조사위원회를 무력화시키며 사건을 은폐하고 있다. 세월호를 야기한 요인들이 그대로 상존하고 있어 언제 어디서든 '제2의 세월호'가 일어날 수 있는 상황이지만, 고장 난 대한민국호는 조난 중이다.

세월호 사건을 접하면서 대다수 국민들은 수치심과 자괴감에 몸을 떨었다. 어느덧 이 나라가 서로 악마성을 증대하는 지옥으로 변하였다는 생각이 들었기 때문이다. 현재 대한민국은 야만을 넘어 '짐승들이 판치는 불량사회'다. 인간과 짐승을 나누는 여섯 가지 기준을 대입하면, 세월호 참사에서 이성도, 소통과 의미의 창조도, 사회적 협력도, 공감도, 도구의 사용과 노동도, 성찰과 집단학습도 없는 짐승들의 행태가 반복되었다.[1] 이명박과 박근혜 정권 들어 한국 사회는 1퍼센트가 권력과 자본을 독점한 채 모든 영역에서 짐승과 같은 탐욕과 폭력을 거의 견제 받지 않은 채 자행하며 부패, 부조리, 사기, 협잡을 일상화하는 불량사회로 전락한 것이다.

그럼, 짐승들이 판치는 불량사회에 희망은 있는가. 이런 야만이 벌어진 근본 원인을 두고 개인의 윤리나 도덕성 상실, '평범한 악', 인간의 본성이나 민족성을 거론하는 것은 잘못된 판단과 해석이다. 인간은 자신의 유전자를

....

1 첫째, 세월호 참사를 맞은 대통령, 선장, 해경 등은 모두 비이성적 행위를 하였다. 둘째, 소통도 없었다. 대통령은 불통을 '원칙'으로 포장하였고, 언론은 통제되고, 청와대·총리실·해양수산부·안전행정부·해양경찰·구조팀은 서로 먹통이었으며, 선원들은 골든타임에도 가만히 있으라는 방송만 일방적으로 내보냈다. 셋째, 협력 또한 없었다. 선장은 수백 명의 목숨을 뒤로한 채 저 혼자 도주하였고, 대통령은 선장을 살인자로 규정하며 대한민국호에서 홀로 탈출하였으며, 해양경찰과 언딘은 구조에 나선 민간인들이 손을 떼게 하였으며, 관련 기관의 거의 모든 책임자들이 그 긴박한 순간에도 주판알을 굴려 구조 기회를 날려 버렸다. 넷째, 대한민국의 1퍼센트와 일베들은 고통에 대한 공감이 없이 침묵하거나 면피와 회피로 일관하였고, 심지어 유가족을 조롱하기까지 하였다. 다섯째, 노동을 통한 자기실현으로서 자유는 없었다. 유병언과 가족, 해경 등의 관피아, 군부의 몇몇 장성들은 뇌물과 사기, 금융조작으로 노동 없이 부를 획득하였고, 이것이 배의 침몰과 구조 실패의 원인이 되었다. 여섯째, 성찰과 학습을 통한 진화 또한 없었다. 서해훼리호, 성수대교, 삼풍백화점, 씨랜드에서 수십 수백 명이 참사를 당했어도, 성찰과 대책은커녕 달라진 것이 아무것도 없다.

확대하려는 본능을 지향하는 '생존기계survival machine'이자, 사회를 형성하여 타자와 협력하면서 공존을 모색하는 '유전적 키메라genetic chimera'이다. 이번 사건에서도 선장과 선원, 대통령과 몇몇 정치인, 일베 무리들은 악마적 모습을 보였지만, 정차웅 군, 양대홍 세월호 사무장, 박지영 승무원, 남윤철 선생, 최혜정 선생, 강민규 교감 선생 등은 의인의 모습을 보여 주었다.

지극히 선한 자에게도 타인을 해하여 자신의 이익을 확대하려는 악이 있고, 악마와 같은 이에게도 자신을 희생하여 타자를 구원하려는 선이 있다. 필자가 지금까지 공부한 것을 종합하여 추론하면, 개인의 차원이든 집단의 차원이든, 선과 악의 비율을 결정하는 요인은 크게 ① 노동과 생산의 분배를 관장하는 체제 ② 타자에 대한 공감 ③ 의미의 창조와 공유 ④ 사회 시스템과 제도 ⑤ 종교와 이데올로기 ⑥ 의례와 문화 ⑦ 집단학습 ⑧ 타자의 시선 및 행위 ⑨ 수행 ⑩ 법과 규정 ⑪ 지도자 등 대략 열한 가지다.

우리 모두는 "같은 종류의 자기 복제자, 즉 DNA라고 불리는 분자를 위한 생존기계이며,"[2] "이기적 유전자의 목적은 유전자 풀pool 속에 그 수를 늘리는 것이다."[3] 유전자의 보존과 복제를 위해 프로그램된 생존기계로서 인간 또한 자신의 유전자를 더 많이 복제하려는 본능을 따라 작동한다. 타인을 속이고, 폭력을 가하고, 때로는 죽이면서까지 자신의 몫을 챙겨 자신이나 가족이 잘살 수 있는 길을 모색한다.

· · · · · · · · · · · · · · · · · · ·

2 리처드 도킨스 지음, 《이기적 유전자》, 홍영남·이상임 옮김, 을유문화사, 2010, 68쪽.

3 같은 책, 166쪽.

하지만 인간은 생물학적 존재인 동시에 사회적 존재, 의미론적 존재이자 초월적 존재이고 미적 존재이다. 한 달에 각자 사슴을 세 마리 잡던 원시인 열 명이 함께 사냥하였더니 40마리를 잡았다면 협력하는 것이 각자의 생존과 자식 양육에 유리하다. 이타적 협력이 유전자의 이기적 목적에도 부합하는 것이다. 인간은 이타적 협력을 바탕으로 사회를 형성하면서 "혈연 이타성kin altruism, 호혜적 이타성reciprocal altruism, 집단 이타성group altruism을 추구하기 시작하였고,"[4] "고도의 이성을 바탕으로 맹목적 진화에 도전하여 공평무사한 관점을 증진시키며 윤리적 이타성 또한 추구하였다."[5] 인간은 두뇌 안에 타자를 모방하고 공감하는 거울신경체계mirror neuron system를 발달시켰고, 이를 통하여 타자의 고통에 공감하고 연대하려 한다. "거울신경체계는 언어 학습과 소통에 관여하고 도움을 주면서 인간이 다른 동물과 현격하게 다르게 사회적 상호작용을 하는 데 관여한다."[6] 2013년에 페라리P. F. Ferrari 등은 "거울신경체계가 타인에게 자신의 표현을 더 쉽고 안정적으로 전달하려는 것을 선호하는 데서 기인한 자연선택의 결과라고 밝혔다."[7]

노동과 생산의 분배가 정의로운 집단에서는 악이 거의 행해지지 않는다.

....

4 피터 싱어, 《사회생물학과 윤리》, 김성한 옮김, 연암서가, 2014, 22~49쪽 참고.

5 같은 책, 280쪽.

6 Glacomo Rizzolatti, Leonardo Fogassi, and Vittorio Gallese, "The Mirror Neuron System: A motor-Based Mechanism for Action and Intention Understanding", in *The Cognitive Neurosciences*, Michael S. Gazzaniga (eds.) (Cambridge, Mass.: MIT press, 2009), pp. 625-640.

7 P. F. Ferrari, A. Tramacere, A. Simpson, E. A. Iriki, "Mirror neurons development through the lens of epigenetics", *Trends Cognitive Science*, v.17 no.9, 2013, pp. 450-457.

인간은 대뇌피질을 발달시켜 이성을 형성하였고, "20만 년 전에 FOXP2 유전자의 돌연변이를 거쳐 언어를 정교하게 구사하고 소통하며 의미를 창조하고 공유하기 시작하였다."[8] 진리나 정의의 가치를 위하여 목숨을 던지는 성직자나 지식인·혁명가의 사례에서 보듯, 의미를 실존의 전제조건으로 삼는다. 선한 자가 복을 받고 악한 자가 벌을 받는 시스템과 제도가 발달한 사회일수록 서로 선함을 증장한다. 때로는 다른 집단과 종교에 대해서는 악일 수도 있지만, 현세는 물론 내세에까지 선과 악에 대한 보상과 벌을 강조하는 종교와 이데올로기의 강제가 강한 사회일수록 선행이 더 많이 행해진다. 선을 공유하는 공동의 의례가 잘 행해지고 그런 문화가 발달한 곳일수록 구성원들이 선을 행하려 노력한다. 집단학습을 통해 악행에 대한 벌과 선행에 대한 보상, 도덕적 선행의 합리성, 곧 선과 이타적 협력이 이기적 목적에 부합함을 잘 배울수록 선행이 증대한다. 구성원의 유대가 긴밀한 공동체일수록 타자의 시선을 의식하며, 타자의 선행에 감화를 받아 서로 악을 억제하고 선을 행하게 된다. 수행을 통하여 깨달음에 이르거나 비속함에서 벗어나 거룩한 세계를 지향한다. 법과 규정이 공정하게 선악을 심판하고 징벌을 하는 곳에서는 범죄가 줄어든다. 좋은 지도자는 앞의 열 가지를 공동체의 선을 증장하는 방향으로 정치를 행하며, 나쁜 지도자는 그 반대다.

이에 이 열한 가지를 점검하고 성찰하며 대안을 모색한다면, 제2의 세월호 같은 비극을 예방함은 물론이고, 대다수 국민이 서로 마음속의 천사나

····················

8　피터 왓슨, 《생각의 역사 1: 불에서 프로이트까지》, 남경태 옮김, 들녘, 2009, 120쪽.

부처를 드러내는 새로운 대한민국으로 전환할 수 있을 것이다.

… 비리공화국에서
참여민주주의 체제로 ……

세월호 참사의 원인을 요약하자. 신자유주의 체제를 극단으로 밀고 간 이명박 정권은 「헌법」 제34조 제6항을 위배하면서까지 재난으로부터 국민의 생명을 보호하는 기본적인 임무를 망각한 채 국가 안전 업무를 민간에 이양하고 안전에 대한 규제를 완화하고 친기업정책을 노골적으로 추진했다. 청해진해운은 이를 철저히 이용하여 이윤을 극대화하고자 고물 배를 사서 증개축에서 과적에 이르기까지 오로지 돈을 앞세워 인권과 생명을 경시한 위법행위를 하고 안전에는 거의 투자를 하지 않아 대형사고가 발생할 조건을 만들었고, 관료들은 금품과 향응을 제공받고 이를 관리·감독하지 않았다. 외부 충돌이든, 기계적 결함이든, 변침 실수든 배의 균형이 무너지자 과적을 한 데다 더하여 고박(결박)을 제대로 하지 않아 화물이 한쪽으로 쏠리면서 배는 급격히 기울고 침몰하기 시작했다.

청해진해운은 선원에게 승객을 배 안에 대기시키라는 명령을 내려 선장과 선원들은 가만히 있으라는 방송을 하고 자신들만 탈출했으며, 해경은 민간 업체에게 일감을 몰아주기 위하여 구조를 하지 않았다. 국정원은 세월호와 분명한 유착 관계를 맺고 어떤 일인가를 하였고, 1,600억 원을 들여 구입한 최첨단 해난 구조선인 통영함은 황기철 전 해군참모총장 등의 방산

비리로 고철덩이로 변하여 출항조차 하지 못하였다. 컨트롤타워가 부재한 채 국가재난 시스템은 전혀 작동하지 않았다. 500명에 가까운 국민의 목숨이 오고가는 절체절명의 순간에 박근혜 대통령은 7시간 동안 직무유기를 범하였으며, 사건 이후 선장과 유병언에게 모든 책임을 뒤집어씌운 채 침몰하는 대한민국호에서 홀로 탈출하였다.[9]

이미 환경 감시 기능이나 정부 견제 기능을 상실한 언론은 언론인으로서 최소한의 윤리마저 저버린 채 선정적인 보도와 정권의 입맛에 맞는 오보를 일삼았으며, 보수 야당은 새누리당의 2중대임을 자처하며 대통령이 제안한 가이드라인대로 협상하였다. 일베와 극단적인 보수층은 유족을 조롱하며 가슴에 대못을 박았으며, 애도하던 국민들은 침묵하거나 쉽게 망각하였다. 정부와 관피아들은 국민들의 망각을 이용하여 세월호의 진실을 은폐하고 특별조사위위원회를 무력화하는 데 주력하였다.[10]

....

9 모든 권력이 대통령 1인에게 집중되어 있고 만기친람萬機親覽하였기에 세월호 참사의 1차적 책임은 전적으로 박근혜 대통령에게 있다. 세월호 참사 시 국정원이 선거 부정을 저지르고 간첩마저 조작하였는데도 그 수장은 자리를 온전히 지키고 있는 반면에, 검찰 총수는 검찰총장으로서 직무를 충실히 수행하였다는 이유로 잘렸다. 박 대통령은 시시콜콜한 사안까지도 직접 챙기고 자신과 대립각을 세우는 이는 가차 없이 배제하고 추방하였다. 이 상황에서 과연 어떤 공무원이 올바른 직무를 수행하겠는가. 이명박 정권의 극단적 신자유주의 드라이브로 99퍼센트가 생존 위기에 놓이고 온 나라가 효율성과 이윤 아래 생명과 안전을 희생시키고 있는데, 이를 치유하기는커녕 대통령이 나서서 그나마 남아 있는 공적 영역을 해체하고 사영화하는 상황에서 과연 어느 누가 생명과 사람을 중시하는 삶을 살겠는가.

10 "구조를 하라니깐 구경을 하고/지휘를 하라니깐 지랄을 하고/보도를 하라니깐 오보를 하고/조사를 하라니깐 조작을 하고/조문을 하라니깐 연출을 하고/대책이 뭐냐니깐 모금을 하고/책임을 지라니깐 남 탓을 하니/하지를 않으려면 하야를 하라." 인터넷에 유행하고 세월호 집회 참가자들의 조끼에도 새겨진 이 글귀에 정권과 언론의 대응에 대한 당시 국민들의 감정이 잘 요약되어 있다.

이 참사의 직접적이고 1차적인 원인은 무엇인가. 정부와 검찰은 변침 실수를 꾸준히 제기하였지만, "대법원은 '기계적 고장 가능성을 배제할 수 없어 단정키 어렵다'는 2심 판단을 받아들여 조타수와 3등 항해사에게 무죄를 선고하였다."[11] 몇몇 시민단체나 청해진해운 김한식 대표의 변호인의 주장대로, "최초 원인은 변침 실수가 아니라 외부 물체의 충돌일 가능성도 농후하다."[12] 이것의 사실 여부와 관계없이 여러 신문과 자료를 종합하면, 적재량인 1,077톤보다 무려 3배나 많은 3,608톤의 화물을 실어 배의 복원력을 상실한 점, 더 많은 화물을 실으면서도 연료를 줄이기 위해 평형수(밸러스트)를 덜어 내 기준 평형수 2,030톤의 4분의 1에 불과한 581톤만 채운 것, 허술한 화물 고박으로 회전 시 화물이 쏠린 점, 18년 된 고철 배를 사다가 개조하여 239톤이나 무게를 늘리고 3~5층을 증축하여 무게중심을 50센티미터나 위로 올라가도록 구조를 변경한 것, 조타 미숙, 구명정 등 안전시설 및 장비의 미비 내지 무용화無用化, 형식에 그친 안전훈련, 이에 대한 감시 및 견제의 부재 등도 사고의 필요조건으로 작용했을 것이다.

1차적 원인 분석을 하는 데 적용될 수 있는 것이 '하인리히의 법칙'이다. 주지하듯, 이는 대형 사고가 한 건 터지기 전에 경미한 사고가 29회 발생하고, 이런 경미한 사고 발생 이전에는 같은 원인에서 비롯되는 사소한 징후가 300회가 나타난다는 법칙이다. 세월호 또한 오래전부터 여러 문제가 발

···················

11 〈국민일보〉, 2015년 11월 12일.

12 〈뉴시스〉, 2014년 7월 25일 참고.

생하였으며, 특히 "사고 2주 전 조타기 전원 접속 이상 등 선체 이상이 나타났고 선장이 이를 회사에 보고했지만 무시되었다."[13] 이 원인은 유병언을 정점으로 하는 회사 경영 및 관리진의 부도덕함과, 생명과 안전을 도외시하고 극단적으로 이윤만 추구한 경영 방침이며, 그 근저에는 사이비 종교의 비합리성과 폭력성, 한국 사회에 만연한 안전 불감증, 관피아로 대표되는 부패 카르텔, 그동안 온 나라가 효율성·이윤·결과·속도를 앞세워 인간과 생명·과정·안전을 희생시키는 가치관에 휩싸인 점 등이 자리 잡고 있다.

무엇보다도 세월호 참사에서 문제의 핵심은 참사가 침몰이 아니라 침몰 이후에 발생했다는 점이다. 침몰된 후에도 얼마든지 승객 전원을 충분히 살릴 수 있었는데, 304명을 국가가 수장시켰다. 감사원이나 검찰의 요식적인 조사에서도 선장이 승객의 탈출을 도왔거나 해경이 즉각 구조만 했어도 전원을 살릴 수 있었음이 드러났다. 그러나 선장과 선원은 승객들에게 가만히 있으라는 방송을 거듭하고는 자신들만 탈출하였고, 해경은 이들만 구출하고 승객들을 전혀 구조하지 않은 채 선장을 자신들의 아파트로 빼돌리고 이를 은폐했다.

"탈출 시뮬레이션 전문가 박형주 가천대 건축공학과 교수는 살인 등의 혐의로 기소된 이준석 선장과 선원들에 대한 제18회 공판에서 훈련된 선장과 선원들의 퇴선 명령이 있었다면 최소 5분에서 최대 9분 안에 476명의 승선원 전원이 배를 빠져나올 수 있었을 것이라는 시뮬레이션 결과를 공개했

· · · · · · · · · · · · · · · · · · · ·

13 노웅근, 〈세월호와 하인리히 법칙〉, 경향신문, 2014년 4월 22일.

다."[14] "세월호 침몰사고 검경 합동수사본부(합수부) 관계자는 11일 '해경이 처음 도착한 지난달(4월) 16일 오전 9시 30분 당시 세월호는 45도 가량 기울어져 있었을 뿐'이라며 '해경이 (이때 세월호에) 진입해 구조했으면 (세월호 승객) 전원이 생존할 수 있었을 것'이라고 밝혔다."[15] 그 후 최상환 전 해경 차장 등 해경 관계자들은 구난업체 언딘에 일감 몰아주기 등 특혜를 제공한 혐의로 기소되어 재판을 받고 있다. 참사는 국가와 정권의 실패에서 비롯된 것이다.

취재와 수사가 진행될수록 해경과 세모해운, 청해진해운과 회계법인, 한국해운조합과 한국선급, 국정원 등 관련 기관 간의 유착 관계가 속속 드러났다. 공무원과 군의 부패, 퇴직 공무원이 관련 업체에 취업하여 로비스트의 매개 고리 역할을 하는 관행, 컨트롤타워의 부재와 지휘 체계의 혼선 등이 얽히며 국가재난 시스템 전반을 무용지물로 만들었다. 선박 안전관리와 검사, 인증 등의 업무를 독점하는 한국해운조합과 한국선급은 해양수산부 출신 공무원들이 전관예우 낙하산을 타고 내려와 요직을 차지하고 있었다.

"사단법인 한국선급의 회원 83명 가운데 과반수가 넘는 48명이 해운, 조선업 대표나 임원, 기술진이다. 해운조합과 한국선급의 이사장이나 주요 임원 자리를 해피아(해수부+마피아)가 거의 독점하면서 사실상 해수부의 관

·····················

14 〈뉴스1〉, 2014년 9월 24일 참고.

15 〈경향신문〉, 2014년 5월 11일.

리, 감독 기능까지 무력화하였다."[16] 이들은 해운업계와 유착 관계를 맺고 안전을 소홀히 한 채 해운업계를 감쌌다. 해경은 언딘에게 특혜를 주고 공을 돌리느라 민간 구조를 외려 차단하고 골든타임을 놓쳤다. 국가재난 시스템이 전혀 작동하지 않아 충분히 구할 수 있는 304명이 죽어 가는 그 순간에도 박근혜 대통령과 청와대, 국정원은 손을 놓은 채 죽음을 방치하였다.

심히 허술한 조사와 수사만으로 "광주지법은 세월호와 관련하여 (2015년) 3월 24일 현재 7건 48명에 대한 재판을 진행했다."[17] 어디 해양수산부와 해피아뿐이겠는가. 핵마피아, 모피아(재무부)를 비롯해 국피아(국토교통부), 교피아(교육부), 산피아(산업통상자원부)들이 권력을 이용하여 자신들의 이해관계에 부합하는 정책을 구사하면서 국민의 혈세를 축내고 있다. "한국은 사고를 방지하기 위해 애쓰는 위험사회가 아니라 일어나지 않아야 할 사고가 빈발하는 사고사회이며, 그 원인은 기술이나 제도에 있는 것이 아니라 재벌, 관료, 법조 등 '상층'을 중심으로 사회 전반에 만연된 비리에 있다."[18]

이제 대한민국을 통째로 바꾸어야 하며 그 주체는 시민이어야 한다. 참

....

16 〈한겨레신문〉, 2014년 5월 12일.

17 구체적으로는 승무원 15명, 선사인 청해진해운, 고박업체 우련통운, 한국해운조합 등 침몰 원인과 관련해 기소된 11명, 구명 장비 점검업체인 한국해양안전설비 전·현 임직원 4명, 선박 검사를 맡은 한국선급 검사원, 진도 해상교통관제센터(VTS) 소속 해경 13명, 목포해경 123정 정장, 언딘에 특혜를 준 의혹을 받은 해경 간부 3명 등이다. 〈연합뉴스〉 2015년 3월 24일.

18 홍성태, 〈세월호 대참사와 비리—사고사회의 문제〉, '세월호 대참사 교수단체 긴급 공동 토론회: 생명의 위기, 생활의 위기: 불안정사회, 무책임사회, 대한민국을 다시 생각한다', 민교협·교수노조·비정규교수노조 주최, 2014년 5월 15일, 프란치스코 교육회관. 20쪽.

사 직후에 공무원 개혁, 국가안전처의 설립 등이 대안으로 제시되었는데, 권력에 대한 견제 세력이나 시스템이 부재한 상황에서 공무원의 개혁은 헛수고에 지나지 않으며, 국가안전처는 새로운 먹잇감으로 전락할 것이다. 한국사회의 가장 큰 문제는, 자본―국가 및 관료―종교 권력층―보수 언론―어용지식인 및 전문가로 이어진 부패 카르텔이 이명박과 박근혜 정권 들어 더욱 공고해지고 구조화하였는데 이를 감시하거나 견제할 세력이 붕괴되었다는 데 있다. 검찰, 국세청, 국정원, 감사원 등 국가권력 기관이 부패 카르텔의 구성원을 형성하거나 그 마름 구실을 하고 있다. 국가권력 기관의 탐욕과 부패를 견제하는 장치조차 전혀 작동하지 않는다. 사법부는 정권의 시녀를 자처하고 있고, 언론은 권력의 나팔수로 전락하였으며, 야당은 2중대로 자족하고 있고, 시민사회는 너무 미약하고, 진보 진영은 괴멸되었다.

처절한 성찰을 바탕으로 혁신적인 개혁을 하여 대한민국을 새롭게 구성하여야 한다. 정권에 의한 국가 개혁은 전체주의적 발상에 지나지 않는다. 설혹 '김영란법'보다 더 엄정한 법이 통과된다 하더라도 법원과 검찰이 권력으로부터 독립적이지 않으면, 부분적으로는 부패를 방지하는 효과를 내겠지만 전체적으로는 그 법은 가진 자들을 옹호하고 시민의 자유를 통제하는 메커니즘으로 작동한다. 시민이 권력을 가지지 못하는 한, 국가가 자본의 편에 서서 국민에게 폭력을 행사하고 자본에 유리한 정책을 펴며 부패 카르텔을 형성하는 고리를 끊을 수 없으며, 이것이 잔존하는 한 비리에 의한 사고는 반복될 것이며, 국가재난 시스템 또한 제대로 작동하지 않을 것이다. 부패 카르텔을 해체하고 대한민국이 비리공화국에서 벗어나는 길은 대의민주제를 개선하고 참여민주제와 숙의熟議민주제를 종합하는 것이다.

우선 대의민주제를 개선하여야 한다. 시민과 학생들이 피를 흘려 이룩한 '87년 체제'는 너무도 쉽게 종언을 고하였다. 이제 그 이후를 성찰해야 한다. 여러 문제 가운데 가장 큰 요인은 87년 체제가 부르주아의 대의민주제에 머문 데 있다. 한 마디로 말하여, 노동자 및 서민이 권력을 갖지 못하였다. 이 때문에 보수 야당 또한 기득권의 한 축을 형성하였고, 이런 토대에서 민주화 세력의 지지를 받아 집권한 김대중과 노무현 정권은 신자유주의 정책을 추진하고 노동 배제를 유지했다. 부르주아와 호남의 기득권층을 기반으로 한 보수 야당인 민주당/새정치연합/더불어민주당은 비전을 상실하고 정체성과 리더십의 위기를 맞으며 이명박과 박근혜를 정점으로 한 안보 이데올로기와 종북, 성장 담론, 영남 패권에 바탕을 둔 지배 블록의 반동과 퇴행에 쉽게 투항하였다. 이런 상황에서 노동자가 2천만 명에 달하고, 국민 가운데 보수:중도:진보의 비율이 대략 4:3:3인데, 실제 정당 지지율과 국회의원 가운데 진보정당이 차지하는 비율은 3~10퍼센트 사이를 오르락내리락한다. 현실과 정치적 재현 사이에 심한 괴리가 존재하기에, 노동자와 서민의 의사는 정치나 정책으로 수렴되지 않는다.

대안은 정당정치와 계급을 종합하는 것이다. 선거제를 독일식 정당명부 비례대표제로 개선하여 보수 양당 체제를 깨고 노동자와 서민을 대변하는 진보정당이 최소한 30퍼센트의 의석을 차지하도록 해야 한다. 아울러 국회를 양원제로 바꾸어 상원은 지금처럼 정당에 기반한 지역대표제로 하되, 하원은 직능대표제로 바꿔야 한다. 예를 들어, 하원의 의원 정원이 1천 명이고 선거인 중 노동자가 60퍼센트라면 노동자 대표가 600명이 되도록 구성하는 것이다. 랑시에르Jacques Rancière가 말한 '몫 없는 자의 몫을 위한 민주제'를 달성하려면, 하원의원은 선출하는 것이 아니라 전체 선거인단을 대상으로 직능별로 안배한 후에 무작위 추첨으로 정하는 것이 바람직하다.

이보다 더 근본적인 대안은 거리와 마당의 정치, 곧 참여민주제를 결합하는 것이다. 관피아·해피아 등과 자본이 얽혀서 이루어진 부패 카르텔의 고리를 해체하고 서민과 노동의 극단적인 배제를 극복하는 방법은, 노동자와 서민 스스로 삶의 개선과 잘못된 구조의 개혁에 민주적인 방식으로 참여하게 하는 것이다. 민주제는 정치, 경제, 사회문화 등 모든 영역에서 독점을 깨는 것이어야 한다. 다양한 장에서 개발독재와 천민자본주의, 신자유주의 모순으로 주변화한 서발턴Subaltern(하위주체)들이 연대하여 자본—국가 및 관료—종교 권력층—보수 언론—어용지식인 및 전문가의 카르텔에 맞서는 시스템을 정치의 장, 경제의 장, 사회문화의 장에 건설해야 한다. 마을, 기업, 학교, 기업과 공장에 민중이 주체가 되어 민주적으로 자치 및 협치協治를 하는 민중위원회 시스템을 제도화하고 온라인과 오프라인에 공공 영역을 활성화하여 이곳에 대중들이 모여 합리적이고 공정한 방식으로 숙의를 통하여 결정하게 해야 한다.

검찰, 국정원과 감사원, 국세청 등 국가권력 기관은 시민위원회의 통제를 받도록 제도화해야 한다. 검찰을 정권에서 완전히 독립시킴은 물론, 중앙 및 지역의 검찰 수장을 국민이 직접 선출하여 국민 주권을 절차적으로 확립하고, 검찰이 국민의 권리를 의식하여 정의를 집행하도록 견제하며, 검찰의 기소 독점을 제한하여 시민이 기소할 수 있도록 해야 한다. 구체적으로, 미국의 대배심제나 일본의 검사심사회의 장점을 잘 살린 '시민검찰제'(가칭)를 시행하고, 시민검찰위원회에 소속된 시민검찰 중 과반수 이상이 특정 사건에 대하여 기소를 결의하거나 불기소를 결정하면 검찰이 이에 승복하는 것을 법으로 제도화한다. 범죄행위로 인해 손해를 입은 피해자가 손해배상 청구권을 이유로 형사법원에서 사소私訴를 제기할 수 있도록 한 프랑스식 사인 소추제, 피해자나 변호사가 검사와 함께 공동 원고로서 소송에 참가할 수 있도록 하는 독일식 부대공소제를 도입한다.[19] 검찰의 수사권은 경찰에 이양한다. 무엇보다도 시민이 주체가 되는 '공직비리 수사처'(가칭)를 하원의 직속으로 두어 검찰과 서로 견제하며 권력을 양분한다.

대법원의 판사와 헌법재판소의 재판관은 판사만이 아니라 교수와 시민 활동가 등 다양한 분야의 법조인으로 구성하며, 모두 하원에서 추천하고 선출해야 한다. 모든 법원에 선거 명부에서 무작위로 선정한 시민이 재판의 유, 무죄를 결정하는 배심제를 둔다.

근본적으로 응보적 정의에서 회복적 정의restorative justice로 전환해야 한다. 기존의 응보적 정의 체계에서는 "가해자는 자기 행위의 결과를 직접 대면하여 잘못을 바로잡을 방법이 없다."[20] "가해자들은 법적 책임을 지지만 도의적 책임을 지지 않으며, 자기 행위가 타인에게 어떤 의미를 가지며 타인에게 영향을 미치는 데 어떤 역할을 했는가에 관한 인식인 자기 행위의 의미를 잘 알지 못한다."[21] "가해자는 자기 합리화를 통해 문제를 회피하거나,

....

19   〈연합뉴스〉, 2010년 5월 13일자 참조.

20   하워드 제어, 《회복적 정의란 무엇인가》, 손진 옮김, KAP, 2011, 59쪽.

21   같은 책, 57~58쪽.

자신의 분노를 자기에게 돌려 자살을 기도하거나, 타인을 원망할 수 있을 뿐이다."²²

범죄는 한 개인의 일이 아니라 전체 공동체의 아픔이고 문제이다. 이에 회복적 정의는 구성원 가운데 죄를 범한 사람에게 공정하고 타당한 벌을 주거나 격리하는 데 초점을 맞춘 것이 아니라, 범죄행위로 인해 피해를 입거나 인간관계가 훼손된 모든 사람들의 상처를 치유하고 공동체 전체의 인간관계를 회복하는 데 초점을 맞춘다. '세월호대책위원회' 등의 중재로 세월호의 가해자와 피해자만이 아니라 이 일로 영향을 받은 모든 시민이 주체로 나서서 확실한 진상 조사, 가해자의 진실 고백, 뉘우침과 사과, 서로 상처 입은 것 털어놓기와 고통의 공감과 나눔, 가해자의 책임, 재발 방지를 위한 성찰과 대안 모색, 용서, 화해 등에 대하여 끊임없이 토론하는 가운데 상처를 회복시킬 수 있는 말과 실천으로 훼손된 인간관계를 회복하고 공동체의 평화와 유대를 강화하는 것이다.

언론의 자유는 철저히 보장하여야 한다. 먼저 언론 관련법을 언론의 자유를 최대한 확보하면서도 사회적 책임과 윤리를 종합할 수 있도록 개정한다. 언론을 권력으로부터 완전히 독립시키고 거버넌스 체제를 확립한다. 방송통신위원회와 방송통신심의위원회에서 대통령 임명 몫을 없애고 모두 하원에서 추천하고 임명한다. 「신문법」 또한 편집의 자율성을 최대한 부여하고 소유를 규제하고 경영 투명성을 확보할 수 있도록 개정한다. 아울러

....

22 같은 책, 59쪽.

언론에 대한 교육을 초등학교부터 실시하고 대안언론을 활성화한다. 종편은 퇴출시킨다.

　정권의 독재와 부패 카르텔에 맞설 수 있는 진보의 연대 또한 필요하다. 새로운 진보정당이 '제도정치와 비제도정치의 변증법'을 실천하는 것도 중요하다. 이는 새로운 진보정당이 사회운동적 정당, 비제도적 투쟁정당의 성격을 기본적으로 지니되 대중정치와 지역정치에서 축적한 역량을 기반으로 제도정치, 의회정치로 적극 진출하는 정당이 되어야 함을 뜻한다.[23] 노동자계급 정당은 이념적으로 변혁적 노동자계급 정당이되 그 방법에서는 대중적 진보 정당을 종합하는 것이어야 한다. 노동운동(적색)과 환경운동(녹색), 여성운동(보라색) 등이 동맹을 맺어 계급 문제와 민족 문제, 생태 문제, 소수자 문제를 중층결정하는 '적녹보 동맹'을 맺는 것도 방법이다. 환경은 자본주의 체제의 극복 없이 환경 문제의 근본적인 해결이 불가능함을 수용하고, 여성과 소수자 또한 가부장적 폭력과 배제가 자본주의 체제와 밀접하게 연관되어 있음을 받아들인다. 현장에서 투쟁하는 노동자가 주체를 형성하되, 용산참사, 강정마을, 4대강에서 싸우던 이들이 함께하는 것이다. 이 조직을 전국적 연계망으로 하여 지역에서부터 풀뿌리 조직을 활성화하고 이를 당이 수렴하는 구조를 형성한다.[24]

....

23　김세균, 〈한국진보정치의 회생을 위한 제언〉, 《사상이 필요하다》, 글항아리, 2013, 223~224쪽 참고.

24　필자를 비롯하여 김세균 교수·송주명 교수·양기환 대표·권영국 변호사 등 지식인과 예술인·종교인 567명이 '567연대'를 조직하여 세월호 투쟁을 전개하고, 이윤상 목사·이요상 위원장 등 세월호 광장에 모인 이들과 함께 이런 취지로 '국민모임'이란 정당을 창립하였고, 정의당·노동정치연대·노동당의 분파인 진보결집플러스(+)와 통합하였다. 필자는 567연대의 운영위원으로서 국민모

이렇게 참여민주제를 확고히 하고 부패 카르텔을 견제 내지 해체할 수 있는 토대 위에서 일원화한 국가재난 시스템을 수립하고 안전을 교육하고 예방하고 감시할 수 있는 부처를 두어야 한다. 근본적으로 헌법을 엘리트에 의한 통치가 아니라 민중이 주체가 되는 민주제가 될 수 있도록, 모든 영역에서 독점을 해체하고 민주화·공공화할 수 있도록 개정한다. 아울러, 김영란법을 공직자의 이해 충돌을 방지하는 규정을 다시 살린 상태로 강화하고, 집회와 시위 관련법, 노동 관련법 등은 시민의 자유를 확대하고 노동3권을 확실하게 보장하는 방향으로 개정해야 한다.

··· 신자유주의 체제에서 정의평화 생태복지국가로 ······

보수층은 세월호 참사가 신자유주의와 전혀 관련이 없는 교통사고일 뿐이라고 주장한다. 하지만, 세월호 참사는 여느 교통사고와 판연히 다르다. 신자유주의적 탐욕과 이것이 만든 시스템과 정치가 만든 인재人災이기 때문

임 창당과 4조직의 통합에 관여하였지만 그 이상의 활동은 하지 않았다. 김세균 교수는 정의당의 공동대표가 되었고, 세월호 광장에 모였던 이들 가운데 몇몇은 이 통합 정당으로 들어갔다. 앞으로 이 통합 정당은 다른 야당과 공조하여 국정조사, 특검제, 「세월호 특별법」 개정 등 세월호의 정치화를 주도해야 한다. 하지만, 정부의 방해 속에서 「세월호 특별법」이 개정되지 않으면 특별조사위원회 해체조차 불가피한 상황에 이르렀다. 유가족과 특별조사위원회는 물론 통합한 정의당 및 야당과 시민사회가 이를 반대하며 릴레이 단식농성까지 벌이고 있지만 박근혜 정권은 아직까지 요지부동이다.

이다.

앞에서 말한 대로, 세월호 참사의 핵심은 모두 살릴 수 있는 304명을 제대로 구조하지 않은 데 있다. '민주사회를 위한 변호사모임'은 세월호 참사의 근본 원인으로 "① 사람과 안전보다 돈과 기업의 이윤 추구를 우선하는 정부의 경제사회정책, ② 규제 완화라는 이름 아래 진행되어 온 안전장치의 완화와 폐기, ③ 국가재난관리 시스템의 형식화, ④ 안전규제 업무의 민영화, ⑤ 관피아 등으로 상징되는 감독기관과 피감독기관의 유착 구조와 관행, ⑥ 무책임한 낙하산 인사정책 등, ⑦ 국가재난 컨트롤타워 역할의 부재"를 꼽았다.[25] 이 가운데 ①, ②, ③, ④가 신자유주의 체제와 직접 관련이 있으며, ⑤, ⑥, ⑦은 개발독재 자본주의의 유산이자 부패 카르텔의 영향, 정권의 부조리 등에 의한 것으로 신자유주의 체제와 간접적으로 관련이 있다.

세월호 참사의 진정한 살인자는 개발독재와 신자유주의 체제다. 서양에서 300여 년 동안 이루어진 근대화가 30여 년 만에 급속하게, 비약적으로, 독재적 방식으로 단행되었다. 물질적 근대화에 초점을 맞추고 천민자본주의를 바탕으로 하였기에, 전통의 가치는 사라지고 물신物神이 지배하는 사회가 되었다. 박정희 정권은 일본과 미국 등의 외세, 자본과 동맹을 맺고 군사작전식으로 만주국과 유사한 국가를 만들고 독재적 방식으로 수출 드라이브 경제를 주도하였다. 이로 인해 외세에 대한 종속, 권력과 자본의 유착이 깊어지고, 경제발전의 혜택이 소수에게 집중되었다. 돈과 효율을 중시하

....

25 민주사회를 위한 변호사모임(세월호 참사 진상규명과 법률지원 특별위원회), 《416세월호 민변의 기록》, 아름다운 사람들, 2014, 161쪽.

면서 인권과 생명은 경시되었고, 시민의 자유는 무시되고 억압되었다. 이런 토대에서 김대중과 노무현 정권은 민주화 투쟁을 업고 집권했으면서도 노동자와 서민을 배신하고 신자유주의 체제를 수용하였고, 이명박 정권은 다른 나라들이 신자유주의 체제의 모순을 깨닫고 유턴하는 시점에서 이를 극단화하였으며, 박근혜 정권은 이를 강화하였다.

인간과 생명을 중시하고 타자와 공존하고 공동체를 지향하던 가치들이 천민자본주의와 개발독재의 폭력으로 일부만 남고 신자유주의 체제에 와서 거의 사멸되었다. 비정규직 선장은 배와 자신을 동일시할 수 없으며, 책임감 또한 갖기 어렵다. 이명박 정권은 5천억 원의 경제효과 운운하며 배의 연한을 20년에서 30년으로 늘려 주고 해상 안전에 관한 규제를 무더기로 풀어 주었으며, 비용 절감이란 이유로 해난구조 업무를 민간에 위탁하였다. 헌법에 보장된, 재난으로부터 국민을 구조할 의무를 시장 논리에 맡겨 버린 것이다. 여기에 더하여 해경과 민간 업체가 유착 관계를 맺으면서 국민 구조가 민간 업체의 이해관계에 따라 좌우될 수 있는 조건이 형성되었다. "박근혜 정권 또한 해상안전 관련 규제를 최소한 10건 이상 완화했거나 완화를 추진하려 했다."[26] 이런 분위기에서 국가와 국민 전체가 효율성, 이윤, 결과, 속도를 앞세워 인간과 생명, 과정, 안전을 희생시키는 가치관에 매몰되었다. 여기에 검찰 등 권력의 감시 체제가 무너지면서 자본과 관료들은 마음대로, 때로는 규정과 법을 위반하면서까지 이윤과 효율 추구에 골몰하였다.

····················

26 〈프레시안〉, 2014년 4월 24일 참조.

312

세월호의 침몰과 구조 과정에도 이런 모순이 그대로 응축되었다. 청해진 해운은 일본에서 고철 배를 사와 구조 변경을 하였고, 화물을 더 많이 실으면서도 연료를 줄이기 위하여 평형수를 제대로 채우지 않았으며, 안전시설과 훈련에 투자하지 않았고, 선장과 선원 대다수를 비정규직으로 고용하였다. 세월호에 탑승했던 승무원 총 33명 가운데 19명이 비정규직이었다. 세월호가 과적으로 벌어들인 돈은 3,600만 원. 이 돈을 벌기 위해 304명의 목숨을 희생시킨 것이다. 국가 안전은 생명보다 이윤을 추구하는 민간 기업에 맡겨졌고, 민간 기업과 관료들이 유착 관계를 맺으면서 이들에 대한 감시와 관리는 해제되었다.

"세월호 구조 과정에서 구조 작업을 주도한 것이 해경청장이나 해양수산부 장관도 아닌, 민간 구난업체인 언딘의 간부들이라는 것은 공공연하게 알려진 사실이다. 이에 따라 민간 업체와 해경, 그리고 해양구조협회 사이의 부적절한 관계에 대한 의혹이 제기되었다. 실제로 구조 작업을 담당하고 있는 언딘의 김윤상 대표는 한국해양구조협회의 부총재로 밝혀졌고, 해양경찰청에서 퇴직한 해경 간부들이 해양구조협회의 본부뿐만 아니라 지역별 지부에 재취업한 사례가 많다."[27]

이윤과 효율을 앞세워 생명과 인권을 경시하는 신자유주의 모순에 따른 안전사고로 사람이 무더기로 죽는 일은 지금도 매일같이 벌어지고 있다. 하루 평균 5명, 1년에 세월호 사망자 수의 6배가 넘는 노동자들이 안전

....

27 민주사회를 위한 변호사모임, 앞의 책, 83쪽.

사고로 산업 현장에서 목숨을 잃고 있다. "고용노동부가 발표한 〈산업재해 현황분석〉 자료에 따르면 지난해(2013) 국내에서 산업재해로 숨진 노동자는 1,929명으로 경제협력개발기구(OECD) 국가 중 산업재해 사망률 1위이다."[28] "2014년 5월 12일 〈뉴스토마토〉가 지난해(2013)부터 이달(5월) 11일까지 국내에서 발생한 대기업 안전사고 사상자를 분석한 결과, 사망자는 모두 협력사 직원으로 조사됐다. 부상자도 극히 일부를 제외하고는 대부분 협력사 직원으로 분석됐다."[29] 저가 입찰을 한 후 효율성과 비용 절감을 목적으로 공사 기간 단축을 압박한 데서 사고가 빚어졌기에 협력사 노동자들만 죽음에 내몰린 것이다.

이제 효율과 이윤, 결과, 속도를 앞세워 인간과 생명, 과정, 안전을 희생한 것을 절절하게 성찰하고 후자를 중시하는 가치관과 삶, 노동으로 대전환을 꾀해야 한다. 근본적으로 양적 발전보다 삶의 질, GDP보다 국민의 행복지수, 경쟁보다 협력, 개발보다 공존, 한 사람의 열 걸음보다 열 사람의 한 걸음을 지향하는 대한민국을 새로 건설해야 한다. 무역량보다 이 땅의 강과 숲에 얼마나 다양한 생명들이 살고 있는지, GDP보다 거리를 지나는 시민들이 얼마나 미소를 짓고 있는지, 국부를 늘리기보다 얼마나 가난한 이들에게 공평하게 분배되고 있는지, 기업 이윤을 늘리기보다 노동자들이 얼마나 행복하게 자기실현으로 노동을 하는지, 빨리 성과를 내기보다 얼마나

·················

28 〈머니투데이뉴스〉, 2014년 5월 7일.

29 〈뉴스토마토〉, 2014년 5월 12일.

사람과 생명을 섬기는지, 내기하고 겨루기보다 모두 얼마나 함께 모여 신나게 노는지에 초점을 맞추어 국가를 경영하고 정책을 구사해야 한다.

이를 위해서는 무엇보다 먼저 신자유주의를 해체하여야 한다. 일상까지 지배한 시장과 돈의 논리를 제거하고, 시민의 안전에서부터 주거와 의료, 교육에 이르기까지 공공성을 확보하고, 공동의 복지와 평화, 행복을 구현해야 한다. 혹자는 시장의 균형과 공정성 확보를 통하여 '건전한 자본주의'를 추구할 수 있다고 주장한다. 하지만, 이는 시장에 대한 환상일 뿐이다. 월러스틴Immanuel Wallerstein의 통찰대로, "거대 이윤의 원천은 시장이 아니라 시장의 작동을 억제하는 독점이다."[30] "자본주의 체제에서 공정한 시장이란 불가능한 유토피아이며, 권력의 시장화와 시장의 권력화는 전형적인 자본주의 현상이다."[31]

신자유주의의 대안은 지금까지의 토대를 중심으로 하되, 그 개혁은 근본적이어야 한다. 신자유주의의 희생자들인 비정규직 노동자, 정리해고자를 중심으로 노동자와 민중, 시민이 연대하여 '오큐파이 월스트리트Occupy Wall Street'와 같은 운동을 전 세계적으로 조직하여 신자유주의 지배 체제 자체를 해체하는 세계혁명을 전개한다면 근본적인 개혁도 불가능하지 않다.

둘째로, 비정규직 노동자와 정리해고 노동자, 청년, 농민들이 민주적인 연

··················

30 이매뉴얼 월러스틴Immanuel Wallerstein, 《사회과학으로부터의 탈피: 19세기 패러다임의 한계》, 창작과비평사, 1994, 264~283쪽.

31 汪暉·柯凱軍, 「關于現代性問題答問」, 李世濤 主編, 《知識分子立場-自由主義之爭與中國思想界的分化》, 時代文藝出版社, 2000, 134쪽. 백승욱, 〈신자유주의와 중국 지식인의 길찾기〉, 《역사비평》 55호, 역사비평사, 2001년 5월, 286쪽 재인용.

대조직을 결성하고 이를 중심으로 인민주권을 확립해야 한다. 자본주의 체제 자체를 그 바깥에서 해체하는, 지역에 근거를 두면서도 세계화를 지향하는, 협의를 통해 주민 자치를 실현한 지역공동체를 곳곳에 건설하고 그 지혜와 실천을 공유하는 동아시아 지역공동체의 연대체를 만들어야 한다.

셋째로, 농민과 노동자 민중이 주체가 되는 급진적 민주주의를 추구하되, 정치적 민주화와 경제적 민주화를 종합한다.

넷째로, 동아시아의 시민이 연대하여 자유로운 개인의 합리적인 성찰과 화쟁적和諍的 소통을 바탕으로 공공 영역Öffentlichkeit을 증대하고 의료, 교육, 주택, 금융을 공공화한다. 이는 하버마스 식의 공공 영역에 동양적 공공성公共性을 종합한 것이다. 동아시아인에게 '공公'은 공익公益만이 아니라 공정公正과 공평公平을 의미하는 것이었다. 우리나라에서는 각 마을 단위로 지배층이 침탈할 수 없는 민중들의 영역인 두레 공동체를 형성하였다. 이들은 민주적인 방식으로 인민주권을 확보하였으며, 마을의 공터인 마당을 중심으로 공론을 형성하고 필요할 경우 노동력과 생산 및 생활 도구 등을 호혜의 원리에 입각하여 서로 빌려 주어, 실질적으로 공동으로 활용하였다. 그러다가 양반 지배층이나 관官이 공정성을 현저히 상실했다고 생각하면 이에 집단으로 저항하였다. 조선시대의 수많은 민란과 일제시대의 의병운동도 두레를 기반으로 조직되었다. 자유롭고 합리적인 개인을 주체로 하여 두레 공동체를 결성하고 여기서 공정公正, 공평公平, 공공公共으로서 공공 영역을 확보하는 것이 필요하다. 이 공공 영역에서 합의하여 의료, 교육, 주택, 금융을 공공화하고 단계적으로 무상화하여 사회적 약자에 대한 배려와 분배의 정의를 수립한다. 이를 위해서는 조세개혁이 필수적이다. 구체적인 방안으로 '부자감세' 20조 원을 원래대로 환원하며, 사회복지목적특별세로 20조 원을 확보하고, 상속세를 정상화하며(4조 원에서 30조 원으로), 모든 불로소득(자산/토지/주식)에 대하여 세수를 통한 사회적 환수를 추진하며, 소득세의 최고 세율을 군사독재 정권 때처럼 70~90퍼센트 대로 환원하는 것 등이 있다.

다섯째로, 미국에 맞서서 동아시아의 금융과 신용의 자립을 꾀해야 한다. IMF에 맞서서 동아시아개발은행,[32] 스탠더드 앤드 푸어스나 무디스 코퍼레이션Moody's Corporation에 대응하는 동아시아 신용평가기관을 설립한다. 동아시아 각국이 공동으로 투자 지분을 할당하면 된다.

여섯째로, 소극적 자유에 적극적 자유와 대자적 자유對自的自由를 종합해야 한다. 우리 인간은 주체로서 모든 구속으로부터 벗어나려는 소극적 자유freedom from를 추구함은 물론, 노동을 통하여 생산하는 주체로 거듭나면서 진정한 자기실현self-realization을 하거나 부조리한 세계에 저항하여 이를 자신의 목적에 맞게 개조하는 행위를 통해 자기를 실현하거나, 또는 고도의 수행을 통하여 자기완성의 열락에 이르는 적극적 자유freedom to를 구현한다. 더 나아가 인간은 타자와 자신의 상호 의존성을 깨닫고 이기적 욕망을 자발적으로 절제하고, 타자의 고통에 공감하고 연대하며 타자를 더 자유롭고 행복하게 하는 실천을 통해 진정한 자기를 완성한다. 자기 소외와 노동의 소외를 극복하고 자기의 혁명과 사회혁명을 종합한다. 이 순간에 느

---

32 동북아시아개발은행에 대해서는 이미 와다 하루끼교수(和田春樹)가 《동북아시아 공동의 집》, 이원덕 옮김, 창작과비평사, 2004, 259쪽에서 제시한 바 있다.

끼는 자신에 대한 충족감에서 오는 희열이 바로 대자적 자유freedom for이다. 대자적 자유를 추구하는 순간, 자유는 정의 및 평등과 일치한다. 이렇게 세 가지 자유를 모두 추구하는 자가 바로 '눈부처 주체'이다. 이 세 가지 자유를 종합한 가치관에 부합하도록 제도와 법을 개정해야 한다.

일곱째로, 반反신자유주의를 추구하는 담론 투쟁을 전개해야 한다. 필자가 한진중공업 희망버스 때나 쌍용자동차 사태 때 언론 기고, 논문, 집회 현장에서의 발언 등을 통하여 주장한 대로, 비정규직과 정리해고 철폐 주장이 좌파적 발상이거나 비현실적인 것이 아니다. 중소기업은 차이가 있겠지만, 30대 대기업의 경우 매년 기업이 벌어들이는 당기순이익의 단지 1.5퍼센트만 투자하면 모든 비정규직 노동자를 정규직으로 전환할 수 있다.[33] '낙수효과trickle down effect'는 허구에 불과하며, 저소득층의 소비 증대로 전체 경기를 부양시키는 '분수효과fountain effect'가 타당하다.

성장과 복지는 대립적인 것이 아니라 보완적이다. 이는 미국 부시 정권의 사례로 증명이 되었으며, 이명박 정권에서도 매년 20조 원의 부자 감세를 하고 30조 원을 투자하여 4대강 사업을 하였음에도 불구하고 경제는 공황 직전의 상황에 이르렀다. 신자유주의의 첨병인 IMF조차 낙수효과를 부정하는 보고서인 《소득 불평등의 원인과 결과: 세계적 전망》을 2015년 6월 15일에 발표했다. "국제통화기금의 전략 정책 및 분석국은 에라 다블라−노리

....

33　2011년 조사에서 한국의 30대 기업에서 모든 비정규직을 정규직으로 전환하는 데 드는 비용은 그해 30대 기업이 올린 당기순이익 49조 7천억 원의 1.5퍼센트인 7천 9백억 원에 지나지 않았다. 〈시사저널〉, 2012년 10월 31일.

스Era Dabla-Norris 등 경제학자 5명이 소득 불평등과 경제발전 사이의 연관성에 대해 1980년부터 2012년까지 세계 159개국의 자료를 조사하고 분석하여 이 보고서에 담았다. 이에 따르면, 상위 20퍼센트의 소득이 1퍼센트 증가하면 5년 동안 GDP는 0.08퍼센트포인트 감소했지만, 하위 20퍼센트의 소득이 1퍼센트 증가하면 GDP는 같은 기간에 0.38퍼센트포인트 증가했다.[34] 이어서 보고서는 기술적 진보로 새로운 기술에 대한 숙련노동자와 미숙련 노동자 사이의 괴리가 심화하고, 세계화로 빈자를 보호하는 규제와 장벽이 무너지고, 금융의 심화financial deepening가 부자에게 혜택을 주고 빈자에게 차별적으로 적용되고, 노동의 유연성으로 노동조합이 허약해지고, 조세 등 분배정책이 부자들에게 유리하게 구현되고, 소득의 불평등이 교육의 불평등으로 이어지면서 빈자들이 교육을 받지 못하여 생산성이 떨어지고, 결국 총수요가 감소하면서 경제성장이 저하되었다고 지적하였다."[35] 이제 세계 경제학자들은 "부유층의 세금 및 저소득층에 복지 및 지원 증가 → 소비 증가 → 생산 증가 → 경기 부양"을 야기하는 분수효과가 더 현실적이라고 주장하고 있다.[36]

....

34 IMF Strategy, Policy, and Review Department, *Cause and Consequences of Income Inequality: A Global Perspective*, 2015 June, 15. p. 7.

35 같은 책. pp. 18-22.

36 개량적 대안은 스티글리츠가 잘 요약하였다. "금융 부분의 규제를 강화하고 독점금지법, 파산법 등 1퍼센트에게 유리한 법과 제도를 개혁하고 집행 효율성을 강화하며, 기업지배구조를 개선하고 기업 지원금을 폐지하고, 조세 회피 통로를 차단하고 조세개혁을 단행하며, 교육·의료·금융·주택 분야에서 공공성을 확대하고 중하위층에 대한 지원을 늘리며, 노동자와 시민의 집단행동을 지

이렇게 일곱 가지 대안을 종합하여 대한민국을 정의평화생태 복지국가로 새롭게 건설할 때, 정권으로부터 독립된 권력기관과 시민검찰이 관피아를 척결하고 부패 카르텔을 해체하고 규제 완화라는 이름 아래 폐기한 안전장치를 다시 강화하면서 시민의 거버넌스 체제를 수용한 국가재난 시스템을 수립할 때, 그때 비로소 제2세월호의 가능성은 사라질 것이다.

··· 경쟁교육에서 공감·협력교육으로 ······

세월호 희생자 가운데 대다수가 가만히 있으라는 말을 그대로 따른 학생들이다. 어른들의 잘못으로 너무도 많은 어린 생명들이 꽃도 피우지 못한 채, 입시 지옥 속에서 재미있고 즐거운 것은 별로 해 보지도 못한 채, 우정과 인간애를 한창 나눌 시기에 강요된 경쟁만 하다가 유명을 달리했기에 더

····················

원하고 선거자금을 개혁하고 투표율을 높일 수 있는 획기적인 정책을 추진하면서 중하위층의 기회를 확대한다면, 중하위층이 자신만의 이익만이 아니라 다른 모든 사람의 이익과 공공복지에 관심을 기울이는 '개인적 이익에 대한 올바른 이해'를 한다면, 1퍼센트들도 99퍼센트들과 운명을 함께한다는 인식을 한다면, 모두가 운명 공동체라는 인식을 하여 기회와 공평성에 대한 사회적 약속이 유지되는 사회, '만인을 위한 자유와 정의'란 말이 진정한 의미를 발휘하는 사회, 공민권뿐 아니라 경제적 권리도 중요하고, 재산권뿐 아니라 서민의 경제적 권리도 중요하다고 강조하는 《세계인권선언문》이 진지하게 받아들여지는 사회는 가능한 미래로 다가올 것이다."(조지프 스티글리츠, 《불평등의 대가―분열된 사회는 왜 위험한가》, 이순희 옮김, 열린책들, 2015, 431~462쪽 요약.) 이런 제안은 선거자금 개혁 등 미국 상황에 특수한 것을 제외하면 유럽 외 전 세계 국가들에 보편적인 대안이며, 지금 당장이라도 정권의 의지만 있으면 가능한 현실적인 대안이기도 하다. 물론 이는 근본적인 대안은 아니고, 미국이라는 제국에 착취당하는 제3세계에는 부합하지 않는 것들도 많다.

욱 비통하다.

이제 교육의 목표, 철학과 이념 또한 달라져야 한다. 우리 교육이 추구하는 인간형은 현대인에 21세기 탈근대적 인간형이 결합되어야 한다. 필자는 이를 '눈부처 주체'로 본다.[37] 눈부처 주체는 세계를 올바로 해석하고 이해하고 그 모순을 비판하고 저항하는 주체이자, 타자의 고통에 공감하고 연대하는 주체이다. 근대성의 패러다임이 낳은 주체의 긍정적인 면은 계승하면서, 이 주체가 동일성의 패러다임에 갇혀서 '우리와 다른 이들'을 '이교도, 이민족, 좌파' 등으로 타자화하고 이들을 배제하고 폭력을 행하였던 근대적 모순은 지양한 것이다. 이 주체는 소극적 자유와 적극적 자유, 대자적 자유를 종합한다.

눈부처 주체를 형성하는 교육 이념은 공감·협력교육이다. 이는 "덜 인지하고 있는 자와 더 인지하고 있는 자 사이에서 부단한 상호작용, 수행, 체험, 소통, 타인의 삶, 의미의 창조와 실천 등을 통하여 삶의 의미를 구성하고 이 타성을 증대하면서 서로 깨달음과 발달을 촉진하고, 타자를 배려하고 소통하면서 타자의 희로애락을 함께 느끼며, 이를 바탕으로 한 개인이 타자와 경쟁하기보다 서로 도와 공동의 이익과 발전을 도모하도록 이끄는 것"을

· · · · · · · · · · · · · · · · ·

37 똑바로 상대방의 눈동자를 바라볼 때 그 안에 비춰진 내 모습을 가리킨다. 이는 그 형상이 부처의 모습과 닮은 데서 연유한 낱말이다. 여기에 필자는 철학적 의미를 부여한다. 눈부처는 상대방을 만나 사랑의 마음을 가지고 가까이 가서 눈을 마주치며 하나가 되고자 할 때만 보인다. 이는 내 모습 속에 숨어 있는 부처, 곧 타자와 자연, 나보다 약한 자들을 사랑하고 포용하고 섬기면서 그들과 공존하려는 마음이 상대방의 눈동자를 거울로 삼아 비추어진 것이다. 그 눈부처를 바라보는 순간 상대방과 나의 구분이 사라진다. 더 나아가 동일성을 완전히 해체하여 공감에 의해서만 다다르는 차이 그 자체, 곧 타인 안의 부처와 내 안의 부처가 대대적待對的으로 하나가 되는 경지다.

뜻한다.

필자는 '거울신경체계를 통한 공감의 연대the solidarity of empathy'가 공감과 협력을 이끌어 낼 수 있다고 생각한다. 캐나다의 교육자 메리 고든Mary Gordon은 1996년부터 '공감의 뿌리roots of empathy' 교육 프로그램을 진행하면서, 학교에 아기를 데려와 초등학생들이 지켜보게 하였다. 예를 들어, 아기가 우유를 먹으러 가다가 넘어지면 아이들도 함께 마음이 같이 아픈 체험을 한 것이다. 이렇게 아기의 고통과 성취에 공감하는 체험을 한 이후 "공감의 뿌리 교육 프로그램을 실시한 집단에서는 적극적 공격 성향을 보이던 아동의 88퍼센트가 사후 검사에서 적극적 공격 성향이 줄어든 반면, 비교집단에서는 9퍼센트만 줄어들었다. 게다가 비교집단의 50퍼센트는 사전 검사와 사후 검사에서 적극적 공격 성향이 증가했다."[38] "더 나아가, 연약한 여자아이가 다른 아이의 모자를 빼앗은 남자아이에 맞서서 당당하게 모자를 돌려주라고 말하는 일도 있었다."[39] 모자를 빼앗긴 아이의 아픔이 자신의 아픔으로 느껴진 때문이다. 정의를 향한 위인들의 강한 용기도 실은 약자의 고통을 자신의 것처럼 아파하는 공감에서 비롯된다.

이 '공감의 뿌리' 교육의 사례에서 확인한 것처럼, "인간은 공감을 통해 다른 사람을 자신 안에서 비추어 보고, 그 의도와 느낌을 감지할 수 있

....

38 킴벌리 스코너트 레이철, 〈'공감의 뿌리'가 아동의 감성 능력과 사회 능력 향상에 미치는 효과〉, 메리 고든 지음, 《공감의 뿌리》, 문희경 옮김, 샨티, 2010, 283쪽.

39 같은 책, 29~30쪽.

다."[40] 사회적으로 공명을 할 때 고통을 이기는 물질이 분비되는 것을 보면, 공감의 대가로 고통을 해소하는 보상 체계 또한 오래전에 진화를 통해 뇌 구조가 확보한 것으로 보인다. 그러니, "삶의 비밀이란 생존이 아니라 거울 공명하는 타인을 만나는 것이다."[41] 모자를 돌려주라고 한 여자아이의 사례에서 보듯, 진정한 정의와 용기 또한 타인의 고통과 비극을 공감하는 데서 비롯된다. 예수님의 박애, 맹자의 측은지심, 붓다의 자비심도 마찬가지다.

예술, 공감 체험, 뒤집어 읽기와 다시쓰기, 치유의 글쓰기, 서로 아픔 말하기, 상대방의 단점을 장점으로 바꾸어 말하기, 회복적 정의 프로그램 등을 통하여 공감·협력교육을 실시하면, 학교폭력이 근절되고 아이들이 서로 경쟁하기보다 서로 공감하고 연대하면서 폭력과 자살 충동으로 범벅이 된 교실이 우정과 인간애가 가득한 교실로 전환될 것이며, 학생들의 인성 도야와 창조성 증대가 동시에 이루어질 것이다.[42]

....

40   요아힘 바우어, 《공감의 심리학》, 이미옥 옮김, 에코라이브, 2006, 47쪽.

41   같은 책, 190쪽.

42   뒤집어 읽기와 다시쓰기는 필자가 혁신적 읽기와 쓰기 교육으로 1988년부터 해 오던 교육 방식으로, 기존의 텍스트에 담겨 있는 이데올로기를 비판적으로 읽고 이를 다시 써서 새로운 세계를 구성하는 학습 방식이다. 예를 들어, 〈토끼와 거북이〉에서 경쟁심을 부추기고 더 나아가 자본주의를 정당화하는 이데올로기를 비판하고, 거북이가 토끼를 깨우고 이에 감동한 토끼의 제안으로 어깨동무하고 가는 것으로 결말을 바꾸면 전혀 다른 세계관을 갖게 된다. 이처럼 뒤집어 읽기와 다시쓰기는 텍스트를 단순히 변경하는 것이 아니라 텍스트의 신화에 조작되던 대상이 주체로 서서 그에 담긴 세계를 비판적으로 다시 구성하는 것이다.

··· 성찰과 개혁 없이
　안전한 대한민국은 없다　　······

아무것도 변한 것은 없는데, 개혁은커녕 진상 조사조차 제대로 이루어지지 않은 채 시간이 흘러가고 있다. '416연대'의 전신인 세월호 국민대책위원회의 요청으로 참사가 일어나고 얼마 지나지 않아 세월호 광장에서 길거리 강연을 하였다. 처음엔 많이 모였는데, 추석이 지난 뒤의 둘째 강연에는 처음의 10분의 1도 모이지 않았다. 우리조차 벌써 잊고 있고, 그 망각의 벽을 바탕으로 정권은 진상을 은폐하고 권력의 악마성을 더 키우고 있다.

　자식을 잃은 것보다 더한 고통은 없다. 유가족의 치유는 진상 조사에서 출발한다. 철저한 진상 조사로 유가족의 응어리와 한을 풀고, 개인에게 문제가 있는 것은 개인을 벌하고, 제도에 문제가 있다면 제도를 개혁하는 것이 너무나도 당연하다. 박근혜 정권은 성찰은커녕 책임을 회피하는 데서 더 나아가 갖은 방법을 동원하여 진상 조사를 방해하고 있다. 9·11 테러와 후쿠시마 원전 사고를 철저히 조사하여 재발을 방지하려는 미국과 일본 정권과는 정반대의 태도를 유지하고 있다. 세월호 참사를 야기한 부패와 비리에 정권의 상층부 및 국가─자본의 카르텔이 관여되어 있기에 이들은 끝까지 방해할 것이다. 앞으로도 올바른 진상 조사로 개혁을 추진하려는 시민 사회와 이를 은폐하며 부패 카르텔을 온존시키려는 세력의 투쟁이 계속 진행될 것이다.

　세월호 참사에 온 국민이 자기 자식이 죽은 것처럼 애통해한 것처럼, 이 문제는 유가족만이 아니라 너와 나의 아픔이자 문제이다. 세월호의 진상 규명과 개혁 없이 너와 나의 안전과 행복은 계속 유보될 수밖에 없다. 시민사회는 기억투쟁, 담론투쟁, 헤게모니 투쟁, 정치투쟁 등 세월호 참사의 진상을 규명하고 이를 기억하며 여기서 생긴 문제와 대안들을 정치화하고 안전한 대한민국을 건설하는 운동에 적극 참여해야 한다.

수백 명의 목숨을 뒤로한 채 저 혼자 도주한 선장도 나쁘지만, 선장을 살인자로 규정하며 책임을 선장에게 뒤집어씌우고 대한민국호에서 홀로 탈출하는 그 순간, 대통령 또한 선장과 같은 인간으로 전락하였다. 대통령이 모든 책임을 지고 하야하는 것이 마땅하지만, 이 문제는 그것만으로 해결될 수 있는 것이 아니다. 살인자는 선장에서 그를 그런 상황으로 몰아넣은 유병언과 청해진해운으로, 다시 유병언과 청해진해운을 탐욕의 화신으로 만든 신자유주의 체제와 부패 카르텔과 이를 온존시킨 대통령으로 전이한다. 대통령부터 모든 관료들, 부패와 비리에 관련된 파워엘리트들이 피를 토하는 심정으로 통렬하게 성찰하여야 한다. 여러모로 어려운 환경에서 세월호 참사 2주기를 3일 앞두고 국민이 여소야대를 만들어 준 뜻은 세월호의 진실을 인양하여 '헬한국'을 구조하라는 것이리라.

20대 국회가 가장 먼저 할 일은 「세월호 특별법」 개정과 특별검사제 실시다. 이를 통하여 진상을 낱낱이 규명하여 단기적으로는 관련 범죄자를 처벌하고 제도 개혁을 단행해야 한다. 장기적으로는 시민이 주체가 되어 부패 카르텔과 신자유주의 체제를 해체하고 모두가 안전하고 행복한 대한민국을 새롭게 건설해야 한다. 그렇지 않으면 제2의 세월호는 언제 어디서든 반복될 수 있다.

우리는 이제 세월호의 진실을 감추려는 세력에 맞서서 지난한 기억투쟁을 전개해야 한다. 기억은 연결이다. 참사가 난 과거에서 안전하고 행복한 미래로, 팽목항에서 한반도 곳곳으로, 유가족에서 온 국민으로 연결하는 것이다. 기억은 진화다. 유전자gene에 의한 생물학적 진화는 수천만 년에서 수억 년이 걸리지만, 문화적 유전자 밈meme에 의한 문명과 문화의 진화는 단 몇 초 만에도 이루어진다. 인류가 1만 년 만에 스마트폰과 인공지능과 복제동물을 만들 수 있었던 것은 기억을 통하여 과거를 성찰하고 지혜를 전승하며 더욱 진화된 문화를 건설하였기 때문이다. 그래서 기억하지 않는 역사와 참사는 되풀이된다.

우리는 모두 죄인이다. 각자 자기 자리에서, 자신의 사고와 행동, 그것으로 이루어진 실천과 역사들이 불량사회를 만드는 데 일조한 것이 무엇인지 뼈가 시리도록 반성해야 한다. 나 또한 화폐와 물질 증식의 욕망에 사로잡힌 것을 성찰하되, 개인의 차원에 머물지 말고 사회개혁운동에 동참하여야 한다. 그렇지 않는다면 이 '짐승들의 불량사회'는 계속될 것이며, 교실에선 학생들이, 공장에선 노동자들이, 거리에선 시민들이 죽어 갈 것이다. 저 차디찬 바다에서 원통하게 죽은 아이들은 말한다. 제발 남아 있는 동무들은 다른 꿈을 꾸게 해 달라고, 다른 학교, 다른 나라, 다른 세상을 보여 주라고.[43]

·················

43 이 글은 2015년 2월 민교협에 제출한 이후 2015년 12월에 책(이도흠,《인류의 위기에 대한 원효와 마르크스의 대화》, 자음과모음, 2015)으로 발간되었다. 글의 상당 부분을 이 책에 인용하였고 이를 밝혔다. 그런데 먼저 쓴 이 글이 책보다 나중에 발간되는 바람에 인용의 역전이 생겼다. 이 글 중 상당 부분이 이 책의 본문과 겹침을 밝히며 이에 대한 각주는 생략한다.

참고문헌

고든, 메리, 문희경 옮김, 《공감의 뿌리》, 샨티, 2010.

김세균, 〈한국진보정치의 회생을 위한 제언〉, 《사상이 필요하다》, 글항아리, 2013.

도킨스, 리처드, 홍영남·이상임 옮김, 《이기적 유전자》, 을유문화사, 2010.

민주사회를 위한 변호사모임(세월호 참사 진상규명과 법률지원 특별위원회), 《416세월호 민변의 기록》, 아름다운 사람들, 2014년 9월.

바우어, 요하임, 이미옥 옮김, 《공감의 심리학》, 에코라이브, 2006.

백승욱, 〈신자유주의와 중국 지식인의 길찾기〉, 《역사비평》55호, 역사비평사, 2001년 5월.

스티글리츠, 조지프, 이순희 옮김, 《불평등의 대가—분열된 사회는 왜 위험한가》, 열린책들, 2015.

싱어, 피터, 김성한 옮김, 《사회생물학과 윤리》, 연암서가, 2014.

와다 하루끼(和田春樹), 이원덕 옮김, 《동북아시아 공동의 집》, 창작과 비평사, 2004

왓슨, 피터, 남경태 옮김, 《생각의 역사1: 불에서 프로이트까지》, 들녘, 2009.

월러스틴, 이매뉴얼, 《사회과학으로부터의 탈피: 19세기 패러다임의 한계》, 창작과 비평사, 1994.

이도흠, 《인류의 위기에 대한 원효와 마르크스의 대화》, 자음과 모음, 2015.

이도흠, 〈세월호 참사의 근본 원인과 성찰적 대안〉, 민주화를위한교수협의회·전국교수노동조합·한국비정규교수노동조합 주최, 《세월호 대참사 교수단체 긴급 공동 토론회: 생명의 위기, 생활의 위기: 불안정사회, 무책임사회, 대한민국을 다시 생각한다》, 2014년 5월 15일.

제위, 하워드, 손진 옮김, 《회복적 정의란 무엇인가》, KAP, 2011.

홍성태, 〈세월호 대참사와 비리—사고사회의 문제〉, 민교협·교수노조·비정규교수노조 주최, 《세월호 대참사 교수단체 긴급 공동 토론회: 생명의 위기, 생활의 위기: 불안정사회, 무책임사회, 대한민국을 다시 생각한다》, 2014년 5월 15일.

Ferrari, P. F., Tramacere, A., Simpson, A., Iriki, E. A. "Mirror neurons development through the lens of epigenetics", *Trends Cognitive Science.* vol.17 no.9, 2013.

IMF Strategy, Policy, and Review Department. *Cause and Consequences of Income Inequality: A Global Perspective.* 2015 June, 15.

Rizzolatti, Glacomo., Fogassi, Leonardo and Gallese, Vittorio. "The Mirror Neuron System: A motor-Based Mechanism for Action and Intention Understanding", in The *Cognitive Neurosciences.* Michael S. Gazzaniga (eds.), Cambridge, Mass.: MIT press, 2009.

경향신문, 2014년 4월 22일.

경향신문, 2014년 5월 11일.

국민일보, 2015년 11월 12일.

뉴스1, 2014년 9월 24일 참고함.

뉴스토마토, 2014년 5월 12일.

뉴시스, 2014년 7월 25일.

머니투데이뉴스, 2014년 5월 7일.

시사저널, 2012년 10월 31일.

연합뉴스, 2010년 5월 13일.

연합뉴스, 2015년 3월 24일.

프레시안, 2014년 4월 24일

한겨레신문, 2014년 5월 12일.

사회적 트라우마와 공감

박상환 성균관대학교 유학대학
고희선 경동대학교 간호학부

분단과 물신주의적 자본주의 발전 전략으로부터 빚어진 한국 사회의 구조적 모순 현상은 사회적 양극화 현상을 심화시켰고, 우리는 타자의 아픔은 물론 자신의 아픔조차 외면하는 자기 소외, 자기 분열 상태에 놓여 있다. 하지만 타자의 아픔을 공유할 수 없을 때 사회적 정의와 공공성은 존재하기 어렵다. 자기 공감을 시작으로 타자에 대한 공감의 연대가 필요한 시점이다.

■ 본 논문은 2014년 12월 발간된 다음 논문을 요약, 수정한 것이다. 박상환·고희선, 〈문화 기억과 공감의 문제〉, 《동서철학연구》 제74호, 2014, 473~499쪽 참조.

⋯ 타자의 아픔에 대한 공감 없이는
  정의도 없다　　　⋯⋯

한국 사회가 최근 몇 십 년 사이에 괄목할 만한 경제적·문화적 성장을 하였다는 사실을 부인할 수는 없다. 그러나 진보와 참여주의 성격의 김대중—노무현 정권 이후 등장한 보수주의 정권이 우리 사회를 급격하게 선회시켰다. 이 진로 변경이 지닌 문제점을 압축적으로 보여 준 사건이 바로 2014년 4월 16일 세월호 침몰 사건이다. 300여 명의 여객선 탑승 승객, 그것도 대부분이 수학여행을 가던 고등학생들이 일상을 살아가는 우리 눈앞에서 수장되었다. 그런데 그 참사 원인을 제대로 규명하기는커녕, 이 규명 요구를 공산주의자('친북' '종북' 세력)의 책동 혹은 그들의 사주라고 주장하는 사태가 빚어졌다.

타인의 아픔을 공유할 수 없을 때 사회적 정의와 공공성은 존재하기 어렵다. 다원적 가치의 존재 근거도 찾을 수 없다. 이러한 측면에서 세월호 사태로 인한 우리 사회의 집단 트라우마Trauma(정신적 외상)의 해결 과정은 한국 사회의 성숙도를 가늠해 볼 수 있는 중요한 척도가 될 것이다.

이러한 문제의식 아래 '세월호 사태'를 둘러싼 현대 한국 사회의 구조적 모순 현상을 비판적으로 성찰하고, 그 원인에 대한 분석을 통해 현現 한국 사회의 억압되고 왜곡된 '사회문화적 기억'과 우리 사회가 안고 있는 집단적 트라우마를 해결할 방안을 모색하고자 한다.

··· 한국 사회의 배타적 가치관과 그 형성 배경 ······

전근대-근대-후근대적 가치의 혼돈

한국 현대사에서 일반 국민의 가치관에 결정적인 영향을 끼친 두 가지를 꼽으라면, '전쟁/분단'(남북한 공통)과 '물신주의적 자본주의 발전 전략'으로 요약될 수 있을 것이다. 일상적 생존의 문제로 환원된 매우 극단적 성격의 이 두 가지는, 대한민국에서 현대사회가 요구하는 건전한 시민의식의 발전을 방해하는 장애물이기도 하다.

일제강점기에서 벗어난 1945년부터 지금까지 많은 사회적 발전과 전환이 있었지만, 전근대적인 집단주의적 가치와 현실 순응주의적 가치에 내재한 보수적 특징이 그대로 유지되는 것은 이 때문이다. 전쟁/휴전 상태에서 비롯된 이데올로기적 경직성과 극단적 경쟁이 만들어 낸 경제적 생존이라는 이중의 문제는 '타자와의 공존 추구'라는 근대의 합리적인 도전 또는 '문명화' 작업을 왜곡시켰다. 그 결과, 현재 한국 사회는 전前근대premodern—근대modern—후後근대postmodern적 가치가 복잡하게 혼재되어 있다.

안보와 경제개발 중심의 발전 전략

1960~70년대 박정희가 주도한 한국의 자본주의 발전 전략은 현재까지 거의 변화 없이 한국 사회를 이끌어 가는 주 모델로 기능하고 있다. 박정희는 군사정변으로 정권을 차지하여 정치적 정당성의 결여라는 근본적인 한계가 있었고, 이를 극복하기 위해 빠른 경제성장을 추구하였다.

박정희에 의해 고착된 한국적 사회체제에서 '자유민주주의'는 반공적 자유주의를 의미하고(현재는 반反북한), 국가의 사상적 통제는 사유재산권의 절대화와 기업의 수익성만을 보장하는 '경제개발'로 보상되었음은 주지의 사실이다. '안보'와 '경제개발', 이것이 현 한국 사회의 기본 축이다.

수단과 목적이 뒤바뀐 박정희식 '근대화'(산업화)는 독재적·권위주의적 발전 전략을 채택할 수밖에 없었는데, 이 방식은 이후 한국인의 가치관 형성에 매우 심각한 부정적 결과를 초래하였다. 전통적 유가儒家 질서가 표면상 해체된 이후 이를 대체할 수 있는 사회적 규범과 사상, 이념이 부재한 채 오로지 적자생존의 동물적 가치관만이 사회적 합의를 이룬 것이다.

여기에 분단이 가져온 극단의 반공주의는 '먹고살기 위해' 인간의 기본권도 유보한 채, 자신과는 다른 가치관과 타인의 존재는 참지 못하는 상황을 만들었다. 이로써 비판은 허용되지 않는, 배타적이고 이분법적 사고가 사회 전반에 팽배하게 되었다. 타인에 대한 배려, 나와 생각과 사상 및 이념이 다른 타인과의 공존이 현대사회의 필수 조건이라 할 때 우리 사회에서는 이 조건이 성숙하기 어려운 상황이 현재까지 이어져 온 것이다.

현실 순응적·체제 융합적 집단주의

중국의 영향을 받은 주자학적 사유라는 전근대적인 전통적 가치관과 경쟁적인 이윤 추구라는 자본주의적 가치관의 혼용은 한국 사회를 지배하는 가치관 중 하나이다. 이러한 관점을 이른바 '아시아적 가치Asian Value'로 표현하기도 한다.

아시아적 가치는 아시아 고유의 세계관과 서양식 경제발전을 조화시키는 아시아적 근대화로 나타났다. 이에 따라 아시아 국가들은 과거 유가적 권위에 따라 가족과 집단을 중시하고 질서와 도덕을 고수하는 서양과는 다른 근대성을 추구했다. 그러나 이 과정에서 전통 유가에 내재한 사회적 책임의식에서 현실 비판적 측면은 제거되고 현실 순응적·체제 융합적 의식만 남게 되었다. 이러한 측면에서 아시아적 가치는 서구 및 서구적 가치에 대한 대항의 의미보다는, 한국이나 동양 사회 내부의 갈등을 해결하는 방안으로 등장했다는 해석이 더 의미가 있다.[1]

....

1   D. Senghaas., *Zivilisierung wider Willen*, Frankfurt am Main, 1998, S. 162.

실제로 한국 사회에서 아시아적 가치는 기득권 세력이 경제적·교육적 독재를 유지하고 이에 대한 저항이나 다른 사회적 발전을 저지하는 용도로 활용되었다. 즉, 경제발전에 따라 새롭게 부상한 사회계층의 정치적·사회적·경제적 요구와 정치적 참여를 막는 일종의 지배이념화된 개발 이데올로기로 아시아적 가치가 기능한 것이다.[2]

그런데 지식과 권력의 동반적 관계에서 시민을 지식인(기득권 세력)과 비지식인(비기득권에 속한 노동자, 서민)으로 편의상 구분하여 설명하자면, 정치적·경제적 변혁기에 지식인은 매우 계급적으로 대응하는 반면, 대부분의 서민은 비계급적으로 대응하는 특징이 있다.

이렇게 형성된 한국 사회의 배타적 가치관은 곧 우리 사회의 주요한 정치적·사회적 구조 및 문화적 정체성으로 귀결되었다. 우리 사회를 구성하는 정치적·사회적 구조 및 특징이 우리의 문화가 되고, 이 문화가 곧 우리 사회의 정체성으로 자리매김한 것이다. 이 정체성의 중심에 '사회문화적 기억 담론'이 자리하고 있다.

⋯ 기억 메커니즘과 사회문화적 기억　⋯⋯⋯

인간의 기억은 문화가 된다. 인간이 오랜 시간 공통적으로 기억하고, 기억

2　ebd. S. 181.

하고자 하는 것들이 곧 우리의 문화적 정체성을 형성하는 것이다. 그렇다면 우리는 우리가 기억하고, 만들고 싶어 하는 사회와 문화를 위해 필요한 것들을 기억한다는 논리가 형성되고,[3] 그러한 의미에서 순수한 기억은 애초에 존재하지 않게 된다. 즉, 기억의 본질은 과거를 기억하는 것인데, 우리의 기억 속 과거는 '순수한' 객관적 과거가 아니라 현재와 미래적 시점에서 상호작용하며 '의도적으로 재구성된 기억'이라는 것이다.

기억 행위의 주체적인 측면에서 살펴봤을 때, 기억은 기본적으로 개인들의 기억 행위로부터 시작되지만 그 의미상 사회적·집단적 의미를 내포하게 된다.[4] 기억을 이루는 주체, 기억하는 행위 주체는 분명 '개인'이지만, 사회를 떠난 개인은 존재할 수 없고 그 개인의 삶과 정체성은 사회적 관계 속에서 부여 받을 수밖에 없다는 측면에서 인간의 기억은 본질적으로 사회적이고, 이러한 의미에서 인간의 기억은 본질적으로 '사회적 기억' 또는 '집단적 기억', '문화적 기억'이라 할 수 있다.

"'문화적 기억'이란 문화의 의미를 제도적으로 정착시키고 조직적으로 전승하며 집단 정체성을 구성하는 사회적 기억을 의미한다."[5] 한 개인의 기억이 이 사회 속에서 하나의 정체성으로 자리매김하려면 타자와의 소통을 위

....

3 Siegfried J. Schmidt., *Gedächtnis-Erzählen-Identität*, in Aleida Assmann und Dietrich Harth(Hrsg.), *Mnemosyne. Formen und Funktionen der kuturellen Erinnerung*, Frankfurt/M, 1991, S. 388.

4 Olick, Jeffrey K., 강경이 옮김, 《기억의 지도》, 옥당, 서울, 2011, 18~19쪽 참조.

5 박상환, 《동·서철학의 소통과 현대적 전환》, 도서출판상, 2010, 370쪽.

한, 또는 타자와의 소통을 통한 집단적 기억의 틀 속에 있어야만 하는 것이
다.[6] 이러한 기억의 사회문화적 속성으로 인해 기억은 우리의 개인적 자아
를 형성하고 규정할 뿐만 아니라 집단 정체성까지 규정하게 된다.[7] 기억의
이러한 사회문화적 속성 안에서 우리 사회의 현재적 문제와 과거에 대한 비
판적 성찰, 그리고 그 해결을 위한 실마리를 찾을 수 있다.

지금까지 살펴본 기억 형성의 메커니즘을 거꾸로 대입해 보자. 우리 사회
의 배타적 가치관을 형성시킨 사회정치적 배경에는 우리에게 특정한 그 무
언가를 기억하도록 요구하는 우리 사회의 정치적·구조적 맥락이 있다. 이
맥락에 따라 우리의 기억은 한국 사회를 주도적으로 이끌어 가는 정치 세력
이 의도한 바대로 현 사회질서를 더 공고히 하는 쪽으로 형성된다. 문제는,
이 기억의 순환 논리가 우리 사회의 미래 또한 결정한다는 점이다. 현재 우
리 사회에 작동하는 '극단의 안보주의'와 '경쟁적 경제발전' 중심의 사회문화
현상은 그 누군가가 미리 계산한, 의도된 생산물이라는 것이다. 그들의 의도
대로 우리의 사회문화적 기억은 억압과 희생, 배제와 분열을 통해 기득권의
세력을 유지시키는 방향으로 의식적으로든 무의식적으로든 작동해 왔다.

실제로 현 한국 사회의 구조적 모순은 우리 사회 구성원들을 승자와 패

....

6 박상환, 같은 책, 369쪽 참조.

7 "기억이 사회성을 내포하고 있다는 것은 정치, 경제, 문화 등과 같은 사회의 다양한 조건들과의 관
계 속에서 특정한 효과를 낼 수 있음을 의미한다. 이는 공적 기억, 지배 기억, 기념 기억 그리고 대
항 기억 등과 같은 여러 기억들이 존재할 수 있음을 뜻하는 것이며, 이들은 특정한 사회의 담론으
로서 기능하기도 한다." 태지호·정헌주, 〈공적 기억의 문화적 실천으로서 '대한민국역사박물관'〉,
《亞細亞硏究》제57호, 2014, 149~150쪽.

자, 기득권자와 비기득권자로 양분하며 극단적인 분열을 만들어 내고 있다. 갈수록 심화되는 사회적 양극화 현상 속에 승자와 기득권 세력에 편입되지 못한 다수의 사회 구성원들은 스스로를 망각시키고 억압시키는 자기소외적인 삶을 살아가고 있다. 즉, 오늘날 우리 사회의 사회문화적 기억은 철저히 승자와 기득권자의 기억이다. 그 결과, 위에서 산업화와 근대화를 이끈 지도자는 빛나는 이름으로 기억되고, 그 밑에서 희생당하고 죽어 간 노동자들의 고통과 희생은 우리의 기억 속에서 잊혀지기를 강요받게 되었다.[8]

그렇다면 우리 사회를 규정하는 사회문화적 기억의 메커니즘에서 우리 사회가 안고 있는 구조적 모순을 해결할 방법도 찾을 수 있을 것이다. 기득권 세력의 의도와 달리 승자가 아닌 패자를 기억하는 것, 승리의 기억이 아니라 억압당하고 희생당한 사회문화적 기억을 활성화시키는 것이다. 바로 "억압된 것은 반드시 되돌아온다"는 우리 정신세계의 역동적 진실을 사회에 적용하는 것이다.

구체적으로는 그동안 억압당하고 소외당한 사회문화적 기억을 공론화하는 것이다. 각자의 마음속에 갇혀 있던 기억을 서로 소통하는 것이다. '세월호'로 받은 혼란과 아픔을 공적으로 이야기하는 것이다. 우리의 기억 능력은 무의식적인 전복 기능이 있다. 그래서 기억하고 싶지 않은 기억을 계속 억압하면 더 큰 아픔과 혼란이 일어날 수 있다. 이 개인의 정신세계 메커니

....

8   육영수, 〈역사, 기억과 망각의 투쟁〉, 《한국사학사학보》 제27호, 2013, 281쪽 참조. 육영수는 집단 기억, 문화기억을 통한 역사의식에 대해 '역사란 승자들의 공식 기억과 패자들의 망각된 기억 사이의 갈등과 투쟁'이자 '과거 기억과 현재 기억 사이의 소통이며 대화'라고 말한다. 육영수, 같은 논문, 279~280쪽 참조.

즘을 사회문화의 기억 메커니즘과 연결하여 살펴보자.

··· 사회문화적 기억과 집단 트라우마 ······

인간의 정신세계는 기본적으로 인지하고 인식할 수 있는 의식 세계와 인간 정신 안에 분명 자리하고 있지만 인간 의식으로는 쉽게 인식할 수 없는 무의식 세계가 상존하고 있다. 그런데 인간은 사회의 한 구성원으로서 무리 없이 살아가기 위해, 자기 내면에 분명 내재하고 있지만 결코 드러낼 수 없는 무의식적 충동이나 본능을 무의식 세계에 억압시키며 살아가게 된다. 그러나 아무리 억압해도 이 무의식적 충동은 분명 우리 안에 상존하고 있고, 이것이 의식 세계로 제대로 의식화되고 통합되지 않을 때 무의식의 에너지는 각종 병증으로 제 존재를 드러내며 자신을 무시하고 억압한 의식 세계에 복수하게 된다.

개인의 무의식만 그런 것이 아니다. 사회문화적 무의식도 분명 우리 사회 안에 상존 및 공존하고 있다. 다만, 그동안 힘 있는 자들이 왜곡하여 주입한 기억 메커니즘 속에서 의도적으로든 비의도적으로든 무시되고 망각되고 억압되어 왔을 뿐이다. 억눌린 사회적 무의식이 현실 속에서 제대로 소통되고 통합되지 못하면, 개인의 경우처럼 사회에도 병증이 나타나게 된다. 억눌린 사회적 무의식은 분노의 에너지로 쌓이고, 이 에너지가 폭발하면 사회 파괴적이고 분열적인 양상을 드러낼 수밖에 없다.

2014년 4월 16일 300여 명의 죄 없는 민간인들이 차가운 바닷속에 수장당한 사건은 우리 사회 구성원들의 정신에 깊은 상처를 남겼다. 비인간적인 경쟁 체제를 강요하는 신자유주의적 자본주의 체제가 인간의 기본적인 도덕성을 말살하고, 이윤 추구라는 자본의 논리가 수많은 사람들을 참살하는 현장을 일상 속에서 우리의 두 눈으로 직접 목격한 것이다.

우리가 알다시피, 세월호 침몰 사고는 단순한 사고가 아니다. 오늘날 한국 사회가 안고 있는 경제적·정치적·사회적·계급적 문제의 총체적 집약이자, 우리 사회의 억눌린 사회문화적 기억에 보내는 강력한 경고 증상이다. 세월호 침몰이 단순한 사고가 아니라 한국 사회의 고질적 구조적 모순의 집약체라면, 그것은 결국 현 자본주의 구조에 내재된 '폭력성'(계급성)과 무관할 수 없다. 한 마디로, 세월호 침몰 사고는 돈과 승자 중심의 왜곡된 사회구조가 만들어 낸 일종의 사회적 폭력인 것이다.[9]

세월호 사고 이후 우리 사회의 사회문화적 기억은 정상 범위를 넘어 '집단 트라우마' 상태에까지 이르렀다. 물론 정신의학이나 정신분석학에서 말하는 '외상 후 스트레스 장애'(PTSD)는 일반적으로 개인의 정신병리적 측면에 사용되는 개념이지, 민족이나 국가와 같은 집단에 사용되는 개념은 아니다.[10] 하지만 '외상 후 스트레스 장애'가 외부에서 주어지는 강한 충격과 자극으로부터 발생하는 개인의 내적·심리적 상처라는 점에서, 지금 한국 사회의 구조적 모순이 야기한 외부적인 정치문화적 압박과 사회적 스트레스는

9   고민택, 〈세월호 참사 후 한국사회 정치지형 변화 가능성〉, 《진보평론》 제61호, 2014, 93쪽 참조.

10   김종곤, 〈'역사적 트라우마' 개념의 재구성〉, 《시대와 철학》 제24호, 2013, 41쪽 참조.

'외상 후 스트레스 장애'라는 메커니즘으로 이해될 수 있는 측면이 많다.

실제로 한국전쟁과 분단 트라우마를 직접 체험한 세대들이 우리의 부모로, 그리고 가까운 이웃으로 생존하며 그들로부터 직간접적으로 파생되는 집단 트라우마적 후유증이 일상 속에서 알게 모르게 후세대들에게 영향을 미치면서 젊은이들을 유사반복적인 증상으로 이끌어 가고 있다. 한국 사회의 분단 트라우마가 발생시키는 분열적·이분법적 사유 체계는 근대사회가 요구하는 '다원성'의 가치와는 거리가 멀고, 이 현실이 후세대들의 의식 세계에 분열을 일으키고 있는 것이다.

그렇다면 우리 사회의 구조적 모순이 배태한 집단 트라우마 현상을 어떻게 치유해 나가야 할까. 거창한 사회정치적 해결책이 아니라, 우리의 일상에서 실천할 수 있는 방법으로는 어떤 것이 있을까. 그 방법은 우리의 '공감' 능력에서 찾을 수 있다. 공감 능력을 통해 억압된 사회문화적 기억을 활성화하고, 되살려 낸 기억을 상호 소통하는 과정에 우리가 찾는 치유의 길이 있다.

··· 공감으로 사회문화적 기억 살려내기 ······

지금까지 살펴보았듯이, 오늘날 한국 사회의 모순을 형성한 두 가지 주된 요인은 '극단의 반공/안보주의'와 '자본주의적 경쟁 체제'이다. 그러나 이 사회정치적 구조와는 별개로, 우리 인간의 본성에도 서로 불화하는 모순이 내재해 있다. 사실 적대적이고 경쟁적인 정치·경제 이데올로기 이면에는, 인간은 기본적으로 이기적이고 상호 경쟁적인 존재라는 인간 본성에 대한 부정적인 이해가 자리 잡고 있다.

그러나 이기적이고 경쟁적인 본성과 대립하는 특성 또한 공존하기 때문에 인간을 모순된 존재로 규정하는 것이다. '자본주의의 아버지'라 불리는 애덤 스미스조차 "인간의 도덕적 감수성은 고통 받는 자와 상상 속에서 처지를 바꾸어 볼 수 있는 정신 능력에서 온다."고 했다.[11] 아나키스트 혁명가이자 저명한 과학자였던 표트르 크로포트킨도 "생존을 위한 경쟁적 투쟁이라는 문제에서 정통 다윈주의 사상과 반대 입장에 서서 협력과 상호적 지원이 진화 과정에서 경쟁 못지않게 중요하다."[12]고 말했다.

이렇게 21세기의 새로운 인간 이해 패러다임이자 새로운 사회변혁 방법론으로 대두되고 있는 인간의 공감共感(empathy) 능력은, 기본적으로 "상대방의 경험이나 감정 또는 정서 상태, 그리고 생각 등을 상대방의 입장이나 관점에서 이해하고 느끼는 것 또는 그렇게 하는 능력"[13]을 가리킨다. 이러한 공감의 어원적 의미를 살펴봤을 때, 공감 능력은 기본적으로 '고통당하고 있는, 손해를 보거나 피해를 보고 있는' 사람과 그 상황 속으로 들어가 그 고통과 아픔을 함께 느끼는 인간의 기본적인 감성 능력이라 할 수 있다. 이 공감 능력이 인간의 또 다른 공통된 본성이자 능력이라면, 우리는 이 공감 능력에서 지금 우리 앞에 닥친 사회적 현안들을 해결해 나갈 수 있는 실마

....

11 Krznaric, Roman, 김병화 옮김,《공감하는 능력》, 더퀘스트, 2014, 17쪽.

12 Krznaric, Roman, 같은 책, 60쪽.

13 양돈규,《심리학 사전》, 박학사, 2013, 34쪽.

리를 찾을 수 있다.

이를 위해 억압받는 소외 계층의 자기 공감 과정을 중심으로 한 정치 세력화와 사회문화적 기억의 활성화 과정부터 살펴볼 것이다. 그리고 직접적으로 억압받는 주체는 아니지만 그와 더불어 살아가는 사회 구성원들에게 요구되는 도덕적 공감 능력의 중요성과 그 사회적 의미로 나아갈 것이다. 마지막으로 타자에 대한 공감 능력을 가능하게 하는 상호 차이의 인정, 즉 현대사회가 요구하는 타자성과 타자 인식에 대한 부분까지 더불어 고찰하고자 한다.

자기 공감과 주체적 자각

한국 사회의 구조적 모순이 파생시킨 집단 트라우마 현상은 이제 더 이상 방치할 수 없는 수준이 되었다. 기득권 세력이 자랑하는 현대사회의 풍요는 일반 서민들에게는 그야말로 그림의 떡일 뿐이다. 갈수록 치솟는 물가와 고용 불안정이라는 경제 환경에서 현대사회가 내세우는 물질적 풍요는 사회 비기득권자들에게는 상대적인 빈곤감과 박탈감만 느끼게 할 뿐이다.

우리가 느끼는 고통스런 현실을 깨닫고 인식하는 것이 '자기 공감'이다. 자기 공감 과정을 거쳐야만 그 누구도 아닌 내가 내 삶의 주인임을 자각하고, 자기 삶을 변화시키고자 하는 주체로 거듭날 수 있다. 이러한 주체적인 인식의 변화가 우리 개개인과 사회에 닥친 문제를 해결해 나가는 가장 기본적인 출발점이 되어야 한다. 이는 그동안 소외와 억압, 희생을 강요당한 비기득권 세력의 정치 세력화를 동반한다. 아무리 그 주장이 옳더라도 혼자서는 어떤 힘도 발휘할 수 없기 때문이다.

억압된 기억의 활성화: 기억투쟁

자기 공감과 주체적 자각이 일어난 다음에는, 개인의 차원을 넘어 사회적 차원에서 똑같이 억압당하고 소외되었던 사회문화적 기억들을 적극적으로 공론화시키고 상호 소통해 나가는 저항기억, 즉 기억투쟁을 적극적으로 펼쳐야 한다. 이는 지배 이데올로기가 억눌러 온 '저항기억'과 '투쟁기억'을 기본으로, 그동안 말하지 못했던 사회문화적 기억들을 소리 내어 말하는 것이다. 복종과 순종의 태도를 버리고, 말하지 못했던 기억들을 적극적으로 말하고 상호 소통하며 공론화해 나가는 과정에서 죽어 있던 사회문화적 기억들이 활성화된다.

한 개인의 마음속에 일방적으로 억눌린 욕망과 본능들이 의식화되어 현실 세계로 통합되어 나오지 못할 때 억압된 리비도libido 에너지들이 각종 정신병리 현상들을 일으키듯, 사회적으로도 공론화되지 못한 채 억압된 사회문화적 기억들은 점점 왜곡된 모습으로 사회를 병들게 한다. 따라서 그동안 말하지 못하고 표현하지 못했던 이야기를 적극 표현하게 하는 것이 개인의 정신 치료 과정이듯, 억압된 사회문화적 기억들을 서로 소통하고 공론화하는 것은 사회를 치유하는 역동 과정을 불러일으킬 수 있다.[14]

....

14 이병수, 〈분단 트라우마의 유형과 치유방향〉, 《통일인문학논총》 제52호, 2011, 63~65쪽 참조.

공감과 협력 능력 개발

억압된 사회문화적 기억의 활성화와 소통 과정은 기본적으로 억압받고 고통받는 타자에 대한 '공감' 과정을 필수적으로 요구한다. 자신의 상처와 아픔을 말할 때 다른 누군가가 진정으로 그 말에 귀 기울이고 공감해 주지 못한다면, 그 아픔을 말하는 당사자는 그 사건 자체의 재경험이나 더 큰 상처와 아픔으로 회귀할 수밖에 없기 때문이다.[15] 즉, "공감적 청자의 부재, 더 근본적으로 말을 걸 수 있는 타자의 부재,[16] 자기 기억의 고통을 들어 주고 그리하여 그 고통이 진짜였음을 긍정하고 인정해 주는 타자의 부재"는 그동안 한국 근현대사에서 억압받고 소외되었던 많은 사람들이 그 상처와 아픔을 지속적으로 증언하고 공론화하는 데 가장 큰 장애물로 작용했다.

그렇다면 타자의 아픔 속으로 직접 들어가 같이 느끼는 동일화 현상과 공감은 어떻게 다를까. 미국의 역사 이론가 라카프라Dominick LaCapra는 '공감적 불안정성' 개념을 통해 "다른 사람의 입장을 취하거나 그를 위해 말하지 않거나 희생자의 고통을 전유하는 대리 희생자가 되지 않으면서도 대리적인 경험이 아닌, 다른 사람의 입장이 되는 사실상의 경험"[17]을 주장한다. 이는 피해자들의 아픔과 상처에 직접 함몰되지 않고, 적당한 거리를 두면서도 그들의 아픔과 상처를 사회적으로 조직적으로 치유해 나갈 수 있

· · · · · · · · · · · · · · · · · ·

15 Laub, Dori and Shoshana Felman, *Testimony: Crisis of Witnessing in Literature, Psychoanalysis, and History*, New York: Routledge, 1992, p. 67.

16 이진숙, 〈트라우마에 대한 소고〉, 《여성연구논집》 제24호, 2013, 187쪽.

17 LaCapra, Dominick, 육영수 편역, 앞의 책, 392쪽 참조.

는 생산적 공감 능력이자, 그들의 고통에 더 본질적으로 다가가고 소통할 수 있는 치유적 방법론이라 할 수 있다.

다름의 인정: 진정한 타자성과 타자 인식

이러한 타자에 대한 공감 과정에 필수적으로 요구되는 또 하나의 문제가 바로 '타자성' 문제이다. "타자성을 인정한다는 것은 타자와의 차이를 단순히 인정하는 것을 넘어, 자기 정체성을 위협하거나 부정하며 끝내는 변화시키지 않으면 안 될 문제와 깊이 연관되어 있다."[18] 즉, 다른 사람의 나와 다름을 인정한다는 것은 지금까지의 자기중심적인 삶의 방식을 넘어, 성숙하고 발전된 사회 건설을 위해 생각과 가치관, 신념과 이념, 문화적 배경이 나와 다른 사람들에게 더 직접적인 관심을 갖고 그들과 소통하려고 하는 것이다.

타자성과 타자 인식의 문제는 결국 "우리의 과거와 그리고 동시에 우리와 다른 문명과의 대면 속에서 발전"[19]한다. 즉, 이제 그만 잊고 싶고, 불편하고, 나의 일이 아니라는 이유로 나와 다른 처지에서 고통받고 아파하는 타자의 문제를 외면해서는 안 된다는 것이다. 나는 남과 확연히 구분되고 분리된 것 같지만, 결국 우리는 어떤 식으로든 서로 연결되어 있고, 상호 의존적인 방식으로 살아갈 수밖에 없는 상호적인 존재들이기 때문이다. 타자

....

18 이병수, 위의 논문, 67쪽.

19 박상환, 앞의 책, 367쪽.

(의 고통)를 대면하고 그들과 소통하고 연대하는 과정에서 우리는 서로 아픔을 치유하며 미래로 나아갈 수 있기 때문이다.

··· 고통에서 공감, 공존으로 ······

해방 이후, 특히 한국전쟁을 겪으며 심화된 사회적 갈등은 여전히 우리 사회의 집단 트라우마로 남아 있다. 이후 1980년 광주민주화운동을 거쳐 2014년 세월호까지, 우리 사회에는 해소되지 못한 상처들이 사회적 트라우마로 쌓이고 있다.

90년대 민주화 이후 곧바로 진행된 반민주 회귀는 정치, 경제, 문화의 동반적 발전 실패와 건강한 가치관 형성의 실패를 의미한다. 세월호 참사를 대하는 사회 기득권 세력의 비인간적 담론은 타자성 이해 능력 상실 또는 공감 능력 부재를 의미하는 배타적 가치관의 반영이다. 하지만 사회적 트라우마는 전쟁이나 학살, 참사, 정치적 탄압 등으로 발생한 희생자와 살아남은 자만의 고통에 머무르지 않는다. 사회적으로 누적된 고통은 결국 그 고통을 유발한 자들까지 포함한 사회 전체를 침범하기 때문이다.

소중한 사람을 상실했을 때, 그 상실을 막지 못한 죄의식은 대상에 대한 더 강한 집착을 낳는다. 이러한 사회적 트라우마를 극복하기 위해서는 상실된 과거에 대한 일정한 망각과 함께, 기억 속의 과거를 중단 없이 되묻는 과정을 통해 과거를 현재화하고 소통하는, 그래서 극복하는 용기 있는 '애도' 작업을 요청한다.

한국 사회에 내면화된 반공 이데올로기는 자기가 살기 위해 박멸해야 할 타인을 필요로 하는 가치관으로 전도되었고, 사회진화론적 강자의 논리가 '자유'의 이름으로 세상을 호도하고 있다. 오늘날 우리는 신자유주의적 사회를 지향하면서, 반공·반북주의를 수행해야 하는 집단적 분열 상황에 처해 있다.

타인과의 공존은 자연적으로 성취되지 않는다. 민주적인 사회는 이성의 힘으로 사회적 관계가 절제되는 사회이다. 타인에 대한 배려와 존중은 강자가 우선될 수밖에 없는 배타적 가치관을 적극적으로 거부하는 과정에서, 그리고 남과 더불어 사는 연대적 가치관을 만들어 내는 과정에서 비로소 발현된다.

참고문헌

고민택, 〈세월호 참사 후 한국사회 정치지형 변화 가능성〉, 《진보평론》 제61호, 2014.

김동춘, 《근대의 그늘》, 당대, 2000.

김미경, 〈기억의 전환, 저항 그리고 타협: 광주 5. 18 민주묘역과 히로시마평화자료관을 둘러
　　싼 기억담론의 분석〉, 《한국시민윤리학회보》 제21호, 2008.

김수미, 〈한국 치유문화 작동의 정치학: 신자유주의 통치 시기 주체 구성에 대한 일고찰〉,
　　《언론과 사회》 제22호, 2014.

김종곤, 〈'역사적 트라우마' 개념의 재구성〉, 《시대와 철학》 제24호, 2013.

라카프라, 도미니크, 육영수 편역, 《치유의 역사학으로》, 푸른역사, 2008.

리프킨, 제레미, 이경남 옮김, 《공감의 시대》, 민음사, 2014.

문승숙, 〈한국 밖에서 본 세월호 참사〉, 《역사와 현실》 제92호., 2014.

문영찬, 〈세월호 학살과 한국 자본주의〉, 《정세와 노동》 제103호, 2014.

박상환, 《동·서철학의 소통과 현대적 전환》, 도서출판상, 2010.

알라이다, 아스만, 변학수 외 옮김, 《기억의 공간》, 경북대학교출판부, 2003.

양돈규, 《심리학사전》, 박학사, 2013.

오웰, 조지, 김동춘 옮김, 《1984년》, 민음사, 2003.

올릭, 제프리 K., 강경이 옮김, 《기억의 지도》, 옥당, 2011.

육영수, 〈역사, 기억과 망각의 투쟁〉, 《한국사학사학보》 제27호., 2013.

이병수, 〈분단 트라우마의 유형과 치유방향〉, 《통일인문학논총》 제52호, 2011.

이진숙, 〈트라우마에 대한 소고〉, 《여성연구논집》 제24호, 2013.

젠킨스, 케이스, 최용찬 옮김, 《누구를 위한 역사인가》, 혜안, 1999.

크로포트킨, 표트르 A., 《만물은 서로 돕는다》, 르네상스, 2014.

크르즈나릭, 로먼, 김병화 옮김, 《공감하는 능력》, 더퀘스트, 2014.

태지호·정헌주, 〈공적 기억의 문화적 실천으로서 '대한민국역사박물관'〉, 《亞細亞研究》 제57

호, 2014.

푸레디, 프랭크, 박형신·박형진 옮김, 《우리는 왜 공포에 빠지는가?: 공포 문화 벗어나기》, 이학사, 2011.

Assmann, Aleida, *Erinnerungsräume: Formen und Wandlungen des kulturellen Gedächtnisses*, München: C. H. Beck, 1999.

D. Senghaas, *Zivilisierung wider Willen*, Frankfurt am Main, 1998.

Fujiwara, Kiichi, "Remembering The War-Japanese Style", *Far Eastern Economic Review*, Vol. 168 No. 11, 2005.

Laub, Dori and Shoshana Felman, *Testimony: Crisis of Witnessing in Literature, Psychoanalysis, and History*, New York: Routledge, 1992.

Siegfried J. Schmidt, *Gedächtnis-Erzählen-Identität*, in Aleida Assmann und Dietrich Harth(Hrsg.), *Mnemosyne. Formen und Funktionen der kuturellen Erinnerung*, Frankfurt/M, 1991.

사람 귀한 사회를 위해,
시민 주체 민주공화국을 향해

세월호 참사가 발생한 지 2년이 훌쩍 지났다. "잊지 않겠습니다!" 우리는 역사적 참사를 다시 반복하지 않고, 안전한 대한민국, 인간 중심의 대한민국으로 바로 세우겠노라 다짐했다. 그러나 수많은 성찰과 다짐에도 불구하고, 현재 우리 공동체의 모습은 옛 모습 그대로이다. 오히려 지배계급은 기득권을 조금이라도 잃지 않기 위해 극단적 아집과 파시즘 놀음에 더 몰두하고 있다. 대한민국 국민 대다수를 가슴 저미는 아픔으로 몰아넣은 세월호 참사는 서서히 과거 저편으로 밀려가는 듯하다. 광화문광장의 노란색 텐트와 리본만이 꺼지지 않는 촛불처럼 거기 우뚝 서 있다.

사태는 더욱 복잡하고 어렵게 전개되고 있다. 문제는 세월호 참사에 대해 성찰이 부족한 것에 있지 않다. 보수 권력과 독점재벌은 성찰 그 자체를 아예 부정하고 차제에 대한민국을 더욱 비합리적인 보수의 아성으로 몰아가려 하고 있다. 「세월호 특별법」은 정부의 시행령에 무력화되고, 소위 정부 추천 인사들의 방해까지 더해져 시간을 허비하였다. 게다가 특별조사위원회는 정부에 의해 강제 종료될 위기를 맞고 있다. 돌이켜 보건대, 세월호 참사는 1945년 이래 대한민국 현대사의 굴절, 그리고 1987년의 한계 지워진 민주화와 1990년대의 신자유주의 파행 등이 쌓아 온 모순이 집약되어 발생한 것이었다. 세월호 참사는 대한민국이 제대로 된 민주공화국으로 다시 태어나기 위해 반드시 필요한 '혁명적인' 과제들을 가장 뼈저리게 던져 준 사건이었다.

그만큼 제대로 된 성찰이 필요하다. 참사 직후 전개된 시민들의 자발적인 행동과 요구는 그야말로 올바른 민주주의 변혁을 희구하는 것이었고, 보수 정권과 독점자본도 일시적으로 주춤하는 모습을 보였다.

그러나 상황은 어떻게 전개되었는가? 현 정권은 신자유주의 국가로서의 면모를 더욱 분명히 하면서, 독점자본의 이익을 극대화하려는 가짜 '민생' 논리로 상황을 왜곡시키고 돌파해 갔다. 이 공세를 전환점으로 국정교과서라는 역사 해석의 정치적 독점, 재벌의 이익을 최대로 보장해 주려는 '규제 철폐', 전 국민 평생 비정규직화, 일상적 해고를 가능하게 하는 노동법 개악 시도 등 대대적인 퇴행적 역공세가 이어졌다. 실로 새로운 민주 변혁 요구에 대대적인 반동으로 답하는 꼴이 아닐 수 없다. 이 대대적인 반동 속에서 '잊지 않겠다'는 세월호의 절규는 가녀리게 느껴질 수밖에 없다. 그러나 백성과 싸우는 권력의 어리석음을 지적한 《사기史記》의 구절을 빌리지 않더라도, 불의不義의 권력은 민중의 의지와 역사의 진보를 막을 수 없다.

우리는 본서를 통해서 세월호 참사를 통해 대한민국의 현주소를 거시적으로 조망하고자 했다. 이는 세월호 참사에 응축되어 있는 대한민국의 주요 모순을 분석하는 작업이기도 하다. 이를 통해 우리는 현 시점의 대한민국을 구조적으로 성찰하려 했다. 다시 한 번 신자유주의 대한민국의 민낯을 확인하려 했다. 그것은 대한민국이 상시적 위험사회라는 것이다.

여러 모순과 한계 속에서 어렵사리 '절차적 민주화'는 성취되었지만, 어느덧 대한민국은 세계적으로도 찾기 힘들 정도로 탈규제와 강자 중심의 시장주의로 점철된 가장 반인간적인 신자유주의 사회의 하나가 되어 있다. 독점자본의 이익을 극대화하기 위해, 국가도 기업도 사회도 이윤 중심의 체제로 재편되고, 궁극적으로는 인간들의 공공성과 책임성, 연대성마저도 마비시켜 가는 괴상한 대한민국이 우리 앞에 놓여 있다. 이제 민주주의는 허상만 남고, 시민이나 시민사회의 삶과 생존의 영역 그 자체가 독점자본의 공격 대상이 되고 있다.

본서는 세월호 참사를 통해 본 대한민국의 모순을 국가권력, 자본과 그들의 전략, 시민사회와 공공성 공간 등의 영역을 중심으로 살펴보았다.

먼저, 국가권력의 영역에서 왜곡된 신자유주의 전략의 문제를 다음과 같이 지적했다.

첫째, 신자유주의적 탈규제는 인간에 대한 최소한의 안전망까지 해체하기 때문에 필연적으로 위험사회를 초래한다. 탈규제는 본질적으로 독점자본의 최대 이윤 추구의 길을 터 주기 위한 것으로, 우리가 직면하는 위험사회는 본질적으로 규제를 풀어헤친 신자유주의적 독점자본주의의 결과이다. 세월호 참사도 자본의 극단적 시장주의가 그 핵심적, 구조적 원인이다. 더 문제가 되는 점은, 보수 정치 세력과 독점자본을 필두로 한 신자유주의 지배 블록이 그간의 역사와 구조를 본질적으로 성찰하기는커녕 도리어 사건의 본질을 왜곡하고 피해 당사자 및 시민들에게 역공을 일삼고 있다는 사실이다. 지배 블록의 일환인 독점적 언론도 한 치도 다를 바 없이 악의적 왜곡 보도를 통해 사건의 본질을 호도하는 데 핵심적 역할을 하였다. 신자유주의 지배 블록은 역사를 신자유주의적으로 반추하고 확대 재생산한다. 그 결과는 무엇인가? 처참한 인권침해, 그리고 더욱 확대된 위험사회이다.

둘째, 본서는 국가권력의 신자유주의적 노선 속에서 경제와 사회의 전반적인 영역이 위기를 향해 돌진하고 있음에 주목하였다. 최근 신자유주의 금융화로 인해 더욱 고삐가 풀린 자본, 그리고 민영화 및 탈규제로 인한 공공 부문의 민주적 통제 결핍과 '공공성' 상실 등이 인간의 생존을 어떻게 왜곡하는지를 살펴보았다. 그런데 중요한 것은 신자유주의 금융화, 사유화, 탈규제가 일상 및 생활의 위기를 낳을 뿐만 아니라, 오늘날 공교육의 위기까지 불러오고 있다는 것이다. 교육 영역에서 신자유주의는 깨어 있는 생각으로 미래 사회를 이끌 시민의 육성을 근본적으로 제약하며, 이는 곧 미래 우리 사회의 본질적 위기를 잉태한다.

셋째, 본서가 주목한 또 한 가지 문제는 국가를 국가답게 작동하도록 하는 제반의 공공성 장치와 공간들이다. 가령 권력 내부의 민주적 통제 및 견제 장치의 무력화, 사회적 소통과 건강한 여론 형성의 장치로서 언론의 독점화와 보도 왜곡, 그리고 시민사회의 건강성과 독립성 위축과 사회적 공론장 붕괴 등의 문제는 민주공화제로서의 국가구조 및 경제적 공공성에 대한 신자유주의 침식을 더욱 용이하게 만들었다.

세월호 참사는 우리의 커다란 역사적 트라우마로 남았다. 그러나 다른 한편으로 한국 현대사를 근본적으로 성찰할 수 있게 하는 결정적 계기도 되었다. 새로운 대한민국으로 나아가기 위해 현재의 모습을 명확히 살피고, 미완의 민주주의를 넘어서 더 진취적인 민주공화국을 재구성하고, 이를 위한 시민적 마음가짐을 구체화할 수 있는 계기다.

1945년 해방 이후 대한민국은 주체나 과제 면에서 근대국가라면 해결했어야 할 수많은 과제를 남긴 채 비극적으로 출범했다. 그 이후 전개된 개발독재는 독점재벌 주도의 산업화를 추진하면서, 민주주의와 사회적 공공성을 견지할 독립적 시민사회의 발전을 현격히 지체시켰다. 1987년의 민주화는 절차적 민주주의의 회복을 가져왔지만, 새로운 대한민국의 진취적 이정표를 획정하고 심화된 민주주의에 대한 사회적 합의를 분명히 하지는 못했다. 이러한 점에서 한국의 민주화는 지극히 불완전하고 제약된 형식적·절차적 민주화일 뿐이었다.

소위 '민주 정부'로부터 신자유주의 시대가 개막된 것은 우리의 민주 변혁이 갖고 있는 제약성을 잘 보여 준다. 그로부터도 20여 년의 시간이 흘렀다. 그 민주화된 권력과 경제사회 공간을 통해 신자유주의의 파괴적 본질이 본격화되었다. 그 사이에 초국적 내외 독점자본은 국가권력과 사회적·경제적 담론을 장악하고, 시민·노동·인간적 가치를 부정하면서 세계화·사유화·탈규제·독점적 경쟁지상주의를 전략적으로 추구했다. 그 결과, 민주화된 대한민국에서 경제적 공생과 민주주의의 가치는 증발하고, 승자 독식의 과두적·독점적 경제사회가 자리 잡았다. 사회적으로도 복지와 연대의 가치는 폄하된 채 시민사회는 분절되었고, 해체된 개인들은 신자유주의의 광풍 속에 덩그러니 내던져지게 되었다.

아이러니하게도, 신자유주의 대한민국은 '민주화'로 민주주의가 처참하게 붕괴하는 자기파괴적 경로를 걷고 있다. 그 와중에 세월호가 있다. 세월호 참사는 대한민국의 민주주의를 의식적으로 재점검할 것을 요구하고 있다.

이렇듯 세월호 참사는 한국 현대사의 모순이 가장 응집된 지점과 시점에 발생했다. 대한민국의 주요 모순들을 모두 껴안은 참사인 것이다. 이것이 세월호를 잊어서도 안 되고 잊을 수 없는 이유이다. 세월호 참사, 그리고 세월호로 무참히 희생된 시민들이 살아남은 우리들에게 경고한다(Die Toten Mahnen Uns!!). 이 참사를 교훈 삼아 대한민국을 제대로 된 민주공화국으로 다시 세우라고, 그래서 인간과 시민과 노동이 바로 살 수 있는 진정한 민주적 이정표를 다시 세우라고. 그렇다. 세월호 참사는 그 트라우마를 넘어, 시민이 주체가 되어 대한민국을 진정한 민주공화국으로 재구성하는 올바른 민주주의 변혁을 통해서만 극복될 수 있다. 이러한 점에서 세월호 참사는 진정한 민주공화국 대한민국을 여는 출발점이 되어야 한다.

본서는 실천적으로 다음을 강조한다.

첫째, 국가권력의 대대적 노선 전환이다. 지금까지 대한민국이 독점 보호, 이윤 극대화, 그리고 이를 위한 규제 철폐 등 신자유주의 노선을 걸어왔다면, 향후 새로운 대한민국은 시민보호, 인간 가치와 생명을 본위로 하고, 노동을 존중하는 민주적 공동체 노선으로 전환해야 한다. 소수의 독점적 계급에 봉사하는 것이 아니라, 대한민국 국가의 정당성의 원천인 공공적 시민공동체에 봉사할 수 있도록 국가 노선의 대전환이 이루어져야 한다. 이를 위해 국가권력 장치의 민주화와 시민 통제, 인권과 시민(국민)주권에 대한 명시적이고 사회적인 합의가 무엇보다 중요하다.

둘째, 이와 더불어 사회경제적인 기본 노선의 근본적 변화도 긴요하다. 고삐 풀린 자본의 금융화를 억제하고, 인간과 노동 본위의 재규제와 공공서비스 재확립, 나아가 공공 부분을 강화하는 것이 필요하다. 이리하여 공공경제와 독점자본에 대한 민주적·시민적 통제가 강화되고 경제사회 전반에 상생과 민주주의의 원리가 작동되도록 해야 한다. 그리고 노동과 시민이 일상적 삶의 위기, 빈곤과 불안에서 해방되어 시민으로서 삶의 여유schole를 누릴 수 있는 사회적 생활 기반, 보편적 복지 기반을 강화해야 한다. 교육 영역에서도 공공성과 연대정신에 기반해 새로운 사회를 정의롭게 지향하고, 스스로 생각의 힘을 가진 독립적 민주시민을 육성하는 교육의 방향을 분명히 해야 한다.

셋째, 국가권력과 경제사회의 근본적 노선 변화를 위해서는 민주공화국의 재구성을 위한 시민적·민중적 이니셔티브initiative(주도권)가 중요하다. 이를 위해선 신자유주의와 더불어 반민주적 파시즘 지향을 강화하는 국가에 맞서 일반 민주주의를 옹호할 뿐만 아니라, 민중과 노동 존중의 시민주권을 강화하고 더 심화된 민주주의적 개편을 추구하는 민주주의적 연합이 무엇보다 중요하다. 그리고 독립되고 활성화된 시민사회 공간 속에서 숙의(심의) 민주주의의 거점을 발전시키고, 궁극적으로 다수의 시민, 즉 민중이 사회적 통합자로 설 수 있는 '공공 영역'을 발전시켜야 한다.

이제 우리는 세월호를 잊지 않기 위해, 세월호의 트라우마를 딛고 일어서야 한다. 이제 세월호의 현대사적 의미를 깊게 되새기면서 새로운 대한민국을 향해 나서야 할 때다. 사고를 당한 단원고 아이들이 2016년 초 졸업을 했다. 살아남은 아이들이 뒤늦게 제주도 수학여행에 나선 모습이 방송에 나왔다. 살아서 함께 가지 못한 친구들의 영정을 들고 그들은 제주도 땅에 섰다. 그 아이들의 담담하면서도 꿋꿋한 모습에서 배워야 할 때다. 미래의 주역, 우리 아이들이 새로운 연대사회, 안전사회 대한민국의 중심에 설 수 있도록 미래를 제대로 설계하고 구현하는 실천적 과제만이 살아 있는 우리에게 남았다.

송주명

신자유주의와 세월호 이후
가야 할 나라

2016년 11월 10일 초판 1쇄 발행

지은이 l 민주화를위한전국교수협의회
   고희선 김서중 노진철 박상환 박주민 배병인 서영표 성열관
   송주명 오동석 윤영삼 이도흠 이종구 정수영
펴낸이 l 노경인 · 김주영

펴낸곳 l 도서출판 앨피
출판등록 l 2004년 11월 23일 제2011-000087호
주소 l 우)120-842 서울시 영등포구 영등포로 5길 19(37-1 동아프라임밸리) 1202-1호
전화 l 02-336-2776 팩스 l 0505-115-0525
전자우편 l lpbook12@naver·com
홈페이지 l www·lpbook·co·kr

ISBN 979-11-87430-06-3